青年法学学术著作
资助出版项目

青年法学学术著作
资助出版项目

法兰西
第五共和国宪法

制度与变迁

La Constitution de la Vème République française

Institution et évolution

王蔚 著

法律出版社
LAW PRESS · CHINA
—— 北京 ——

图书在版编目(CIP)数据

法兰西第五共和国宪法：制度与变迁 / 王蔚著. --北京：法律出版社，2022
ISBN 978-7-5197-6520-0

Ⅰ. ①法… Ⅱ. ①王… Ⅲ. ①宪法－法典－研究－法国 Ⅳ. ①D956.51

中国版本图书馆 CIP 数据核字(2022)第 041194 号

法兰西第五共和国宪法:制度与变迁
FALANXI DIWU GONGHEGUO XIANFA：ZHIDU YU BIANQIAN

王 蔚 著

策划编辑 沈小英
责任编辑 毛镜澄
装帧设计 李 瞻

出版发行 法律出版社
编辑统筹 法治与经济出版分社
责任校对 晁明慧
责任印制 吕亚莉
经　　销 新华书店

开本 710 毫米×1000 毫米 1/16
印张 17.75　字数 233 千
版本 2022 年 8 月第 1 版
印次 2022 年 8 月第 1 次印刷
印刷 北京虎彩文化传播有限公司

地址:北京市丰台区莲花池西里 7 号(100073)
网址:www.lawpress.com.cn
投稿邮箱:info@lawpress.com.cn
举报盗版邮箱:jbwq@lawpress.com.cn
销售电话:010-83938349
客服电话:010-83938350
咨询电话:010-63939796

书号:ISBN 978-7-5197-6520-0
定价:98.00 元
凡购买本社图书,如有印装错误,我社负责退换。电话:010-83938349

青年法学学术著作出版基金
资助出版说明

法律出版社作为全国规模最大的法律专业出版机构，一直秉承“为人民传播法律”的理念，与学术界共同推动法学研究的繁荣与发展。2018年5月，法律出版社设立青年法学学术著作出版基金，用于资助法学学术著作出版和奖励优秀法学图书，旨在支持优秀法学学术著作出版，扶持具有较大潜力的青年学者。

经过法律出版社学术委员会委员推荐、专家匿名评审和法律出版社编辑委员会评审，共有8部作品获得法律出版社第四届(2021年)青年法学学术出版基金资助。

期待更多年轻法律人的优秀学术作品！

法律出版社

2022年5月

目录

第二篇 国家权力配置

第三篇　基本权利保障

第四篇　走向未来的宪法实施

绪　论

一、研究缘起

从1789年法国大革命到1958年法兰西共和国宪法(法兰西第五共和国宪法,或称法国1958年宪法)产生,法国曾有15部不同的宪法,这一期间持续时间最长的政权是法兰西第三共和国,从1870年持续到了1940年。但该政权的大部分时间都在为国家能否存续而战,最终无法证明宪法是否提供了一个有效的政府组织框架。法国1958年宪法实际上是长期历史经验的产物,在序言中吸纳了启蒙运动的价值观(1789年《人权宣言》)、法兰西第三共和国的共和制原则("共和国法律确认的基本原则"),以及第二次世界大战后的社会和人道主义价值观(1946年法国宪法序言)。应该说,法兰西第五共和国宪法有自身强烈的特点,法国学界也将其视为"法兰西例外"(l'exception française)。[1] 从1958年至今,这部宪法基本保障了国家治理的有序运转和社会发展的稳定进行。诚然,一个有效宪法秩序

---

〔1〕 参见[法]安德烈·鲁:《新宪法委员会:法兰西例外之终结?》,王蔚译,载胡建淼主编、浙江大学公法与比较法研究所编:《公法研究》第8辑,浙江大学出版社2010年版,第459~475页。

的建立，通常是在一段不稳定的时期后发生的，这段不稳定的时期往往伴随暴力，其间，既有秩序无法适应或容纳政治和社会的变化。法国 1958 年宪法具有足够的灵活性，允许通过宪法学方法论、宪法判例、政治实践和宪法修改来对其作出调整。总结起来，或许可以首先识别出上述影响法国宪法产生与发展的几大重要因素。

其一，公法学说尤其是宪法学方法论对现行宪法的影响因素。

传统意义上的法国宪法学要追溯至 19 世纪末，1896 年巴黎大学著名的法学教授阿德玛尔·埃斯曼（Adhémar Esmein）的著作《法国宪法与比较宪法简论》（*Élements de droit constitutionnel français et comparé*）得以出版，成为法国第一本对宪法学科进行体系化的教材。埃斯曼的学说很快成为思想正统者（bien-pensants），为后继学者奠定了学术根基。但其又很快成为受抨击的对象。部分后辈学者认为，埃斯曼的研究方法表现出了十分强烈的意识形态成分和法律唯心主义倾向，暴露出有违科学研究"价值中立"原则的重要缺陷。此外，此研究方法还受到纯法律层面的批判。埃斯曼过高评估了法律概念的效力，认为法律概念是唯一能解决具体法律问题的方法。[1]其假设了规范与行为之间的因果关系，认为法律概念不会与事实相悖。但显然，这一假设过高估计了法律概念的效力，又过低估计了社会、政治现象在宪法研究中的重要性。在这样的批判质疑中，埃斯曼所构建的正统学说遭遇不断弱化。在整个 20 世纪，主要存在旨在推翻这一主流的三波潮流：这三波浪潮分别由莱昂·狄骥（Léon Duguit）、莫里斯·杜瓦杰（Maurice Duverger）和路易·法沃赫（Louis Favoreu）领军。狄骥将社会学方法引入了宪法学研究，杜瓦杰确立了政治学研究视野下的宪法学。尽管埃斯曼的正统地位在当今法国宪法学界仍得以保留，但大多数学者以法沃赫新实证主义为主要研究方法进行后续研究。20 世纪后半期的法国宪法学研究一直处

---

〔1〕 A. Esmein,《Deux formes de gouvernement》, *RDP*, n° 1, 1894.

于摇摆动荡的状态。对于宪法科学来说,它时而向其他学科伸出橄榄枝,与其他学科进行互动;时而又蜷缩入纯粹法学的狭窄空间内进行自我发展。具体而言,埃斯曼搭建了第一座体系化的法国宪法学大厦,狄骥、杜瓦杰将社会学、政治学研究方法引入,而法沃赫及其埃克斯学派(école d'aix)的兴起又令宪法学整体回归宪法规范的本身。

其二,宪法委员会的成立和宪法判例制度的影响因素。

法国宪法如何实施的研究从法兰西第三共和国时期就已展开,先后经历了积极倡导美国模式[代表人物为莫里斯·奥里乌(Maurice Haurious)]—否定美国模式[代表为埃德瓦·朗贝尔(Edouard Lambert)]—欧洲模式的例外(代表人物为法沃赫)等不同导向的研究潮流。法国 1958 年宪法设立宪法委员会以来,宪法规范的解释路径逐步在法国政治生活中推广开来,成为宪法实施的重要方式。自 20 世纪 70 年代起,法国学者法沃赫开创了法国宪法学研究的"新实证主义"流派,带领并影响大部分宪法学者从"宏大叙事"转向"具体个案"研究。[1] 这一研究流派得到了法国宪法委员会的确认和支持,宪法判决积极吸收学者智慧,促进法国宪法审查机制进一步的实效化运转。受公民权利诉求增多的影响,宪法审查程序也日益多样化。法国 2008 年修改宪法,赋予了公民合宪性审查启动权,赋予了最高法院与最高行政法院提请宪法委员会进行宪法解释的权利,对于法国国家治理开辟了新的渠道。[2] 这一改革也得益于法国学者积极运用比较研究方法,吸取美国、德国、意大利等的有益经验。现阶段,法国学界积极关注宪法判例研究,以回应法国公民基本权利保障、国家权力配置等问题,进而精细化宪法审查的

[1] L. Favoreu et alii, *Droit des libertés fondamentales*, Dalloz, 4e éd. ; L. Favoreu, L. Philipe. , *Les grandes décisions du Conseil constitutionnel*, Dalloz, 16e éd. , Paris, 2011.

[2] 有关法国 2008 年宪法修改、创设合宪性问题优先移送程序的论文相对较完整,参见王建学:《从"宪法委员会"到"宪法法院"——法国合宪性先决程序改革述评》,载《浙江社会科学》2010 年第 8 期;林淡秋:《守护宪法的新模式:法国的合宪性先决机制》,载《华东政法大学学报》2018 年第 6 期;王芳蕾:《论法国的违宪审查程序》,载《财经法学》2017 年第 4 期。

技术。[1]

其三，政治事实与国家机构运行实践的影响因素。

宪法与政治的关系为国家治理现代化的重要命题。自夏尔·戴高乐(Charles André Joseph Marie de Gaulle)领导成立法兰西第五共和国以来，共和国总统位于法国国家机构的核心。法国1958年宪法第5条将总统定位为监督者、仲裁者及捍卫者，总统所享有的各项权力呈现多层次构造。总统在常态政治下作为国家机构争议的调解者消极运行，在国家机构争议中或在紧急状态下成为权力运行的主体。然而，政治事实却影响甚至颠覆了宪法规范的字面含义，造成了总统职权行使的失序：总统的权力从监督宪法实施转变为隐性的制宪权，从机构纠纷仲裁权转化为行政决策权。为此，法国政界与学界均尝试通过改革形塑权责对称的总统权。但如何实现这一目标却存在改革路径上的分歧：在确认仲裁型总统身份与强化议会对总统的制衡之间徘徊。在此过程中，宪法规范内在的变迁与政治事实的规范力形成了紧张关系。政治事实并非"必要的恶"，对规范与事实相互影响过程进行研究亦可正当化宪法学多元的研究方法。

其四，宪法修改以弥补规范与事实沟通的影响因素。

修宪权力的限度问题是当代宪法研究最基本的问题之一。在全球化和欧盟一体化进程中，法国扮演了较重要的领导角色，为了弥合国家、社会、个体在大变革时代的价值冲突，法国的宪法修改成为调整法国内在冲突和推动宪法变迁的重要工具。在法国，有关修宪权力限制的争论成为热点问题存在两种原因。一方面，近年来法国宪法的修订比以往更加频繁。从1958年法兰西第五共和国建国开始，法国1958年宪法至今经历了24次修改，构成了某种意义上的"法兰西例外"(l'exception française)，其中19次均是

---

[1] 中文文献中有关法国宪法研究的最新材料，参见中国法学会宪法学会主办的《中国宪法年刊》"外国宪法最新发展"部分，王建学、王芳蕾、王蔚等学人介绍了2013～2018年法国宪法发展的成果。

1990 年之后进行的修改。这些修改对国家政治制度运行产生了重要影响：如总统大选模式改革(1962 年)、地方分权改革(2003 年)以及合宪性审查模式改革(1974 年与 2008 年)。另一方面,法国在欧盟一体化进程中,不断释放主权利益,特别是在批准《马斯特里赫特条约》有关的争论中,宪法修改的议题在法国政治生活中越来越重要。近年来,法国总统大选的讨论议题均涉及宪法修改的政治主张。可以说,经由宪法修改来推动宪法实施是法国宪法变迁正在进行且面向未来的显著特征之一。因此,关于宪法修改限度的争论成为法国国家法,同时也是比较法视角下宪法实施的重要问题。[1] 必须指出,法国宪法文本和宪制实践之间存在较大差异。在规范层面,法国 1958 年宪法第 89 条明确规定了宪法修改的两类限制。该条第 4 款规定了修改宪法的时间限制,即"当领土的完整性受到影响时,不得启动或继续进行修改程序";而该条第 5 款包含了实质性内容的限制,即"不得废除共和政体"。在实践层面,宪法修改功能中政治性品格凸显,宪法委员会、最高行政法院等可以对宪法实质限制进行评价的主体更多的是保持消极审查态度。

法国宪法制度的几大内在动力因素获得识别后,本书基本确认了较宏大的研究对象,但有质量的国别法或比较法研究需要对外国制度进行准确理解。[2] 在具体的谋篇布局层面,本书划定了两大基本研究范畴:宪法委员会如何捍卫国家权力的横向和纵向配置,宪法委员会如何保障公民的基本权利;并以这两大基本范畴为基石向前和向后延展,对制宪理念、宪法研究方法,以及面向未来的宪法实施进行研究。本书拟从三大进路切入:理论进路、制度进路、法与社会发展的进路。[3] 其一,理论进路。这一进路试图返

---

〔1〕 一般而言,关于宪法修改的研究,学界主要关注:制宪权与修宪权、修宪权性质、修宪程序的启动、宪法修改与合宪性审查研究、宪法修改与国际条约的批准等。

〔2〕 V. M.-C. Ponthoreau, *Droits(s) Constitutionnel(s) Comparé(s)*, Economica, Paris, 2010, p. 152.

〔3〕 E. Örücü,《UndeVenit, Quo tendit comparative law?》, in Andrew Harding et Esin Örücü (dir.), *Comparative Law in the 21st century*, The Hague, Kluwer Academic Publishers, 2002, cité par H. Piquet, *La Chine au carrefour des traditions juridiques*, Bruylant, 2005, p. 13.

回法国1958年宪法制定之前法国学界和政界对宪法的理解，需要把握现行宪法的建构逻辑和制度底色，以及法国学界对宪法的主要研究方法。其二，制度进路。这一进路则进入宪法规范本身，厘清权力横向和纵向的配置规范以及实践中的异化；关注基本权利入宪路径以及如何进行保障；思考宪法委员会是否成为一种新型的国家权力单元。其三，法与社会发展进路。宪法实施的有效性受制于法律秩序发展和社会变迁，因此，把握宪法与部门法的互动程度以及回应信息时代的宪法新命题等也一并作为课题研究对象。

二、我国学界研究现状述评

在我国学界，受制于法国法律体系研究的语言，专门研究法国宪法的成果为数不多，主要有《法国的宪法监督与宪法诉讼制度——法国宪法第七章解析》（朱国斌，载《比较法研究》1996年第3期）、《法国第五共和宪法与宪法委员会》（李晓兵，知识产权出版社2009年版）、《超越主权理论的宪法审查：以法国为中心的考察》（方建中，法律出版社2010年版）、《法国违宪审查制度》（吴天昊，中国政法大学出版社2011年版）、《法国式合宪性审查的历史变迁》（王建学，法律出版社2018年版）等，这些作品系统性地概括、提炼了法国宪法审查制度的历史、基本理论、基本程序。具体而言，关于法国立法权问题的研究多与议会制度研究相关联。王世杰、钱端升在《比较宪法》（商务印书馆2010年版）中研究了各国议会的性质、起源、组成、职权及议员的特殊保障等问题，其中，对法国议会的立法职权问题进行了介绍。许振洲编著的《法国议会》（华夏出版社2002年版）详细介绍了法国的议会制度，包括议会组织、议会选举、议员地位、议会运行规则及议会活动内容、议会立法程序、特殊立法程序等。吴国庆《当代法国政治制度研究》（社会科学文献出版社1993年版），许崇德主编、刘向文等撰稿《宪法学（外国部分）》（高等教育出版社1996年版），介绍了法国议会的选举、职权、组织和活动。韩大元主编的《比较宪法学》（高等教育出版社2008年版）、《外国宪法》（第3版）

(中国人民大学出版社 2009 年版)介绍了法国宪法中的议会制度。蒋劲松的《议会的两种职能:为选民办事和担当国家论坛——论美英法德瑞以六国议会制度》(载《人大研究》2000 年第 9 期)通过对比六国议会制度后认为:议会的基本职能之一是为选民办事、反映民意,发挥对社会矛盾的整合力和政治凝聚力。汤林刚的《政体分类学说的演变和发展》(载《中外法学》1992 年第 3 期)简要介绍了法国半总统、半议会制的形成历史,认为这种政体改变了被戴高乐称为"政府太弱、议会太强"、权力分散、政局不稳的局面。杨曙光的《浅议法国议会职权的理性化》(载《人大研究》2007 年第 7 期)从议会立法权、财政权和监督权三大传统权力受限的角度,论证了法国议会在现行宪政体制下受到了被称为"理性化"的加工和改造。张鑫的《半总统半议会制下的当代法国政府制度》(载《国际关系学院学报》2011 年第 3 期)探讨了法国"单翼统治"与"左右共治"交替出现的政治现象起因,论述了基于当代法国政治制度的一般性与独特性,使半总统、半议会制成为法国集权传统和民主传统的结合体,并对世界政治制度的发展产生了深远影响。吴天昊的《民主过程的司法审查:法国议会选举诉讼制度评析》(载《政治与法律》2008 年第 12 期)论述了法国议会议员的选举合法性问题,并从发展过程、审查原则、处理程序等角度介绍了法国议会选举争议裁决制度。曲进的《法国议员的权利与义务》(载《法国研究》1989 年第 2 期)介绍了法国议员的权利与义务。张金岭的《法国 2015 年省议会选举观察》(载《法国研究》2015 年第 3 期)介绍了 2015 年法国省议会选举实行的新选举机制,并分析了选举结果所呈现的法国政治格局中政党生态的最新变化。总体而言,概览式研究议会制度较多,但对立法权配置,尤其是立法与条例的关系却涉猎不多。

此外,关于法国基本权利实施的研究成果不算特别丰沛。相关研究多从人权理念入手,对法国现行宪法中的基本权利概念如何入宪,以及实施中有哪些基本保障机制未有全面介绍。例如,肖周录、赵世义的《法国人权观嬗变的历史轨迹》(载《外国法译评》1998年第3期)介绍了法国《人权宣言》的历史演变,以此反映了整个西方世界人权观念演化的历程。陈林林在《从自然法到自然权利——历史视野中的西方人权》(载《浙江大学学报(人文社会科学版)》2003年第2期)中,以法国革命和《人权宣言》为例证,论述了自然权利的历史地位和贡献。张莉在《法国2008年宪法修改述评》(载《国家行政学院学报》2009年第4期)中对法国2008年宪法修改进行了评析,并论述了修宪对法国政治民主和权利保障的影响。李莎莎在《法国1958年宪法前言与人权保障》(载《东北财经大学学报》2009年第4期)中论述了《人权宣言》和法国1946年宪法文本中的基本权利内容成为法国人权保障和违宪审查的根据,并得出"对待宪法的态度决定宪法功能的发挥,先天不足的宪法也可以实现人权保障"的结论。王建学的《法国宪法基本权利的概念与借鉴》(载《北方法学》2010年第5期)介绍了基本权利概念在法国宪法中的演进。何勤华主编的《法国法律发达史》(法律出版社2001年版)有部分内容探讨了法国社会下基本权利的发展。朱国斌在《法国关于私生活受尊重权利的法律与司法实践》(载《法学评论》1999年第3期)中介绍了法国法律中关于私生活保护的内容,其中,包括对私生活内容的界定、对私生活的侵犯形式,以及各种法律保护形式。朱晓青的《欧洲人权法律保护机制研究》(社会科学文献出版社2019年版)以《欧洲人权公约》为核心,介绍了欧洲人权法律保护机制,其中涉及法国人权的保护。

就权力纵向配置而言,宪法中央地关系的研究借助管理学、政治学、社会学者的努力,中文文献积累较全面,且追踪最新发展的完整度较高。陈嘉陵主编的《各国地方政府比较研究》(武汉出版社1991年版)涉及不同类型国家的中央政府与地方政府的关系,包含权限划分、政府间的合作与影响等内容。曹沛霖、徐宗士主编的《比较政府体制》(复旦大学出版社1993年版)论述了法国政府体制中行政系统的结构及权力关系。王名扬的《法国行政法》(中国政法大学出版社1989年版),吴国庆的《当代法国政治制度研究》

(社会科学文献出版社 1993 年版),俞可平主编、吴国庆著《当代各国政治体制:法国》(兰州大学出版社 1998 年版)具体介绍了法国的中央及地方行政机关。杨山鸽的《后福利国家背景下的中央与地方关系:英、法、日三国比较研究》(中共党史出版社 2014 年版)论述了法国地方分权的历史,20 世纪 80 年代以国家权力集中为中心的地方分权改革,以及后福利国家背景下法国的央地关系。王浦劬等的《中央与地方事权划分的国别研究及启示》(人民出版社 2016 年版)在第十四章中论述了法国中央与地方的事权划分及其启示,其中涉及法国央地事权划分的国情背景、结构定位、历史沿革、主要依据、实际划分、特点趋势及启示等内容。武贤芳在《法国国家构建与治理现代化研究》(载《理论界》2016 年第 7 期)中讨论了法国国家构建作为治理现代化中重要一环的 3 个阶段,认为中央政府把持主权中的“统权”,下放与转移的是国家“治权”。武贤芳的博士学位论文《法国地方分权改革与府际关系的变迁》(2015 年),以 1982 年地方分权改革与法国府际关系的变迁为研究对象,将之置于法国国家构建与政治治理变迁的发展脉络中,在世界新公共管理运动的背景下,探讨法国地方各级政府的结构与治理特征,分析地方分权改革对法国府际关系的影响。许振洲在《法国的地方分权改革——理论动因与托克维尔》(载《欧洲》1995 年第 1 期)中分析了法国地方分权改革的理论动因,论证了托克维尔(Alexis-Charles-Henri Clérel de Tocqueville)对改革理论基础的贡献。朱国斌的《集权或分权:法国的选择与地方分权改革(上)》(载《中国行政管理》1994 年第 4 期)及《集权或分权法国的选择与地方分权改革(下)》(载《中国行政管理》1994 年第 5 期),探讨了法国地方分权的实质问题,以及地方分权改革带来的结构性与功能性的变化。丁煌的《法国政府的地方分权改革及其对我国政府管理的启示》(载《法国研究》2002 年第 1 期),以法国从 20 世纪 80 年代开始实行地方分权后,迄今历经的几次重大改革为研究对象,讨论了法国分权改革后地方治理的模式、意义、问题及启示。张丽娟的《法国地方分权改革的新发展——以 2003 年法国宪法改革为中心》（载《中共云南省委党校学报》2006 年第 5 期）围绕法国 2003 年进行的关于领土单位制度的宪法修改，讨论了法国地方自治权的充实和发展。杨德山的《法国地方行政——层级设置·分权改革·效果评估（上）》（载《北京行政学院学报》2000 年第 4 期）及《法国地方行政——层级设置·分权改革·效果评估（下）》（载《北京行政学院学报》2000 年第 5 期）探讨了法国地方行政层级的设置及地方行政改革的分权化。关于法国央地事权的具体领域，刘丽、张彬的《法国政府间事权、税权的划分及法律平衡机制》（载《湘潭大学学报（哲学社会科学版）》2013 年第 6 期），徐培娥的《法国地方财政税收管理制度》（载《欧洲》1997 年第 3 期），朱华勇、范凤山的《法国处理中央与地方财政关系的做法及启示》（载《四川财政》2003 年第 11 期），研究了法国地方政府的财政。讨论了法国以法律形式明确了政府间的事权划分，及在此基础上确定税权分配的改革实践。周刚志在《财政分权的宪政原理：政府间财政关系之宪法比较研究》（法律出版社 2010 年版）中论述了法国政府间的财政关系，涉及法国政府间关系的历史沿革及法国政府间财政关系的宪政内涵。潘小娟的《法国国家治理改革及其启示》（载《中共中央党校（国家行政学院）学报》2019 年第 1 期）分析了地方财政自治的内涵，回顾了法国地方分权改革和地方财政自治原则的宪法化历程，总结了法国的成功经验。于京东在《空间的旧制度与区划的大革命——近代法国领土治理中的央地关系与结构转型》（载《江苏社会科学》2020 年第 2 期）中论述了“统治”向“治理”转型所带来的空间与区划上的思路及制度变迁。于京东认为，旧制度的领土国家奠定了“空间统一”与“中央集权”的央地关系模式。大革命的空间改造一度致力于与传统政治的决裂，打破了旧制度的区划结构，但在划分领土与央地整合的实践中又延续了中央集权的治理理念，进而促成了单一制国家结构的巩固。郁建兴、金蕾的《法国地方治理体系中的市镇联合体》（载《中共浙江省委党校学报》2006 年第 1 期），以市镇联合体为研究对象，讨论了市镇格局变动的历史考察、兴起、运作及存在的问题。

董娟在《集权、分权与治理:法国中央政府的行政派出组织》(载《广东行政学院学报》2014 年第 3 期)中,以法国数量众多、形式各异的中央政府行政派出组织为研究对象,讨论了其在应对分权改革需求的背景下,发挥的制度功能及行政意义。杨辰在《法国社区规划的历时性解读——国家权力与地方民主建构的视角》(载《规划师》2013 年第 9 期)中,论述了"国家—社会"的关系是法国社区规划发展的一条主线,社区规划实际上是政府与居民之间的一种沟通与协商,它为所有的利益相关者提供了一个博弈空间。

本书首先尝试对法国宪法实施的学理和实践进行系统整理和归纳,并在广泛收集学说、制度、案例的基础上,通过宪法解释、功能比较、案例分析的方法运用,为我国宪法学在一定程度上补充近年来法国宪法研究体系化的不足;同时,本书每部分均涉及大量宪法委员会判决,既有事前审查框架下对立法草案的抽象审查,也有事后审查框架下与普通法官的对话。

由上可知,宪法审查的历史发展、事前及事后审查程序、具体的宪法范畴均有中文文献作为铺垫,但研究的均衡度稍有不同。央地关系研究得较完整和透彻,立法权和行政权配置处理得还不够精细,基本权利部分有对个别基本权利如何保障的介绍,涉及部分宪法审查技术、基准和宪法解释的研究,但总体而言,对基本权利如何进入法国宪法语境、如何促成宪法委员会和普通法院的实施,还稍嫌欠缺。此外,具体的法国宪法案例,李晓兵、王建学等学者均有研究,[1] 但对近年来政治社会重大问题,如反恐、言论自由等问题尚待更深入的讨论和研究。此外,基本权利的双重性质也从德国进入了法国宪法原理之中,但宪法委员会往往将受益权首先确认为客观价

〔1〕 参见李晓兵:《法国宪法:历史、原理与实践(Ⅰ)》,法律出版社 2019 年版,第 83～185 页。王建学也有宪法案例的相关研究,例如,王建学:《宪法审查时代如何理解宪法渊源?——中国问题与法国教训》,载《中国法律评论》2022 年第 3 期;王建学:《环境权的制宪原旨与宪法审查——基于法国〈环境宪章〉的研究与借鉴》,载《人权法学》2022 年第 3 期;王建学:《法国事后宪法审查机制的十年:总结与启示》,载《财经法学》2019 年第 6 期。

值秩序，再通过国家完善立法和行政制度，奠定制度基础后再确认受益权的主观权利面向。换言之，本书需要分别对自由权、受益权选取例证，说明宪法审查在个案具体运行的差异。此外，部门法的宪法化是我国宪法学界近些年的一个研究热点，研究目的在于回应宪法规范与部门法规范的互动，也在进一步推进依宪治国的战略中，以宪法为最高法促进法秩序的融贯性。[1] 而法国部门法的宪法化也是一个突出现象，部门法宪法化的概念于20世纪70年代开始自德国引入，并在当下的法国产生了极大影响。[2] 有必要对这部分进行研究以回应中法两国宪法审查发展的诉求。另外，在信息时代，网络的发展极大地改变了宪法既有的基本权利场域和国家主权的行使方式，宪法如何应对这一挑战也成为全球性问题，法国宪法委员会的具体实践可以成为一个重要的参考项。

三、基本结构

本书共分为四部分，围绕宪法实施实效化对"理念与方法""国家权力配置""基本权利保障""面向未来的宪法实施"进行研究，力图对法国宪法基

---

〔1〕 2018年11月由中国法学会宪法学研究会主办的第二届"中国宪法学青年论坛"以"部门法的宪法化"为主题在西南大学召开。此论坛为一个坐标，在此之前和之后均有多位学者对此问题进行了探讨，参见林来梵：《民法典编纂的宪法学透析》，载《法学研究》2016年第4期；张翔：《宪法与部门法的三重关系》，载《中国法律评论》2019年第1期；王锴：《论宪法上的一般人格权及其对民法的影响》，载《中国法学》2017年第3期；白斌：《刑法的困境与宪法的解答——规范宪法学视野中的许霆案》，载《法学研究》2009年第4期；等等。对法国部门法宪法化探讨的中文文献，参见王建学：《法国的环境保护宪法化及其启示——以环境公益与环境人权的关系为主线》，载《暨南学报(哲学社会科学版)》2018年第5期；李玲：《论法国民法典的宪法化》，载《北方法学》2013年第6期。

〔2〕 代表性的作品有：M. Fromont, *Les droits fondamentaux dans l'ordre juridique de la République fédérale d'Allemagne*, Mélanges Eisenmann, Cujas, Paris, 1974, p. 49; Favoreu L., *L'influence de la jurisprudence du Conseil constitutionnel sur les diverses branches du droit*, Mélanges Léo Hamon, Economica, Paris, 1982; L. Favoreu, *La constitutionnalisation du droit*, L'unité du droit, Mélanges R. Drago, Economica, Paris, 1996, p. 25, spéc. p. 27; P. Delvolvé,《L'actualité de la théorie des bases constitutionnelles du droit administratif》, *RFDA*, 2014; M. Ver-Peaux (dir.),《Code civil et Constitution(s)》, *RFDA*, Economica, Paris, 2005, p. 1211; Jeammaud A.,《Le droit constitutionnel dans les relations du travail?》, *AJDA*, 1991, p. 612。

本问题和基本范畴都有所涉猎。

第一部分对法国宪法进行了背景式考察,并尝试对其制宪理念和宪法方法论进行脉络性梳理,对国家法人面向的制宪设计和多元宪法研究方法进行归纳和整理,以管窥法国宪法实施的内生动力。本部分先研究雷蒙·卡尔·德·马尔贝格(Raymond Carré de Malberg)的思想如何为法兰西第五共和国的建构提供直接的思想渊源。例如,马尔贝格思想为第五共和国宪制结构中议会立法权应受到控制的原则奠定了基础,该原则成为建构高效、有限国家的重要因素。戴高乐作为首任总统,受马尔贝格思想的启发,力主采用全民公投对议会进行理性制约,连接代表制与直接民主制。此外,本部分对法国宪法学研究方法作了历史脉络的梳理,重点论述埃斯曼所构建的正统法国宪法学说遭遇不断弱化的状况。

法国国家机构与权力配置的原则与美国式相互制约的权力配置不同。权力的概念与机构的概念不是一一对应的关系,不是一个机构只能行使一种国家权力,也不是某种国家权力只能由一个机构专属行使。换言之,以法国为代表的欧洲权力配置体制更重视权力之间的合作关系。因此,本书第二部分尝试从权力配置横向和纵向维度对法国宪法实施进行检视:其一,本书对立法权如何在议会立法和行政立法之间界定各自领域,在立法权逐渐扩张的实践中探寻其成因及如何回归规范、保障宪法实施。目前,国内对法国立法权的研究相对薄弱,聚焦在议会组织、立法程序等领域,对立法权内部的配置有所忽略。本部分旨在对法国1958年宪法中立法权限与行政条例制定权配置关系进行梳理。其二,本书在法国特有的行政二元背景下分析总统权的特性并试图进行合宪性控制;在法兰西第五共和国的政治实践中,总统远超越于宪法的职能定位,表现为一个超级政治权力运行的核心角色。在所有的国家公权力中,人民最能感受其温度的就是行政权。法国国家行政权力长期被贴上"行政二元"的标签,与其他国家呈现了明显差异:总统由全民直选产生,总统与总理既可能是"合作者",也可能是"上下级",权力配置的宪法规范往往不能有效实现。因此，总统权的功能与运行值得作进一步的反思与检讨。本书在此回溯法国宪法文本对总统宪制权的设定，梳理政治现实下总统权扩张的表现及原因，并希望可在宪法规范与政治事实之间进行调和，以实现国家机构权力的再平衡。其三，本书对宪法委员会是否成为一项新型权力的行使机构，从而突破既有的宪法传统权力配置进行了讨论；宪法委员会的产生和发展改变了法国国家机构的运行轨道，宪法委员会也逐步确立了其准司法性质，但仍然没有改变法国传统的权力配置原则。本部分旨在追寻历史发展的脉络，首先，论述宪法委员会获得身份正当性的过程，这尤其体现在学界于早期发展过程中做出怎样的重要努力，使其顺利剥落政治机构的外衣。其次，关注宪法委员会判决的效力问题。在宪法委员会判决逐渐丰沛的背景下，判例呈现明显的类型化趋势，尤其聚焦立法的合宪性审查，与立法权和行政权形成合作和制约的关系。最后，关注在判例法的积累下，宪法委员会确立了独特的权力运行模式。其四，本书将在权力纵向配置的角度下探讨法国中央地方关系的宪法维度。法国 2003 年宪法修改将国家性质改为"单一制下地方分权的共和国"。从此，法国作为单一制国家有了新的内涵，地方分权上升为国家性质的一个特征。本部分主要关注在宪法层面对地方自由行政的基本权利予以确认，并通过立法具体化和宪法委员会判例厘清央地关系。

本书第三部分尝试对基本权利的保障进行反思。基本权利在法国是一个重要的宪法研究范畴，其研究和实践一直处于开放状态，充分吸收了比较法的资源，尤其是欧洲邻国，如德国、意大利、西班牙等的宪法学说和宪法案例。本部分探寻基本权利概念在法国如何入宪、如何行使以及如何通过实质保障和程序保障机制的统合促进法国宪法在基本权利领域的良好实施。然后，借助一个宪法案例的评析对立法合宪性审查中言论自由的实施进行评述，再通过健康权的确认凸显了法国宪法的主观权利和客观价值秩序并存的基本权利范式。

本书第四部分在面向未来的宪法变迁视角下,首先,探寻宪法实施与部门法的“宪法化”(constitutionnalisation)现象,宪法化作为宪法实施的重要表征对法秩序的现代化有重要意义:宪法作为上位法与下位法一同使整个法秩序更加融贯,公、私法之间的固有差异逐渐消融,形成了以宪法为核心的统一的法秩序。与此同时,也有学者认为,应当对“宪法化”现象保持警惕,不能建造所谓的“宪法帝国”,也不是重返私法公法化。因此,有必要对部门法宪法化的原因、表现和界限进行研讨。其次,讨论了互联网时代宪法研究的范畴如何变迁的问题。宪法与互联网的关系这一议题出现在人们的视野中是较晚近的现象。人们开始怀疑“一种规范和一种工具之间有什么样的相互影响”是个伪命题,或是一个很难界定的问题。但不可否认的是,网络的发展对宪法学科的基础存在重大冲击,国家主权、公权力的规范来源、规范位阶,代表制、政治民主决策过程、政权组织任命形式等传统概念的解构与重塑等亟待廓清。宪法学研究一方面需要积极确认网络发展带来的新型权利,另一方面也不能被动或消极接纳所有数字革命的影响。

当然,由于笔者能力有限,本书存在诸多问题,如逻辑主线不够突出、理念部分不够完整、基本权利部分梳理不足等未尽之处,请师友不吝批评。

第一篇

理念与方法

第一章
第五共和国制宪理念的起源*

我凝视着多农峰，它是高卢人的守护者；我自西方凝视着它，想象着它的背后是我向往的祖国。

——马尔贝格

国家法学以欧陆"国家一般理论"为核心，在 19 世纪下半叶到 20 世纪上半叶达到鼎盛，成为以德国、法国为代表的欧陆国家在法律层面上使国家正当化并建构现代国家制度的重要理论。然而，自 20 世纪 30 年代起，"国家一般理论"开始式微。第二次世界大战后，伴随宪法、民主、联邦、区域一体化等理论的兴起，特别是对基本权利的关注，"国家一般理论"似乎已消亡殆尽。进入 21 世纪，伴随全球化与社会治理多元化，"国家"概念遇到了更多的冲击与质疑。但近年来，欧洲恐袭频发，国家父爱主义的思潮似开始回溯，一种潜在的将社会共同体纳入国家的

* 本章原载《法学评论》2018 年第 3 期，原标题为《大革命、国民主权与现代国家建构——马尔贝格的国家法学理论》，在成书过程中有所删改。

学说慢慢显现,用以支持"代表"的整体性,国家的法人人格也被重新提出。[1] 本书旨在回溯长期被忽视的、欧陆黄金国家法的法国国家法学一支,并选取坐标性人物马尔贝格,[2]评述其国家法学思想,期冀对国家法学研究及国家与国家机关的关系等命题有所参考。

一、研究问题的阐释

(一)为什么研究国家法学

国家法学作为典型的欧陆法学理论,经历了发端与鼎盛、变动与式微、解构与复兴三重发展阶段。

第一阶段。国家一般理论发端与鼎盛时代是在1880~1930年。国家一般理论将整个公法基础想象成一个体系;法律和政治开始分离,国家法学研究者试图通过拟制"国家的法人"以减少社会割裂,"国家法人说"与国家一般理论成为不可分的概念组。

第二阶段。国家法学在经历50年的辉煌后,进入变动与式微的时代。首先,国家概念从国家理论重新进入政治学领域。20世纪20年代之后,继承国家一般理论著名学者衣钵的弟子纷纷转向其他学科。例如,著名政治学家沃格林,年轻时虽跟随汉斯·凯尔森(H. Kelsen)研究"一般国家学"(Allgemeine Staatslehre),但后期转向政治学,研究政治权力的动态运行。其次,国家概念开始泛化,19世纪国家法学未研究的范畴开始浮现。在19世

---

〔1〕 Olivier Jouanjan, Eric Maulin,《Introduction-La théorie de l'État entre passé et avenir. Journées en l'honneur de Carrés de Malberg》, Jus Politicum, n° 8, [http://juspoliticum. com/article/Introduction-La-theorie-de-l-Etat-entre-passe-et-avenir-Journees-en-l-honneur-de-Carres-de-Malberg - 549. html]. Consulté le 15 aoû 2017.

〔2〕 马尔贝格出生于1861年,逝世于1935年,为法国现代著名宪法学者,在中文文献中一般被称为"马尔佩"或者"马尔贝格"。参见何勤华:《马尔佩与法国实证主义宪法学》,载《中央政法管理干部学院学报》1995年第4期。近年来,涉及马尔贝格的研究更多出现于制宪权理论相关的文献中,参见王建学:《制宪权与人权关系探源——以西耶斯的宪法人生为主线》,载《法学家》2014年第1期;乐启良:《西耶斯的制宪权理论研究》,载《法学家》2016年第1期;[日]芦部信喜:《制宪权》,王贵松译,中国政法大学出版社2012年版,第23~25页。

纪国家理论中,“权力”是核心关注点。而到了 20 世纪中叶,对“个人”即基本权利的研究开始勃兴。此外,经济转型和社会发展也促使国家概念开始变迁:社会国理论(Théorie de l’État social)、规制国理论(l’État régulateur)和福利国理论(l’État redistributeur)多元并起;第二次世界大战后,国际化、全球化、世界化对“国家”概念造成了新一轮的冲击。前殖民地国家独立后,主权国家虽再次涌现,但却没有让国家一般理论复苏。欧盟等区域化组织的出现促进了全球化的加速,国家一般理论继续式微。

第三阶段。国家一般理论进入 21 世纪后命运多舛,相继遭遇解构与复兴。21 世纪初,民主理论超越国家概念范畴,地方民主、国际民主、社会民主等概念冲击传统的代议制民主。民主的主体不再局限于公民,诸多公益组织,如老年人权益、儿童组织纷纷参加到追求善治的过程中。“软法”概念兴起,体现出社会多元规制发展。传统的国家一般理论慢慢与其他理论相妥协,共同对公共生活进行制度化改造。然而,近年来,欧盟突然被反恐、“脱欧”等形势所困扰,能快速整合权力运行的传统“国家中心主义”似乎又开始得到重视。

(二)为什么研究法国

在国内宪法学的话语体系中,国家法学的研究更多的是参照德国、日本的学术逻辑及理论脉络,而极少涉及其他代表性国家。虽不能说这样的学术理路存有谬误,但至少以偏概全,容易步入符号化的理论研究歧路,进而在预设的场景中影响我们的观察视线。以 19 世纪末 20 世纪初宪法学思想的“黄金时代”为例,德国有围绕 1871 年联邦帝国宪法展开法律思想研究的实证法学派,如盖尔伯(Karl von Gerber)、拉班德(Paul Laband)、耶利内克(Jellinek)和奥托·迈耶(Otto Mayer)等,其尝试以实证法学的方法论述国家法学的命题,用以取代传统的历史法学的研究方法;而同一时代的法国也有以亨利·米歇尔(Henry Michel)、保罗·勒若－保黎欧(Paul Leroy-Beaulieu)、埃斯曼、米修(Michoud)、萨利珀洛斯(Saripolos)、狄骥、约瑟夫·

贝泰勒米（Joseph-Berthélemy）以及奥里乌等为代表的知名宪法学者，其立足更多元的方法以阐释符合法兰西传统的国家理论。[1] 无论是德国还是法国，都有大量著述以“国家理论”“公法一般理论”“宪法精义”等为题，着力研究国家组织的法律体系以及组织原则，旨在将对“国家”的研究转化为一门科学，或至少对国家法学的诸多命题运用更科学的研究方法。但德、法两国的国家法学研究也存在较明显的区别，如狄骥在第一次世界大战后（1920年）出版的《宪法论》（第2版）序言中论及，其是“国家—权力”与“国家—公共服务”的思想之战，前者是德国法思想，后者则是法国法思想。[2] 观察20世纪中叶后德国、法国不同的国家建构路径，可以发现，前者以权力运行为核心，后者以公共服务为重点，研究法国国家法学具有还原国家法学发展全貌的旨趣。

（三）为什么研究马尔贝格

马尔贝格便是在上述德、法两国不同理论思潮的冲击下，立足法国独特的宪政体系，提出了颇具特色的国家法学理论。而马尔贝格的学术思想体系，与其独特的生活及学术经历紧密相关。马尔贝格出生于1861年的法国阿尔萨斯。1870年普法战争中法国战败，马尔贝格父亲在战争中死亡，法国国家领土被迫割让。国家领土不可分割成为马尔贝格思想的原点，爱国主义情怀铸就对“国家”概念执着的学术底色。青少年时代，马尔贝格离开了阿尔萨斯来到南锡。此时，其学术思想虽尚未体系化，但已触及权力及其无价值性、主权及其不稳定性、国家及其必要的持续性。为对抗德国法对阿尔萨斯的渗透，马尔贝格尝试论证法国大革命时代的国民主权原则是现代国家产生的基础。当时，大革命时期的法律文本（droit révolutionnaire）一直未受重视，被贴上“现代国家及宪政不完美的起源”之标签。主流观点受狄骥及其带领的波尔多学派的影响，将“主权”界定为一种形而上学的、陈旧的、

〔1〕 E. Maulin,《La théorie de l'Etat de Carré de Malberg》, *PUF*, 2003, p. 2.

〔2〕 D. Grimme,《Une lecture allemande de Léon DUGUIT》, *Revue du droit public*, n° 1, 2016, p. 187.

导致权力绝对化的概念。正是在这一学术背景下，马尔贝格成为极少数认真对待法国大革命时期法律文本的宪法学者。

1890 年，马尔贝格成功通过了法学教师考试，被任命为卡昂大学的罗马法教师。1900 ~ 1914 年，马尔贝格写下了里程碑式的著作《国家一般理论研究》（*Contribution à la théorie générale de l'État*）两卷本，[1] 提出了"有限权力说"，即国家不应是"利维坦"，而应是受限制的、排除任何绝对权力的法人。1919 年，马尔贝格接替拉班德进入斯特拉斯堡大学任教，《国家一般理论研究》的两卷也于 1920 年及 1922 年相继出版。此后，马尔贝格又撰写了《法律，公意的表达——1875 年宪法中法律的概念》，[2] 其中提出了"立法优位说"，即立法权在实定法秩序中优越于司法权。马尔贝格的最后一部作品为《法律形成理论与法国实证法确认的制度与思想之冲突》，[3] 其中提出了法国宪政体系下独特的现代国家组织原则以及国家法人理论，并对凯尔森和默克尔（Merkl）所建立的法律位阶秩序理论提出了商榷：认为法国宪法体系并不是按照法律规范位阶排列的，而是按照国家机关之间的地位位阶建立的。而宪法机关位阶顺序恰恰是大革命者设计的：宪法框架下机关的顶端是立法机构，且被视为法律唯一真正的创造者，其他所有机构都居于从属

---

〔1〕 该书全名为《法国公法领域中的一般国家理论》（*contribution à la théorie générale de l'Etat spécialement d'après les données du droit public français*），其分成 2 卷，分别在 1920 年和 1922 年出版，是作者在第一次世界大战前完成的作品。本书一方面，立足于此前德国著名法学家们的贡献，对国家的一般理论进行梳理；另一方面，强调法国公法视域下独特的国家理论。这一双重面向也体现在文章的具体章节中：第一部分对"国家"的构成要素进行剖析，第二部分论述国家的功能，第三部分论述国家的机关。第二、第三部分均体现了法国自大革命以降，宪法文本中蕴含的原则，马尔贝格试图论证从实证法中提炼出的"国家"的法律理论根植于 1789 年大革命以来的法律原则。V. Raymond Carré de Malberg, *Contribution à la théorie générale de l'État*, 2tomes, Paris, 1920 et 1922, Librairie du Recueil Sirey (réimprimé par les éditions du CNRS en 1962).（下文脚注将该书简写为 *Contribution*。）

〔2〕 R. Carré de Malberg, *La loi, expression de la volonté générale*, Sirey, Paris, 1931, réimpression Economica, 1984.

〔3〕 R. Carré de Malberg, *Confrontation de la théorie de la formation du droit par degrés avec les idées et les institutions consacrées par le droit positif français relativement à sa formation*, Sirey, Paris, 1933.

地位。除前述著作外，马尔贝格还零散发表过若干篇论文，如《德意志帝国中阿尔萨斯—洛林地区的法律条件》、[1]《魏玛宪法第76条的德国国家性问题》[2]和《魏玛宪法中的立法权委托问题以及法律与法令之间的关系》，[3]但核心观点在《国家一般理论研究》中均已体现。

总体而论，马尔贝格以国家的法律建构为目的，以国民主权的确认为主线，以大革命法律思想为渊源，实现了逻辑上的三步推进：第一步，从大革命实证法上确认国民主权原则相对君主主权及人民主权的优越性，并实现了最高权力的双重变迁；[4]第二步，在国民主权学说下，论证国家是拟制法人；第三步，作为拟制法人，国家通过国家机关表达其意志。

二、大革命与国民主权：国家最高权力的正当性论证

为什么要返回法国大革命寻求国家法学思想的依托？马尔贝格认为，法国大革命最大的功绩在于确认了“国民主权”（la souveraineté nationale）原则，由此创设了“国家”概念与“国民主权”之间的直接联系，将国民法律人格化，并与君主主权及人民主权相区分。大革命不仅是法国公法的基础，也是现代国家的起源。[5] 在实定法层面上，1789年《人权宣言》和1791年宪法

---

〔1〕 R. Carré de Malberg, *La condition juridique de l'Alsace-Lorraine dans l'Empire allemande*, Revue du Droit public, 1914, p. 5 – 47.

〔2〕 R. Carré de Malberg, *La question du caractère étatique des pays allemands de l'article 76 de la Constitution de Weimar*, Bulletin de la société de legislation comparée, 1924, p. 285 – 325.

〔3〕 R. Carré de Malberg, *La question de la délégation de puissance législative et les rapports entre la loi et l'ordonnance selon la Constitution de Weimar*, Bulletin de la société de legislation comparée, 1925, p. 321 – 347 et 398 – 425.

〔4〕 Éric Maulin, 《Carré de Malberg et le droit constitutionnel de la Révolution française》, Annales historiques de la Révolution française [En ligne], 328 | avril-juin 2002, mis en ligne le 11 mai 2006, p. 2, [http://ahrf.revues.org/583; DOI: 10.4000/ahrf.583]. Consulté le 30 septembre 2016.

〔5〕 Éric Maulin, 《Carré de Malberg et le droit constitutionnel de la Révolution française》, Annales historiques de la Révolution française [En ligne], 328 | avril-juin 2002, mis en ligne le 11 mai 2006, p. 3, [http://ahrf.revues.org/583; DOI: 10.4000/ahrf.583]. Consulté le 30 septembre 2016.

分别确认了国家作为国民法律人格化的主体拥有主权。自此，国民主权下的国家权力实现了双重变迁：享有者的变迁与权力性质的变迁。

首先，在马尔贝格看来，国民主权原则是法国法律秩序的一大特色，实现了国民主权下主权享有者的变迁，有别于旧制度下的绝对君主制，也不同于域外的法律秩序（如德国的君主制）。马尔贝格分析了1789年《人权宣言》第3条〔1〕和1791年宪法第三章第1条〔2〕和第2条，〔3〕认为国民主权原则从未在国家法律秩序中消失，国民在国家法秩序中具有最高地位。至于何为国民，马尔贝格写道，“国民主权原则的创设者认为，公民集合体不可分，是一个非个体的、抽象的实体”。〔4〕因此，没有人可以个体名义行使部分或全部的主权。在这一问题上，国民主权有别于人民主权和君主主权。同时代的学者对国民主权原则多数心怀疑虑。例如，狄骥便认为，国民主权只是专制的新“外衣”，最高权力名义上从君主移交至国民，但实际上仍掌控在个人手中。〔5〕但马尔贝格认为，这是对国民主权原则的误读。在君主制下，国王既是权力的享有者，也是权力的行使者，两种身份合二为一。但在国民主权原则下，国民是权力的享有者，高度抽象，但却不是权力的行使者，〔6〕国民只能委托“代表”行使权力。因此，国民主权原则的确立与同时代狄骥所言的阴谋论不同，其恰恰是大革命制宪者的一大创举，“大革命制宪者将国家与国王分离，将国民概念引入，使之成为国家真正的构成要素，国民是国家最高权力的唯一正当享有者”。〔7〕国民不是个人，是“高度抽象，不可分

---

〔1〕1789年《人权宣言》第3条规定，整个主权的本原，主要是寄托于国民。任何团体、任何个人都不能行使它没有明确授予的职权。

〔2〕1791年《宪法》第1条规定，主权是统一的、不可分的、不可剥夺的和不可动移的；主权属于国民，任何一部分人民或任何个人皆不得擅自行使之。

〔3〕1791年《宪法》第2条规定，一切权力只能来自国民，国民只得通过代表行使其权力。法国实行代议制，代表就是立法议会和国王。

〔4〕*Contribution*, t. 1, p. 87.

〔5〕Traité de droit constitutionnel, t. 1, p. 48, cité par Carré de Malberg, *Contribution*, t. I, p. 21.

〔6〕*Contribution*, t. II, p. 168.

〔7〕*Contribution*, t. II, p. 169.

离，不可分裂的统一体，高于所有个人成员”。[1]

其次，马尔贝格也批判了让-雅克·卢梭（Jean-Jacques Rousseau）的“人民主权”理论。在马尔贝格看来，卢梭所谓的“人民”，首先以“公民群体”（masse de citoyens）[2]的形式出现，然后是“个人无组织状态的聚合”（une collection inorganisée d'individus）。[3] 人民主权原则所确立的是最高层级人群的聚合，人民无法自由表达意志，类似托马斯·霍布斯（Thomas Hobbes）所言的“松散的民众”（une multitude désunie）。[4] 因此，马尔贝格认为，人民主权下的民主国家不是真正意义上的“国家”。在卢梭所倡导的人民主权学说下，个人仅是松散的组织（association），而不是统一的聚合体（corportation），不能形成比成员更高层次的“人”，“国家”的概念难以确认。此外，“人民主权”与社会契约密不可分，契约之下人人平等，无法产生凌驾于个人之上更高级的法人，也就不能产生公权力（la puissance publique）。故，无论是君主主权，还是人民主权，均与国民主权有根本区别（见表1-1）。

表1-1　君主主权、人民主权与国民主权的核心区别

主体	君主主权	人民主权	国民主权
权力享有者	君主	人民	国民
权力行使者	君主	人民	国家机关
权力享有者与行使者的关系	相同，君主直接行使	相同，人民直接行使	不同，国民不能直接行使

此外，马尔贝格认为，国家主权原则促成了国家最高权力性质的变迁。旧制度下的最高权力是王权，在王权之上没有其他可以对其进行限制的权力。而在大革命确认的国民主权原则之下，国家最高权力完成了“质”的转

[1] *Contribution*, t. Ⅱ, p. 173 note 6.
[2] *Contribution*, t. Ⅱ, p. 152.
[3] *Contribution*, t. Ⅱ, p. 152.
[4] T. Hobbes, *Léviathan*, Sirey, Paris, 1971, ch. XVIII, p. 180, traduit par F. Tricaud.

变:从法律秩序外部回到国家法律内部,从而低于宪法,但高于其他国家机关。[1] 其他国家机关围绕宪法组织的国家而工作,形成国家意志。法国式的国家组织模式也应运而生:通过限制权力实现宪政国家。马尔贝格认为,这一权力性质的变迁有两大重要意义:一方面,这标志着现代公法的诞生。此后,公法研究的逻辑起点不再是具体个人的心理意志,而是国家法人的公共意志,"最高意志"这一概念的核心内涵也发生了变迁;另一方面,这也是法国宪政思想史上的重大进步。法国由此确立了权力法定原则:权力因法律而设,且受制于法律。

总之,马尔贝格坚决倡导国民主权原则,认为国民主权可以弥补君主主权和人民主权的缺陷,将权力享有者与行使者予以分离。此外,直接行使主权与国家的概念无法相容,这是理解马尔贝格国家学说的核心。"国家是有组织的共同体,公权力行使由相关的法秩序支配,配置公权力的法就是国家的宪法。"[2]

三、国民主权下的国家:权力主体的法律人格化

在国民主权理论下,国家概念的提出及证成成为后续重要的学术命题,因为在实证主义视角下,事实与法律区分给国家主权主体提出了新问题,即在事实层面上,国民是个人的聚合体(corps d'individus),不具有任何法律上意义。国家的生成需要将国民视为有组织的个人聚合体,受法律规范的调整并拥有政府。

在马尔贝格之前,埃斯曼也将国家视为国民的法律人格化。[3] 但埃斯

---

[1] Éric Maulin,《Carré de Malberg et le droit constitutionnel de la Révolution française》, Annales historiques de la Révolution française [En ligne], 328 | avril-juin 2002, mis en ligne le 11 mai 2006, p.4, [http://ahrf.revues.org/583; DOI: 10.4000/ahrf.583]. Consulté le 30 septembre 2016.

[2] *Contribution*, t.1, p.166.

[3] A. Esmein, *Éléments de droit constitutionnel français et comparé*, Sirey, 4ᵉ éd., Paris, 1906, p.4.

曼认为，国家作为主权的主体，仅仅是一个法人，主权由诸多“自然人”以国家的名义实施而成为国家行动的方式。[1] 这一论点获得后续诸多法学家的认同。马尔贝格也表示部分赞同，即国家和国民是主权主体的一体两面。但埃斯曼的论点中有诸多不确定性。尤其是在埃斯曼的理论下，国家人格应与自然人的行为相重叠，在国家内部容易造成二元分化，而马尔贝格认为，人格的概念恰恰是为了聚合，而不是分化。因此，马尔贝格更清晰及简约地道出了国民与国家的关系，即“国民是国家的权力行使主体，国家是国民的法律人格”。

那么，应该如何理解国家的法律人格？拉班德认为，国家与国家权力仅是概念层面上的区别。在客观面向上，国家体现为法秩序或者单纯的制度，而在主观面向上，国家则表现为“存在”“人格”，或“法秩序的人格化”。因此，拉班德指出，国家是法领域中的最高人格，国家这一人格支撑自己的存在、意愿、行为所依据的法规则或法律。拉班德所提出的“国家是法秩序的人格化”这一命题对于国家法学体系的建构影响甚巨。受这一命题的影响，法国多数学者均认同国家是法人。但对于国家的法人人格究竟是“拟制”(fiction)的还是“现实”(réalité)的，学界则存有较大争议。狄骥认为，依据经验事实，国家便是一群以其名义行动的统治者的集合，因此，“国家意志仅仅是事实上和现实上权力享有者的意志，即统治者的意志”。[2] 在哲学本体论意义上，受现实主义的影响，狄骥及其簇拥者认为，国家人格仅仅是一个圈套或者说是一个神话，唯有以现实主义为视角方可揭开其神秘面纱。

马尔贝格坚决反对狄骥这一观点。马尔贝格认为，国家所具有的法人人格不应是现实体，而应是抽象的“法律上的人”。[3] 但马尔贝格并未沿袭

---

[1] A. Esmein, *Éléments de droit constitutionnel français et comparé*, Sirey, 4e éd., Paris, 1906, p. 4.

[2] Traité de droit constitutionnel, t. 1, p. 48, cité par R. carré de malberg, *Contribution*, t. I, p. 21 n. 15; v. aussi L. Duguit, L'État, t. 1, p. 261. “国家的意志事实上就是统治者的意志。”

[3] *Contribution*, t. 1, p. 27.

学界立足于经验或本体论的论证逻辑,而是完全立足于“纯粹法律”的立场。在确认国家法人人格后,马尔贝格对国家与主权的关系进行了细致区分。马尔贝格认为,相对德语而言,法语中的“souveraineté”(主权)具有模糊性和多义性,包括三重含义:(1)“最高权”,即完全独立于国家权力(la puissance étatique)的至上权;(2)国家统治所需的全部权力,包括立法权、行政权、司法权等;(3)“机关统治力”,即在一个国家内占据统治地位的机关主体。[1] 因此,让·博丹(Jean Bodin)认为,主权是国家的核心要素,不可能存在没有主权的共和国。这里的主权便是指“国家统治力”。但马尔贝格反对这一观点,他认为作为“国家统治力”的主权并非国家的核心要素,而“国家统治所需的全部权力”才是。为此,马尔贝格创设了“国家主权”(La souveraineté de l'État)和“国家内的主权”(La souveraineté dans l'État)这两个概念,分别对应“souveraineté”的前两种含义。在马尔贝格看来,“国家内的主权”才是国家法人人格的核心要素。“国家权力”或“主权”,无论采用哪种措辞,马尔贝格的理论都保留了其合理性,这一观点与当时主流学说即“主权必将衰落”不一致,后续法国国家的政治事实也证明主权从未衰落。归根结底,国家处于主权实施的过程中,而这种主权是实现国家及其持续性的基本原则。也正是在这个意义上,马尔贝格创设了国家机关理论。

四、国家与国家机关:抽象国家法人意志实现之必由路径

国家是权力主体的法律人格化,是抽象的法律人格,因此,权力意志的实现路径便成为国家法学所面临的下一个问题。马尔贝格认为,仅在法律意义上,国家才从抽象人格转化为现实体,[2] 国家机关便是法律实体(Réalité juridique)的存在形式。在这一问题上,耶利内克认为,一切社会均

---

〔1〕 *Contribution*, t. 1, p. 79.

〔2〕 *Contribution*, t. 1, p. 27.

需要意志，而这一意志只能是个人意志（volonté individuelle humaine），[1]故国家机关便是自然人意志及行为之总和，这些意志和行为归于国家，由国家负责。但国家机关并不能将所有自然人的行为均纳入其中，自然人仅在宪法授权范围内的行为才能以国家名义表达意志。一言以蔽之，国家机关并不具有自主性权力，仅仅是行使宪法所赋予的权限。国家机关只能在宪法规定的规则和程序内行动。[2] 对此，马尔贝格承认，在纯粹法律意义上，国家机关应获得法律授权，宪法是法律秩序的顶点。只有法律明确授权，自然人的行为才能归责于国家。但马尔贝格也认为，耶利内克模糊了国家机关理论中法律现实和自然现实的界限，试图从法律外的社会现实论证国家的整体性，这种非纯粹性偏离了整体性国家学说的正轨，应回到纯粹的法律框架之内。

因此，马尔贝格尝试批判性地将德国国家机关理论引入法国大革命后的代表制：第一，对德国国家机关理论的适用范围进行限缩，以与法国当时的代表制体系进行协调融合；第二，驳斥德国国家机关降格理论，避免将“国民”概念工具化；第三，在大革命宪法文件的语义下重新阐释国家机关理论。马尔贝格尝试建构一套符合大革命宪法的国家机关理论，并与旧制度的代表制理论（代表是其领主的代理人）、德国的国家机关理论（将国民降格为国家机关）及法国的强制委托理论（代表机关的意志受制于选民意志）相区分。

（一）明确国家机关的范围：国家机关理论中的“机关”

耶利内克认为，国家机关虽不具有独立于国家的人格，但涉及国家权力行使的方方面面，因此外延十分广泛，包括选民、国家元首、行政首脑、部长、

[1] *Contribution*, t. 1, p. 27.

[2] G. Jellinek, *L'Etat modern et son droit. Théorie juridique de l'État*, Panthéon-Assas Paris Ⅱ, t.Ⅱ, 2005, p. 227.

省长、法官、公务员以及整个国家官僚体系。[1] 为此，耶利内克对国家机关的类型化投入了极大的学术精力，提出直接机关和间接机关、原生机关和次生机关等概念的区分。[2] 所谓直接机关，是指直接由宪法确定权利和义务的机关，向国家本身负责。而间接机关则属于从属机关，不由宪法设定权利和义务，不直接向国家负责，而向直接机关负责。原生机关，是指直接代表国家权力的机关，如君主、组成选举集团的国民，而次生机关则是由原生机关派生的机关，如议会、总统。总体而论，耶利内克采用了功能主义的方法来定义国家机关，对"意志"适用最广义的解释，认为所有行使法律功能的部门都可以称为机关，如行政机关、司法机关，国家机关可以"多元"存在。

对此，马尔贝格并不赞同，认为所谓的"意志"应作狭义解释，即仅为"最初意志"（Volonté initial），非直接表达"最初意志"的机关均不属于国家机关。为此，马尔贝格援引了大革命思想中的一对范畴："代表"（représentant）与"官员"（fonctionnaire）。[3] "代表"，是指宪法授权的、可以表达国家最初意志的、行使国家权力的个体或公共机关，而"官员"则仅能表达衍生意志，执行"代表"的意志。因此，马尔贝格认为，立法机关是唯一的国家机关，是表达国家"最初意志"的机关，而这一最初意志是"级别最高""最重要"的意志（volonté primordiale et supérieure）。

（二）明确国家机关的性质：驳斥德国国家机关降格理论

在耶利内克看来，国民或国民代表在行使最高决定权时，代表的是国家利益，表达了国家意志，而与私益或个体意志无涉。因此，国家才是最高决定权的权力主体，国民或国民代表只是其工具。耶利内克的这一观点剥离

---

〔1〕 N. Saripolos, *La démocratie et l'élection proportionnelle*, t. Ⅱ, A Rousseau, p. 78. 对国家机关理论完整介绍的文献可参见 L. Michoud, *La théorie de la personnalité morale*, LGDJ, 3ᵉ éd., Vol. I, Paris, 1932, p. 133 et s。

〔2〕 参见王天华：《国家法人说的兴衰及其法学遗产》，载《法学研究》2012 年第 5 期。

〔3〕 代表与官员的区别由法国大革命时期著名政治家安东尼·巴纳夫（Antoine Barnave）最先提出，代表表达的是国家意志，而官员则是为了实现代表意志而执行。P. Brunet, *Vouloir pour la Nation. Le concept de représentation dans la théorie de l'Etat*, LGDJ, Paris, 2004, p. 45 et s.

了“国民”的主体地位，是对国民主权的贬损与降格，受到马尔贝格的强力批判。马尔贝格认为，仅在代表制下，“国民”和“代表”才是统一体（l'unité），“代表”的意志是“国民”意志的表达。但马尔贝格拒绝将“国民”降格为“代表”，“国民”是国家最高权力的唯一正当享有者，而“代表”仅是国家机关。

马尔贝格一直认为，德国国家机关理论的底色依然是君主专制，而法国则奉行国民主权。在君主专制下，君主是国家权力的享有者。宪法将君主权力凌驾于议会之上，议会只能表达部分意志，且宪法随时可能被君主撤销或修改。因此，议会虽为国民的代表机关，但仅是君主意志下的国家机关。而在国民主权下，立法机关是唯一的国家机关，代表的是国民的意志，这与君主专制有质的区别。因此，马尔贝格认为，国家机关理论仅在国民主权原则下才能获得根本的制度保障，否则仅是君主的附庸。从这个意义上讲，马尔贝格认为，在国家权力体系上，法国模式要远远优于德国模式。马尔贝格与耶利内克的“国家机关说”存在较大区别（见表1-2）。

表1-2　耶利内克与马尔贝格国家机关理论之区别

学者理论	国家意志	国家机关	国家机关与国民	国家机关与宪法
耶利内克学说	广义	多元	同质	需要宪法授权
马尔贝格学说	狭义	单一	拒绝同质化	需要宪法授权

法国国家机关理论以1789年《人权宣言》第3条确立的国民主权原则为根基，其规定：“整个主权的本原，主要是寄托于国民。任何团体、任何个人都不能行使它没有明确授予的权威。”根据马尔贝格的解读，国民主权原则只拥有“纯粹否定的意义”：任何个体、团体、阶级，抑或是政党都无法宣称自己是主权者，主权只属于整体的、抽象的以及不可分割的国民。[1] 在国家机关理论中，马尔贝格试图将每个国家机关都限定在宪法授权的范围内运

〔1〕参见乐启良：《西耶斯对卢梭的隐匿批判——论西耶斯的主权理论》，载《世界历史》2017年第3期。

行，再从抽象意义上将所有机关整合为“国家法人”。正如其所言：“表达国家意志或行使公共权力的人或团体正是这个统一集体的机关，即国家机关。从纯粹法学及国家基本理论观点来看，国家机关的性质在各个领域都是一致的，他们从宪法中获得职能，并依照宪法行使职权。”[1] 相关机关依据某项宪法职能行使国家权力，由法律或条例直接定义。[2] 在国家立法权与国家司法权的关系面向上，马尔贝格坚持形式上的法标准，认为只有立法机关才能制定法律，司法机关不能造法。但同时，马尔贝格反对法官因为法律不清晰或法律空白而拒绝审判（déni de justice），根据法国《民法典》第 4 条的规定，法官具有解释法律（dire le droit）的义务，应当采用类推（analogie）法解释并适用。[3] 法官的解释权始终在立法范围内，司法机关不得独立于立法机关进行释法。

（三）明确国家机关的功能：“代表”只对国民负责

在 1791 年的宪法文本中，“代表”应表达国民意志。西耶斯（Sieyès）也持这一观点，认为“人民或国民只能有一种声音，就是国家立法”。[4] 但当时的许多法国公法学家主张以强制委托理论（la théorie de la délégation）来理解代表的功能，即“代表”首先是被委托人（délégué），国家法人将意志的表达委托给代表。在这些学者看来，“代表”便是当选人（élu），其与选民的交流胜过与全体公民的联系。因此，在强制委托理论下，议会代表（député）仅能表达选区选民的意志，而非国民意志，1789 年《人权宣言》似乎也确认了这

---

〔1〕 *Contribution*, t. 2, p. 143 – 144.

〔2〕 *Contribution*, t. 2, p. 27.

〔3〕 *Contribution*, t. 1, p. 718.

〔4〕 Sièyes, *Discours du 7 septembre 1789*, Archives parlementaires, t. Ⅷ, p. 595.

一理论，[1]从而使1791年宪法产生尖锐的文本矛盾。有法国学者尝试以国家机关理论来消解这一冲突，并对强制委托理论的理性化重塑提出3点建议：[2]第一，人民或国民只能通过国家机关表达意志；第二，人民或国民的代表机关不是议院，而是宪法授权的国家机关；第三，代表并不代表任何个人。

但无论是传统的委托理论，还是改良后的委托理论，马尔贝格均不赞同。马尔贝格认为，1791年宪法的"代表"条款可与国家机关理论兼容，但代表不对选民负责，选民及选举团体不是国家机关，仅具有任命代表的功能。为论证此点，马尔贝格梳理了1791年宪法文本第三编中的选举条款后指出，无论是初级议会（积极公民组成），还是选举议会（负责国民议员的选举），都不能代表国民。例如，1791年宪法第三编第一章第四节第1条规定，"初级议会和选举议会的职权以选举为限，在完成选举后立即散会；非经召集不得再次召开"。这一条文证明选举机关不是常设机关，不能持续表达意志，因而不能代表国民。又如，该法第三编第一章第三节第7条规定，"各省任命的代表并非本省的代表，而是整个国家的代表，不得给予代表任何强制委托"。这一条文可以证明，代表无强制委托理论下忠实于选民之义务。

马尔贝格进一步回答了一个尖锐问题：国家可否不通过国家机关实现意志？马尔贝格首先梳理耶利内克和基尔克（Gierke）对这一问题的回答存在之差别。基尔克立足现实主义，认同国家具有原初的集体意志，其在国家共同体内真实且自然存在，而耶利内克则持"抽象法人说"，认为不存在先于国家机关表达的意志。马尔贝格赞同后一观点，并进一步补充道，"不论是以个人形式出现，还是集体形式出现，此类表达意志的机关均需要得到宪法

---

〔1〕 在这份宣言中，法国革命人士遗留的强制委托代表制的思想和观念仍然在条文中暴露出来，如第6条规定，"全国公民都有权亲身或经由其代表去参与法律的制定"；以及第14条规定，"所有公民都有权亲身或由其代表来确定赋税的必要性"。由此看出，法国大革命人士并没有意识到"亲自参加"与"选派代表参加"存有本质区别。参见黄小钫：《强制委托代表制与独立自主代表制——试析法国大革命时期的代表制理念之争》，载《浙江学刊》2010年第5期。

〔2〕 V. E. Orlando, 《Fondement juridique de la représentation politique》, *RDP*, 1895, p. 1 – 39.

的授权,成为集体的法定意志(volonté légale)",[1]从法律意义上看,真正负责产生意志的个体被称为共同体的意志机关。[2] 在这一基础上,马尔贝格重申,在君主专制下,君主是国家权力的享有者,而在国民主权下,国民代表表达国家意志,立法机关是唯一的国家机关,国家仅得通过"代表"这一国家机关表达其意志,从而将"国民主权—代表制"纳入"法人人格—机关"理论框架中。[3]

五、马尔贝格国家法学思想的影响与争议:纯粹法律上的"国家"是否可能

马尔贝格的国家法学核心思想可以归纳为几个要点:国家法人、国民主权原则,代表制下的国家机关理论,以国家最高法人人格进行整合。马尔贝格的国家法学思想兼具批判性及建构性:作为批判者的马尔贝格,坚决反对君主主权,认为法国的国家学说远远优于德国;而作为建构者的马尔贝格,则提出了以国民主权为基石的各项国家学说,并在法国乃至欧洲产生极大影响,也引发了一定的争议。正如法国当代著名的宪法学家米歇尔·托贝(Michel Troper)所言,马尔贝格纯粹法律意义上的国家思想无可厚非,国家不能产生法律,只有法律才能构成国家。[4] 但马尔贝格的国家法学思想却夹杂价值判断,虽高举实证主义的大旗却带有某些自然法的思想,由此引发了对马尔贝格国家法学理论基石的追问:纯粹法律上的"国家"是否可能?

(一)马尔贝格国家法学思想的影响

马尔贝格的国家法学思想系统、完整,在诸多学说林立的时代里产生了不朽的影响,尤其是影响了法国公法学中的国家法学地位、研究方法的演变以及法兰西第五共和国的构建。

---

〔1〕 *Contributions*, t. 2, p. 286.

〔2〕 G. Jellinek, cité par R. Carré de Malberg, *Contributions*, t. 2, p. 296.

〔3〕 参见何勤华:《马尔佩与法国实证主义宪法学》,载《中央政法管理干部学院学报》1995 年第 4 期。

〔4〕 Michel Troper, *Pour une théorie juridique de l'Etat*, PUF, Paris, 1994, p. 12.

1. 为国家学在公法学中的重要地位而辩护

在马尔贝格的时代,国家学并不属于公法学的显命题。正是由于马尔贝格的学术贡献,国家学才在公法学论域内获得了应有地位,甚至一直影响至今。例如,法国当下最负盛名的公法学家米歇尔·托贝和英国学者马丁·洛克林(Martin Loughlin)等便是马尔贝格的簇拥者,其依然积极捍卫国家学的立场。[1] 马尔贝格在时空两个维度开拓了国家学的论域,使法国国家学在历史与比较中得到了全方位的拓展和升华。

在时间维度上,马尔贝格对现代国家的研究以法兰西第三共和国为原点,向前推进到18世纪末19世纪初的法国大革命时期。对大革命时期宪法文本的精确解读,是马尔贝格实证主义研究思路的精髓所在,也是马尔贝格国家学基本命题的理论起点。马尔贝格对旧制度即君主制的批判以及对"权力必须受到限制"[2]的提倡,促成了现代公法的诞生。马尔贝格国家学理论体系中对国家的构成、国家的功能以及国家的机关所作出的精辟阐释,为后续国家学的研究奠定了扎实基础。我们可以在巴科(G. Bacot)、米歇尔·托贝、赫亚勒(S. Rials)、奥利维耶·伯德(Olivier Beaud)、费尔斯曼(O. Pfersmann)、布赫勒(P. Brunet)以及斯科贝杰(C. Schönberger)等著名学者的国家学命题中发现马尔贝格的闪光思想,包括国民主权和人民主权原则的区分、[3]国家一般理论中的"主权概念"、[4]国家机关理论、国民与代

---

〔1〕 V. le chapitre, 《La souveraineté inaliénable et imprescriptible》, in Michel Troper, *Le Droit et la nécessité*, PUF (Léviathan), Paris, 2011, p. 77 et s. Martin Loughlin, 《In Defence of the Staatslehre》, *Der Staat*, Vol. 48 (1), 2009, p. 1 - 28;上文中文版可参见[英]马丁·洛克林、王锴:《为国家学辩护》,载《北京航空航天大学学报(社会科学版)》2015年第2期。

〔2〕 *Contribution*, t. Ⅱ, p. 171. 马尔贝格在该页提到,大革命思想通过1789年《人权宣言》第3条确认了国民是国家最高权力法律主体的核心概念。制宪者促进了现代公法的一大重要进步:区分了主权享有者和主权行使者。

〔3〕 G. Bacot, *Carré de Malberg et la distinction entre souveraineté du people et souveraineté nationale*, CNRS, Paris, 1985, p. 200.

〔4〕 O. Beaud, 《la souverainté dans la contribution à la théorie générale de l'Etat, de Carré de Malberg》, *RDP*, 1994, p. 1251 - 1301.

表制下的国家机关理念、[1]法律合宪性审查原理与机制、[2]大革命时期的宪法文本研究,[3]以及公民、国家与民主之间关系[4]等。

在空间维度上,马尔贝格汲取了德国国家学及法治国的基本理念,为法国传统的公法学研究加入了全新元素。在马尔贝格之前的时代,埃斯曼、狄骥等主流学者倡导法学研究的意识形态化及法律社会学。埃斯曼虽然认同国家是国民的法律人格,但拒绝接受德国国家法学对法国的影响,而是较青睐英美宪法理论。[5] 绝大部分的法国公法学者受此影响,较排斥德国的公法学理论,认为法国立法至上的传统根源于立法乃公意的表达,神圣不可侵犯。唯有马尔贝格敏锐地发现,法国模式下的立法权几乎不受限制,应从国家的整体性出发,找到立法权上位的国家最高权力,并由此对立法权的行使进行限制。因此,马尔贝格尝试以纯粹的法律视角研究国家,对盖尔伯、拉班德、耶利内克等的国家学思想脉络进行梳理,批判性继承,创立了法国的斯特拉斯堡学派。斯特拉斯堡学派也开启了法国公法学的域外视角,并影响了后续的诸多法国学者,如埃森曼(Charles Eisenmann)、米歇尔・托贝。

2. 批判议会主权,为法兰西第五共和国的建构提供理论雏形

马尔贝格认真分析法兰西第三共和国的宪法文本,认为国民主权原则正逐渐被实践中的议会主权原则所僭越。在马尔贝格看来,法律应服从于制宪权,但事实却并非如此。人们高估了它的价值,神圣化了它的本质,已

---

〔1〕 P. Brunet, *Entre représentation et nation: le concept d'organe chez Carré de Malberg*, La Science Juridique française et la science juridique allemande de 1870 à 1918.

〔2〕 E. Maulin, 《le principe du contrôle de constitutionnalité des lois dans la pensée de R. Carré de Malberg》, *RFDC*, 1995, p. 79 – 105.

〔3〕 E. Maulin, *Carré de Malberg et le droit constitutionnel de la Révolution française*, Annales historiques de la Révolution française, La Révolution et le droit, n° 328, avril/juin 2002, p. 5 et s.

〔4〕 O. Beaud, *Fragments d'une théorie de la citoyenneté chez Carré de Malberg*, ou Comment articuler le citoyen, l'Etat et la Démocratie, Jus Politicum, 2012, n° 8.

〔5〕 A. Esmein, *Élements de droit constitutionnel*, Larose, préface à la 1er édition, Paris, 1899, p. VIII – IX.

不再是实证主义的风格。“我们的研究出版后，(学界)似乎出现一些批评之声，主要针对‘法律是公意的表达及该理论所指向的结果’。这些批评意见可以用简短的语言来概括：公意至上理论已被用于树立议会至上的权力。”对此，马尔贝格反驳道，“法律只有在符合宪法的条件下才是合法、有效的”，只有在真正的制宪权及宪法权威存在的前提下，才能对法律进行合宪性审查，保证法律在国家中的实际地位。[1]

马尔贝格在退休后初期的一些文章里[2]精确地指出了法兰西第三共和国国家及共和政体的不足，也设计了实际的改革方案。虽然法兰西第三共和国随之垮台并经历动荡的法兰西第四共和国，但马尔贝格的思想对后续的法国学者产生了深远影响，并为法兰西第五共和国的建构提供了直接的思想渊源。例如，著名学者勒内·卡比当(René Capitant)便从马尔贝格的思想体系中汲取灵感，特别是其对法兰西第三共和国的制度批判，从而主张法兰西第五共和国宪制结构中议会立法权应受到控制，这是建构高效、有限国家的重要因素。勒内·卡比当还启发戴高乐，应采用全民公投对议会进行理性制约，以连接代表制与直接民主。[3] 应当说，经由马尔贝格的学术建构，国家不再是一个陈旧的法律概念，狄骥所主张的“主权终将消亡”影响逐渐式微。在那个时代的宪法学家里，马尔贝格似乎是最不关心政治的实证主义者，却对当时的国家政治产生了极大影响。正如马尔贝格的学生乔治·布尔多(George Burdeau)所言，“他让迷茫的我们认清了真相”。[4]

---

〔1〕 E. Maulin,《le principe du contrôle de constitutionnalité des lois dans la pensée de R. Carré de Malberg》, *RFDC*, 1995, p. 99.

〔2〕 Carre De Malberg,《Considérations théoriques sur la question de la combinaison du referendum avec le parlementarisme》, *Revue du droit public*, 1931, p. 225 – 244.

〔3〕 Nicolas Wahl,《Aux origines de la Nouvelle Constitution》, *Revue Française de Sciences Politiques*, n° 1, 1959, p. 30 – 66.

〔4〕 G. Burdeau,《Raymond Carré de Malberg, son oeuvre, sa doctrine》, *Revue du droit public*, 1935, p. 356.

3. 实证主义方法的精巧运用,使之重返法国宪法学研究的主流

自宪法学诞生以来,诸多学者尝试运用哲学、政治学、社会学和历史学等学科的研究方法以确立一种法学方法上的宪法学。法国宪法学诞生于19世纪末,埃斯曼成为法国宪法学研究的正统鼻祖。但埃斯曼的宪法学研究方法有违"价值中立",受到了诸多批判,许多学者秉承社会学、政治学、新实证主义等进路提出了全新命题。[1] 马尔贝格所处的法兰西第三共和国,正是波尔多学派最鼎盛的时期,其引领了法国最主流的思想。代表性人物狄骥便在宪法学研究中引入了社会学方法,并影响了同时期的诸多学人。狄骥认为,马尔贝格的思想更受德国法学的影响。毫无疑问,马尔贝格的诸多作品均参考了德国法律学者的著作(如拉班德、耶利内克),但将其贴上"德国法学"的标签似乎不妥。事实上,马尔贝格与同时代的主流德国宪法学者在研究方法上存在根本区别。例如,耶利内克认为,"国家"概念必须通过将社会学和法学双重方法结合起来才能理解。社会学意义上的国家学是因果律(une science causale),主要研究历史社会因素如何决定国家的产生、组织和目的;法学意义上的国家是规范学,不研究"实存",而研究"当为"。研究对象决定了国家法学的规范法学性质。耶利内克虽然区分了这两种研究路径,但他认为,国家法律秩序与国家目的紧密关联。国家目的客观存在,且立足于国家产生的历史和政治要素,因而应作法学和社会学路径的合并研究。马尔贝格则拒绝所谓的社会学路径,仅从法律规范上研究国家。马尔贝格作了严格区分:在社会学意义上,国家的实质构成要素为领土和人民;而在法学意义上,国家则主要体现为法人格。在这一问题上,马尔贝格更倾向拉班德的思想,认为法教义学视野下的国家主要研究国家制度的组织结构,描述国家如何实现整体性组织。在此意义上,马尔贝格也对狄骥的方法进行了批判和质疑,一举逆转当时宪法学研究不重视实定法文本的趋向。

---

〔1〕 参见王蔚:《法国宪法学研究方法之嬗变——从"意识形态化"到"新实证主义"?》,载《财经法学》2017年第5期。

寻求“法律依据”是马尔贝格所有作品的一大主线。马尔贝格的实证主义方法影响了法兰西第四、第五共和国的许多著名学者,如弗朗斯瓦·惹尼(François Gény)、埃森曼、约瑟夫·贝泰勒米等。直至今日,法国宪法学界的主流研究方法依然为新实证主义,尤其集中于研究法兰西第五共和国宪法文本涵摄下的制度。

(二)马尔贝格国家法学思想的争议

马尔贝格的国家法学思想也引发了诸多争议。批判者主要认为,马尔贝格的学术思想存在三个方面的缺陷:其一,事实与法律区分得不够彻底;其二,研究方法存在混杂;其三,国家机关理论适用困难。

1. 事实与法律区分不够彻底

马尔贝格认为,国家的最初形式是在一定领土范围内形成国家共同体,具有表达意志的机关,建立了法律秩序并可以下达命令、行使权力。然而,国家机关是如何产生的?没有国家怎么会产生国家机关?因此,国家的起源(la source de l'Etat)是一个事实,而不是法律概念。马尔贝格也承认国家起源是事实,但他拒绝接纳狄骥的现实主义国家学观点,也反对凯尔森所主张的规范体系(système de normes),而仅仅含糊其词地使用了“将共同体成员整体化的组织”的表述,以指代国家的起源。[1] 这一观点与马尔贝格一直主张的“原初制宪权”(pouvoir constituent originaire)理论产生了冲突:如果国家起源是事实,那么制宪权应仅是修改宪法的权力,而不是制定国家第一部宪法的权力。[2] 如果国家起源是事实且有既定的法律秩序,那么制宪权

---

〔1〕 *Contribution*, t. 2, p. 492; v. aussi, Contribution, t. 1, p. 62. “国家的起源对于法律科学来说仅仅是一个事实,不需要进行法律确认”(la naissance de l'Etat n'est pour la science juridique qu'un simple fait, non susceptible de qualification juridique)。

〔2〕 王建学、乐启良对西耶斯制宪权的研究成果中,对马尔贝格如何误读西耶斯人民主权概念有所提及。参见王建学:《制宪权与人权关系探源——以西耶斯的宪法人生为主线》,载《法学家》2014 年第 1 期;乐启良:《西耶斯的制宪权理论研究》,载《法学家》2016 年第 1 期。

便转变成了宪制权,马尔贝格对这一概念的区分也就失去了意义。[1]

2. 研究方法存在混杂乱象

马尔贝格国家法学思想的核心是实定法秩序(droit positif),与自然法相区分。正如上文所提及的,马尔贝格批评了耶利内克理论的“混杂性”,转而接受拉班德以法教义学为主导的国家法学。在马尔贝格的诸多作品中,实定法秩序是圣经般的存在,宪法规范中隐含的法律原则是真理。但马尔贝格在挖掘法国宪法的基本原则时,却“先见地”进行了价值判断:以法国大革命思想为基础的基本原则是真正(一般意义上)国家构成的原则,是现代国家理想模式,优于直接民主和君主专制。因此,在学术逻辑上,马尔贝格已然走出了实证主义的范畴:本应从实定法中提炼出原则,再判断该原则具有独立于实证性的“真理性价值”(valeur de vérité)。由此,马尔贝格将“立法是公共意志的表达”转变成为“立法是国民主权原则的表达”,却未能提供法律基础(fondement juridique)。这也是马尔贝格国家学说饱受诟病的一大原因。

3. 国家机关理论适用困难

马尔贝格的国家机关理论也面临难以适用的窘境。马尔贝格认为,国民是唯一代表机关,但1791年宪法中所构建的君主与国民二元制却与之相悖。马尔贝格认为,解决这一悖论的核心便是弱化君主地位,最小化君主在1791年宪制立法程序中的作用。但马尔贝格忽略了君主的代表资格以及宪法赋予君主的制裁权限。君主拥有对立法的“暂停通过权”(veto suspensif),从这个意义上来讲,国民意志只有在议会和君主达成共识之后才能完整表达。可见,马尔贝格所认为的“议会是唯一的国家机关”和法国的宪政实践并不契合。法国1791年宪法上所确认的代表制,实际上体现的是立法机关和君主的二元结构。马尔贝格的国家机关理论因而面临实效性的

---

[1] P. Brunet,《les idées constiutionnelles de Carré de malberg》, le constitutionnalisme au XXe siècle, à paraître,[https://hal-paris1. archives-ouvertes. fr/index/index]. Consulté le 15 août 2017.

追问。

六、结语

国家学在中国学术界更多集中于政治、历史及社会学研究，并产出了丰沛的学术成果。马克思主义国家观、家国天下论、“国家由领土、主权、人民三要素构成”等论述具有相当的认同度。但法律层面的国家学却一直未成为研究热点。无论是“国家权利主体说”“国家权利客体说”，还是“国家法秩序自同说”等，在我国均属较陌生的法学国家观。甚至在宪法学领域，国家概念均含混不清。在宪法文本中，国家同时具有同一的政治实体、与社会相对的国家、与地方相对的中央3个不同的含义。[1] 国家法传统在新中国成立以后很长一段时间内占据主导地位。改革开放之前，我国法学院的宪法行政法教研室一般被称为“国家法教研室”，全国人大常委会法工委至今仍有“国家法室”。但截至目前，宪法学的研究热点更多的是国家机关和基本权利的法教义学分析，较少涉及关于国家的宪法学研究。近年来，宪法学者对国家法学的研究虽投入了一定的精力，但总体上不完全令人满意。例如，民法中“国家”概念的使用及其确切意涵、[2] 刑事司法中“国家工作人员”的界定、[3] 行政法中行政主体的内涵及外延、[4] 国家赔偿中的国家责任问题等。这些均要求宪法学者作出回应，对国家法学投以精力，构建体系、周密、逻辑的国家法学理论体系。因此，马尔贝格的国家法学思想尤其值得我们关注，特别是在研究方法、国家正当性证成、国家机关及国家责任理论等方面。

---

〔1〕 参见韩大元：《中国宪法文本中“法治国家”规范分析》，载《吉林大学社会科学学报》2014年第3期。

〔2〕 参见许可：《民法与国家关系的再造》，载《法商研究》2015年第1期。

〔3〕 参见曲新久：《论刑法中的“国家工作人员”——“两类、四种”区别对待》，载《北大法律评论》第15卷第2辑，北京大学出版社2014年版，第432～449页。

〔4〕 参见王天华：《国家法人说的兴衰及其法学遗产》，载《法学研究》2012年第5期。

第一,促进研究方法的转向。如前所述,在研究方法上,马尔贝格批判地继承了德国国家法中的实证主义,吸收了拉班德的研究方法,[1]主要从法律规范意义上研究国家法人格,包括国家制度的组织结构、国家权力的运行方式以及国家如何实现整体性组织。从根本上来说,马尔贝格的国家法学实证主义旨在使国家法学成为真正的"形式—逻辑"上的科学,而无须过多渗入历史、哲学以及社会学的元素。中国时下的宪法学研究(包括国家学)也面临诸多学科方法之争,如规范法学与政治法学之争、法教义学与社科法学之辩等,均各持己见,无法说服对方。诚然,马尔贝格的实证主义未必是"唯一正确的",但至少提供了某种逻辑化的理论图层,可有效回避"方法论的杂糅主义"。[2] 因此,未来的宪法学研究可继续立足宪法文本,在文本中寻求宪法规范与其他部门法规范。

第二,强化国家的正当性论证。在马尔贝格的国家学思想体系中,国家的正当性论证是非常重要的组成部分。国家在法之下,这是法治国家观的基本前提,也是马尔贝格国家学思想体系的重要论点。

第三,全面重构国家与国家机关的关系。马尔贝格认为,立法机关是唯一的国家机关,是表达国家"最初意志"的机关,其他国家机关都在立法机关之下。这种位阶关系的"国家机关说"与耶利内克的"多元国家机关说"大相径庭。在学理上,马尔贝格的这一观点与我国时下的人民代表大会制度具有一定的相通性,正如林来梵认为,全国人大是唯一进入规范宪法学视野的国家机关。[3] 笔者认为,当下中国宪法学理论中国家与国家机关复杂关系的两个命题可以得到一定程度的厘清:其一,关于国家与国家机关是"单一

---

[1] 参见林来梵:《法律实证主义方法的故事——以拉班德的国法学为焦点》,载《浙江学刊》2004年第3期。

[2] 参见张翔:《走出"方法论的杂糅主义"——读耶利内克〈主观公法权利体系〉》,载《中国法律评论》2014年第1期。

[3] 参见林来梵:《从宪法规范到规范宪法:规范宪法学的一种前言》,法律出版社2001年版,第341页。

主体”还是“多元主体”的问题。在“单一主体说”下，国家是唯一法人，国家机关是国家法人的组成部分，国家机关的行为被视为国家法人的行为，国家机关并不具有主体地位。而“多元主体说”刚好相反，国家和国家机关都是法人。就目前中国的法律文本而言，国家是单一主体。例如，《国家赔偿法》虽然规定了“赔偿义务机关”，但从“赔偿费用列入各级财政预算”的规定来看，国家赔偿责任的主体显然是国家本身，[1]国家机关不可能成为法人。但近年来，各地均有出现国家机关成为诉讼原告或被驳回起诉的情况，引发了较大争议。在刑事司法领域，对国家机关能否成为单位犯罪主体也有争论。因此，全面重构国家与国家机关的关系，理应成为国家法学的重要命题。其二，在国家机关的配置与改革中，如何处理国家与国家机关以及国家机关之间的关系。立足于马尔贝格的国家机关论，笔者认为，在实证国家法学视角下，全国人大是唯一的国家意志表达机关，其他国家机关行使公权力的行为均受其规制。近年来，我国频繁推进国家机构改革，但“形式合宪”理应作为改革的底线，“重大改革应于法有据”，这是全国人大是唯一的国家意志表达机关的必然的逻辑结果。[2] 马尔贝格曾论证，唯一的国家机关具有统一性，统合在此之上建立的不同的公共权力持有者，多个权力机关的存在不会与国家统一原则相对立。

第四，完善国家责任制度。马尔贝格认为，在规范层面上，唯有抽象的法律人格，才能将大量的人聚集在一起，将不同行为作为一个实体进行责任追究（如公务员的渎职行为将导致产生国家赔偿责任），也才能解释与国家责任相关的法律设定及机制。如学者王天华教授所言，将“国家法人”理解为一个实在的共同体或机关而非法秩序的拟人化，可以容纳国家功能的扩

---

〔1〕 参见王天华：《国家法人说的兴衰及其法学遗产》，载《法学研究》2012 年第 5 期。

〔2〕 更详细论证，参见秦前红：《全国人大常委会授权与全国人大授权之关系探讨——以国家监察委员会为研究对象》，载《中国法律评论》2017 年第 2 期；任喜荣：《国家机构改革的宪法界限》，载《当代法学》2017 年第 4 期。

张、公权力的优越,而这对特定时期的国家任务来说是必要的。只是,这种容纳对于“法治国家”目标来说,不能不说是一种极大的风险。[1] 如何应对这种风险?除宪法规范应明确各个国家机关的界限,使其忠实于国家意志外,国家责任的建构亦是必要之举。对此,我国宪法使用了“国家所有”“国家保护”“国家保障”等措辞,这表明国家本身是一个权利主体,国家应成为一个在法律上承担权利、义务和责任的主体。因此,马尔贝格的“国家法人说”,为完善时下的国家责任制度、呼吁国家自觉承担责任提供了必要的理论证成。应当说,使国家成为一个可以在法律上负责任的主体,是宪法的基本功能之一。[2]

---

〔1〕 参见王天华:《国家法人说的兴衰及其法学遗产》,载《法学研究》2012 年第 5 期。

〔2〕 参见胡锦光:《国家责任研究的宪法学视角》,载明德公法网 2017 年 2 月 27 日,http://www.calaw.cn/article/default.asp? id = 11990。

第二章 宪法学研究方法的嬗变*

宪法学自诞生起，其研究范畴与方法就与国家学和政治学呈现联系紧密的样态。在不同国家的不同时期，都有宪法学人尝试运用哲学、政治学、社会学和历史学等学科的研究方法来确立一种法学方法上的宪法学，这或许可以称为宪法学人的一种学术旨趣和理想。

法国宪法学研究也经历了这样一个历程：学者逐渐从意识形态分析方法转变到实证研究领域。传统意义上的法国宪法学需要追溯到19世纪末，1889年7月24日宪法学成为正式的大学法学教育本科课程。1896年巴黎大学著名的法学教授埃斯曼的著作《法国宪法与比较宪法简论》（*Élements de droit constitutionnel français et comparé*）得以出版，成为法国第一本对宪法学科进行体系化梳理的教材。埃斯曼的体系化过程分为3步：第一步将指导、规制法国政治事实提炼为宪法一般原则；

---

* 本章原载《财经法学》2017年第5期，原标题为《法国宪法学研究方法之嬗变——从"意识形态化"到"新实证主义"?》，在成书过程中略有删改。

第二步将英国议会制以及法国大革命的精神与经验作为宪法学源泉、基础；第三步以历史、发展的眼光以及比较的视角进行观察，构造了一个宏大的宪法学体系。受自由主义意识形态的浸润，埃斯曼的学说很快成为思想正统者（bien-pensants），为后继学者之学术根基，但又很快成为受抨击对象。部分后辈学者认为，埃斯曼的研究方法表现出了十分强烈的意识形态成分和法律唯心主义，暴露出有违科学研究“价值中立”的重要缺陷。具体而言：第一，学者不应站在任何既定的价值判断立场上为任何观点辩护，而埃斯曼一直试图论证群众若突然间获得了选票将表现出的不成熟性，因此，应排除人民直接选举的有效性。在此面向中，其继续强调代表履职应该“为人民”（pour le peuple），而否定代表“由人民”（par le peuple）选举产生。埃斯曼创建的代议模型实际上是一种精英主义统治模式，道德和意识形态胜过了法律技术。第二，埃斯曼的学说具有法律唯心主义（idéalisme juridique）倾向。此研究方法受到纯法律层面的批判。正如奥利维耶·伯德教授所言，埃斯曼过高地评估了法律概念的效力，认为法律概念是唯一能解决具体法律问题的方法。其假设了规范与行为之间的因果关系，认为法律概念不会与事实相悖。但显然，这一假设过高估计了法律概念的效力，又过低估计了社会、政治现象在宪法研究中的重要性。

在这样的批判质疑中，埃斯曼所构建的正统学说遭遇不断弱化：在整个20世纪，主要存在三波潮流旨在推翻这一主流，其分别由狄骥、杜瓦杰和法沃赫领军。狄骥将社会学方法引入了宪法学研究之中，杜瓦杰确立了政治学研究视野下的宪法学。埃斯曼的正统地位在当今的法国宪法学界仍得以保留，但大多数学者以法沃赫新实证主义为主要研究方法。我国当今存在的宪法学方法论之争也呈现十分活跃的样态，且由于方法的差异引发了对宪法性质、宪法价值、宪法实施等一系列概念的认知分歧。在这一现状亟待廓清的当下，对方法论的反思无疑是一重点问题。本书旨在于简要介绍埃斯曼宪法思想的基础上，指明其研究方法中的有违“价值中立”的缺陷，评介后续学者对埃斯曼研究方法之批判,并在此基础上阐释法国宪法学研究方法的发展路径。由此脉络论证法国宪法学方法论的转变成为推动宪法学乃至整个宪法实践的主要动力。

一、埃斯曼学说中的意识形态成分及法律唯心主义表现

法兰西第三共和国时期,宣扬共和制和君主制的政治势力呈现此消彼长的趋势。第一阶段,资产阶级共和派与保王派最初联合组成国防政府;第二阶段,保王党人处于优势地位:于1871年2月在国民议会中占据绝大多数席位,1873年麦克-马洪(Mac-Mahon)当选总统后,共和理念持续受挫;第三阶段,共和制崛起,以莱昂·甘必大(Léon Gambetta)为首的共和派通过1875年宪法确立了资产阶级共和制;第四阶段,共和制危机再次出现。17世纪八九十年代,法国相继出现布朗热事件[1]和德雷福斯案件,[2]令共和制岌岌可危。在这一时代背景下,埃斯曼作为宪法学界的代表人物,于1889年开始在巴黎大学法学院教授本科生宪法学,在完成教学任务的同时,也为体制的政治策略服务:传播共和主义世界观并以此为基础建立共和国宪法信条。[3] 此外,埃斯曼希望以发展史观捍卫法兰西第三共和国机构的正当性,肯定1875年宪法确认共和制的功绩。1896年埃斯曼出版的教材《法国宪法与比较宪法简论》成为为共和政体辩护的利器,与保王派主张相对立。具体而言,埃斯曼思想中存在两个重要内容来支撑和维护共和制:其一,统治形

---

〔1〕 1889年1月27日在巴黎的补缺选举中,布朗热因245,236票的绝对多数,击败共和党人而取胜,许多布朗热分子也相继被选入众议院。

〔2〕 19世纪90年代,法国军事当局对军官A.德雷福斯的诬告案件。德雷福斯出生于阿尔萨斯的犹太商人家庭,在总参谋部任上尉军官。1894年9月,情报处副处长亨利诬陷德雷福斯向德国武官出卖军事机密,以间谍罪将其逮捕。1894年12月22日,军事法庭在证据不足的情况下判处他在法属圭亚那附近的魔鬼岛终身监禁。作家E.左拉在《震旦报》发表致总统的公开信——《我控诉》,令这一事件获得更大的社会关注。法国社会分裂为德雷福斯派和反德雷福斯派两个阵营。民族主义右翼分子妄图借此推翻共和政府。

〔3〕 1879年5月26日,参议院在《政府公报》中写道:"法国宪法学的课程教授需要向美国学习,在小学阶段就介入。"(JO, Sénat, séance du 26 mai 1879, annexe no 191.)

态的分类;其二,议会制的定义。在对这两个重要内容的研究过程中,埃斯曼的研究方法表现出了上文提到的意识形态成分和法律唯心主义,引发了后辈学者坚守“价值中立”的质疑和批评。

（一）“代议制”中的意识形态成分

从历史发展意义上来看,埃斯曼未从中立角度分析和评判宪政制度,仅仅立足于维护官方立场,宣传同时代宪法制定与实施之卓越功绩,但其学说中强烈的意识形态成分与马克斯·韦伯(Max Weber)推崇的“价值中立”原则相距甚远,难以符合“科学应该建立在对事实的观察上”之标准。

1. 反对普选,证成“理性的主权”

在共和国制度的扎根时期,人民主权和政治秩序稳定之间出现多次冲突。新生的共和国畏惧权力的膨胀,无论此种权力来自顶层还是下层。共和党人在防止王权复辟与防止民众的激情颠覆共和国法律秩序的夹缝中思考如何加强权力的正当性。在选民数量激增的背景下,共和党人力主将人民的权力与国家事务保持一定的“距离”。因此,诸多官方学者都反对普选制,以期在理论上证成这一“距离”的正当性。譬如,法国历史上著名的哲学家、巴黎高等师范学校教授阿尔弗雷德·富耶(Alfred Fouillée)在1884年时曾撰文贬低普选制:普选制有很多内在的矛盾和悖论,每一个选民应当拥有平等投票权,但只有其中的一部分精英人士在事实上享有。因此,需要将选民数量上的优越性与精英人士智力上的优越性进行协调,这就是民主的化圆为方问题。埃斯曼也赞同此观点,认为协调秩序与进步两项价值必须防止两种对称的形而上学的错误:一种是守旧的神学主义,另一种是危险的民主主义(人民主权)。通过论证“人民主权”的危险性,埃斯曼在人民与权力行使之间筑起层层“防卫墙”,以实现防止君主派和公民通过议会少数派、普选或全民公决等途径颠覆共和派的多数地位之目的。

2. 区分理性主权之行使方式

沿循上述逻辑,埃斯曼继而论证什么样的统治形式才能行使“理性”的主权，于是创设了统治形式之区分。埃斯曼对统治形态的最早区分要回溯到 1894 年《公法与政治学杂志》创刊号中的一篇文章——《统治的两种形式》。[1] 从此文开始，埃斯曼的代议制学说进入法国各大法学院课堂并作为教学材料。在埃斯曼看来，"直接统治"与"代议制"分属两种不同的意识形态，每一种统治形态都有其独特组织形式和相关的制度以保障其运作实施。此外，埃斯曼在该文开篇中就论断只有代议制才适合自由的人民："18 世纪的最后三分之一的时代中，美国革命与法国革命都相继爆发，西方自由人民从此生活在代议制的统治形态之下。"这种代议制可以是议会制，也可以是总统制，两者都是自由的捍卫者。基于此，埃斯曼归纳了代议制三大特征：第一个特征与"国民"(nation)概念相关("国民"概念在此与选民全体等同)，国民并没有通过自身表现出任何主权的特征。国民将决定权授予一定数量的代表，以国民之名立法。第二个特征是代表对国民不负责且在他们履职期间不受罢免。第三个特征是"代议制"不是国民"直接统治"的替代物，而是比直接统治更有优势的体制。[2] 换言之，代议制并不是因为建立直接统治的客观条件所限而产生的权宜之计，而是更清晰、更优越的统治形态。[3]

(二)法律唯心主义的体现：权力配置原则的变通

埃斯曼在其宪法体系构架下：一方面，积极论证权力配置的正当性及必要性；另一方面，推崇英国的议会制。但当这两者在理论模式与事实层面上相抵触时，埃斯曼解释方法呈现了法律唯心主义的倾向。

首先，埃斯曼在理论上积极论证权力配置原则与自由的相互依存。埃斯曼认为，在一个自由国家，权力配置利于良性竞争，任何国家机构都不能

---

〔1〕 A. Esmein, *Éléments de droit constitutionnel français et comparé*, Sirey, 4e éd., Paris, 1906, p. 305.

〔2〕 埃斯曼继承了麦迪逊和西耶斯对代议制的表述，认为代议制不是较(直接)民主统治的更低层次，而是一套更优良的政治体制。A. Esmein, 《Deux formes de gouvernement》, *RDP*, 1894, t. 1, p. 16.

〔3〕 A. Esmein, 《Deux formes de gouvernement》, *RDP*, 1894, t. 1, p. 17 – 18.

独享统治权威。因此,从埃斯曼体系化宪法学开始,统治权力的分立与自由体制的相互依存成为宪法学说的一大原则。自此,在公法学界,公法学者以权力配置与否为标准区分自由体制(无论具体细则如何,都尊重权力配置)与专制体制(无论权力主体为何人,都在不断聚合权力)。

其次,在分析英国体制时,埃斯曼却遭遇了学说体系构建的危机,即如何将英国议会制下政府大臣与议员身份混同的政治事实予以正当化。最初埃斯曼论述英国体制时所言:"英国法不仅仅保障了英国自由,也是现代代议制统治的成果之一。"[1]其认为,英国议会制在规范意义上是代议制的一种变形,意味着立法权与行政权在法律上的分立,且分别授予不同的、独立的主体。然而,英国的政治现实却产生了背离:在通常情况下政府大臣都是议员,立法职能与最高级别的行政权产生了一定程度的混同。虽然没有法律明文确定,但在实践中却一直如此运行。

最后,埃斯曼力主的立法权与行政权相分立之原则与英国宪政实践发生抵触,让埃斯曼构建的整个学说体系产生了危机。面对难以自圆其说的困境,埃斯曼将英国政治现实作了一定程度的"扭转",以拯救自己的教义学说,"我们知道,议会制不允许立法权与行政权断层般的分立,但也绝不允许相互混同。而只是允许两权之间一定程度的相互渗透(pénétration réciproque)"。[2] 模糊不清的"相互渗透"一词,表明埃斯曼的"两难":一方面,不能放弃对体制的自由主义解读;另一方面,为了在实在法中维护意识形态价值,只能对权力关系作不完全忠诚于权力配置原则的分类。为了进一步证成此种相互渗透的正当性,埃斯曼被迫将权力配置区分为"严格的"(总统制)与"柔性的"(议会制)。在实践中,出现与其先验论断相冲突的情况时,埃斯曼最终选择维护其规范性原则(principes normatifs)的至上性。有后辈学者认为,在其强势的学术作风之下,无法对宪法现象进行全面观察,

---

[1] A. Esmein,《Deux formes de gouvernement》,*RDP*,1894, t. 1, p. 84.

[2] A. Esmein,《Élements de droit constitutionnel français et comparé》,*L. Tenin*,1921, p. 155 - 156.

也无法运用一个价值中立的研究方法。

二、社会学进路——来自狄骥的批判

在埃斯曼建立正统学说之后，第一个具有代表性的质疑者就是著名的宪法学家狄骥。狄骥的代表作《国家、客观法和实证法》(*L'Etat, droit objectif et loi positive*)乃批判埃斯曼学说的例证之一。在该书的扉页上，狄骥就明确宣称："试图写一本颠覆性的著作，证明国家并非一些公法学者通过想象而创造出的拥有至上权力的集体意义上的人。如果我们可以仅代表卑微的自己而打破这些人为的狭窄的框架，那么当不失为一件幸事。"在该书的结尾段落，狄骥更是猛烈抨击固有观念："我们坚持认为这些法学者对科学的进步一窍不通，更严重的是，他们不了解我们时代的愿景和需要。"此外，狄骥在其另一本代表作《宪法论》(第1卷)中，通过对法律规则、法律行为、国家、国家法、国际法等概念的重新诠释，形成了自己的社会连带法学理论。该理论反对当时在法国学界占支配地位的个人主义思想和形而上学方法，主张取消传统法学中的一些基本观念，如主权、权利、法人等。在狄骥看来，宪法学若要成为一门真正的科学，必须忠实于对"事实"(faits)的观察，且要考虑社会学的新近成果，譬如，埃米尔·杜尔凯姆(Émile Durkheim，又称涂尔干)的思想：[1] 社会实证主义在某种程度上应当优于法律之形而上学。正如其在书中所写的那样，"应当使法律理论适应事实，而不是事实去适应法律理论"。[2] 换言之，狄骥主张，从实证角度对社会连带关系进行分析和研究，遵循"事实—规范—实在法"的三段路径，令社会连带的客观现实最终走向实在法确认。

狄骥对埃斯曼的批判分为两个层面：其一，抽象层面。狄骥认为，埃斯

---

〔1〕 V. J.-M. Blanquer, 《Léon Duguit et le lien social》, in S. Decreton (dir.), *Service public et lien social*, éd. L'Harmattan, 1999, p. 80–84.

〔2〕 L. Duguit, *L'Etat, le droit objectif et la loi positive*, 1901, rééd., Dalloz, 2003, p. 241.

曼过高估计了法律概念的效力,又过低估计了政治现象在宪法研究中的重要性。其二,具体层面。狄骥对埃斯曼的学说思想的批判最激烈的一点在于埃斯曼传统宪法学思想中的国家主权理论。狄骥认为,这一主权理论与法国诸多社会与政治现实相冲突。[1] 例如,国家主权要求国家与民族之间的某种对应一致,而狄骥认为,法国国家和法兰西民族难以实现这一目标:法国殖民地的居民虽然是法国臣民,但并非法国公民。因此,便会存在许多臣属于法国政府,但却并不作为法兰西民族之一员的人。这类事实使国家主权的一般理论受到质疑。

综上所述,狄骥力图促使宪法学与社会现实有机连接,实现宪法学研究方法的进步。狄骥反对将个人在拥有无限权力的国家面前模糊化,他提倡应当创设对法律的合宪性审查机制以监督统治者,并且鼓励被统治者参与政治决策,需要重新将公法视为一门科学。然而,虽然有上述的质疑与批判,但由于深受奥古斯特·孔德(Isidore Marie Auguste Francois Xavier Comte)的不可知论的影响,狄骥法社会学能发现事实、现象和问题,但却不试图解决或者进行合理性分析。其对于"客观法"到底是什么、有无规律可循、是否存在标准之类的价值命题并不知晓,只要"存在的就是合理的"导致了狄骥的研究方法一直未能在法国宪法学研究中成为主流。狄骥对埃斯曼的批判未能成功撼动其在法国宪法学研究中的正统地位。但狄骥为当时沉闷的宪法学研究打开了一扇窗,让学者的视野更加开阔,对社会、政治事实的关注大大加强,为后来的学者增添了开辟新研究方法的勇气。

三、来自政治学进路的批判

第二次世界大战结束之初,法国法律学界开始遭遇如何解释体制的难题。体制是对历史的继承,但却与现实格格不入。宪法学者的研究过于抽

---

[1] 参见[法]狄骥:《公法的变迁》,郑戈译,商务印书馆2013年版,第28页。

象，与政治社会现实相距甚远。自埃斯曼以降，传统宪法学都将权力配置原则作为划分体制或者分配国家职权的核心。但就第二次世界大战后的法国而言，此种陈旧标准不能正确地定位当时更迭频繁的政治体制。虽然第二次世界大战前，葛尔维奇（Gurvitch）和约瑟夫・贝泰勒米就已开始运用政治学研究宪法，然而这一趋势真正形成并得以发展的代表人物当首推杜瓦杰。[1] 将政治学引入宪法学研究的学者认为，宪法学教学必须以承认国家政治深刻变动为前提。

（一）葛尔维奇与"权力的理性化"之失败

1930年，葛尔维奇出版《新欧洲宪法》（*Les Constitutions de l'Europe nouvelle*）[2]一书，以第一次世界大战后的中、东欧国家开创的新议会模式为研究对象，确认欧洲新宪法学的诞生。葛尔维奇认为，宪法是最高效力的规范，政治应当受法律的规制。此著作大获好评，不断再版以扩大影响力。此外，同年其发表了题为《宪法学的新趋势》一文。在他所描述的种种特征中，宪法学的最根本特征被定义为权力的理性化趋势（la tendance à la rationnalisation du pouvoir）。这一趋势致使所有集体生活必须遵循法律，[3] 权力之"准法律事实"被成文法律规则所替代。[4]

的确，在同一时期的新欧洲各国宪法文本中出现了大量"权力理性化"的表现。譬如，将政党的存在写入宪法、设立对法律的合宪性审查机制（捷克斯洛伐克宪法和奥地利宪法），为满足社会诉求而确认多项基本权利（魏玛宪法、奥地利和爱沙尼亚宪法）。葛尔维奇提倡"公意之法律理性化"（rationalisation juridique de la volonté générale）。此外，理性化的趋势还表现

---

〔1〕 除杜瓦杰、乔治・韦德尔（George Vedel）外，乔治・布尔多、奥奎尔（F. Goquel）和埃米尔・吉罗德（Emile Giraud）也是代表学者。

〔2〕 B. Mirkine-Guetzévitch, *Les Constitutions de l'Europe nouvelle*, Delagrave, 2ème éd., 1930, p. 5.

〔3〕 Ibid., p. 11.

〔4〕 B. Mirkine-Guetzévitch, *Les nouvelles tendances du droit constitutionnel*, Librairie générale du droit, 1933,《Avant-propos》.

为联邦制的建设或者宪法的“国际化”。宪法的“国际化”意味着国际法的强制力(force obligatoire)入宪。[1] 葛尔维奇发现,权力的理性化甚至及于议会制,但此种比较极端的理性化形式在葛尔维奇的理论中并未占到重大篇幅。

总体来说,葛尔维奇所描述的新型“宪法学”,是指宪法规范规定了整个体制,通过宪法规则的技术性将政治事实予以分解。新欧洲国家宪法文本最大的价值就是明确了从“民主宣称”到“民主实现”的种种可能性,宪法文本将国家的整个政治生活收入囊中。[2]

然而,历史的发展却与其学说背道而驰,20 世纪 30 年代初,在专制的影响下,新欧洲各国纷纷崩塌,甚至凝结了葛尔维奇所有希望的西班牙 1931 年宪法也未能真正通过宪法规则以捍卫自由。因此,从 1933 年起,葛尔维奇开始承认其“权力理性化”之失败,并转向运用政治学经验方法研究宪法。

(二)杜瓦杰与政党制度的体系化

第二次世界大战后,以杜瓦杰为代表的学人对政党制度进行了体系化研析,将其置于宪法研究的核心位置。杜瓦杰认为,法国需要从宪法的形而上学时代(l'âge métaphysique)转变到实在法时代(l'âge positif)。宪法学者埃米尔·吉罗德对当时的宪法学界进行猛烈抨击,认为他们的观点狭窄、平庸以及肤浅,拒绝从大革命时期的精神遗产中摆脱出来,而这种研究是权力崇拜的,是彻底反科学的。[3] 这一流派的代表作为杜瓦杰在 1951 年出版的个人专著——《政治党派》,其发表在同年创刊的《法国政治学杂志》(*Revue française de Science Politique*)之上。政治学的方法进入传统宪法学获得了一定的成功。宪法与政治权力之间微妙的关系得到重视,政治学与宪法学

〔1〕 B. Mirkine-Guetzévitch, *Les Constitutions de l'Europe nouvelle*, Delagrave, 2ème éd., 1930, p. 39.

〔2〕 Ibid., p. 16.

〔3〕 V. E. Giraud, 《La responsabilité des Facultés de Droit dans le déficit de la démocratie française》, *RDP*, 1961, p. 255 – 256.

科之间的割裂与相互封闭不利于对政府体制的完整分析,政治主体与宪法文本之间的共生关系得到认可。[1] 法兰西第五共和国的发展史为此提供了一个有力例证:议会多数派与总统多数派一致或者不一致("左右"共治)的时期,对宪法文本的解读也不尽相同。在此,可以提出两个例证:其一,虽然宪法文本并未要求总统任命总理需得到议会之同意,但总统不得不任命议会多数派担任总理;其二,外交和国防原本是宪法文本中规定的总统专属权力,但在共治时期,总理也会参与行使这一权力。迄今为止出现的 3 次左右的共治,都可视为超越宪法成文规范的宪法惯例。

政治学进路在 20 世纪 70 年代初期得以强化,马塞尔·普罗特(Marcel Prélot)提出宪法"双重属性论",即宪法同时属于法律科学与政治科学。[2] 这一观点强化了宪法与政治的共存,发展至今获得了皮埃尔·艾弗尔(Pierre Avril)教授的推崇和发展,其认为不成文宪法的形成颇具政治性,因此,不成文宪法的存在对于正确认识政治体制具有非常重要的作用。而另一位知名学者奥利维耶·伯德甚至认为存在"政治法"(droit politique)。[3] 在 20 世纪七八十年代,政治宪法学派获得了极大成功,当时几乎所有出版的宪法学教材就以宪法与政治机构(Droit constitutionnel et les institutions politiques)为题,将法律教义学与政治经验方法结合在一起。直到现在,巴黎第二大学的宪法学和政治学研究中心(Centre d'études constitutionnelles et politiques)仍然部分保留并发展了宪法学研究中的政治学方法,但不再成为法国宪法学的主流研究方法。

---

〔1〕 V. J. Chevallier, *Droit constitutionnel et institutions politiques: les mésaventures d'un couple fusionnel*, Mélanges Pierre Avril, Montchrestien, 2001, p. 185 – 199.

〔2〕 M. Prélot, *Institutions politiques et droit constitutionnel*, Dalloz, 5e éd., 1972, p. 45.

〔3〕 V. O. Beaud, 《Constitution et droit constitutionnel》, in D. Alland, S. Rials, *Dictionnairede la culture juridique*, PUF, 2003, p. 264.

四、新实证主义宪法学兴起

1971 年宪法委员会作出了著名的"结社自由案"判决,此后,宪法学研究的内容和方法都发生了重大转变。宪法委员会逐步展露了司法面孔,法官终于被赋予了应有的核心地位,宪法研究开始转向基本权利的保障。法沃赫教授毕生致力扩展这场旨在打破传统宪法研究的风暴,捍卫"新宪法"(Nouveau droit constitutionnel)这一概念,认为宪法是真正进入了法律秩序的规范。从研究内容来看,不再重拾此前宪法研究的牙慧,远离对权力性质或者理性议会制的制度分析。法沃赫认为,宪法是民主社会的最高规则,政治宪法规范是真正的法律规则,应当在法院审判中得以适用。[1] 这一时期的宪法学界开始自诩"新实证主义宪法学"(néo-constitutionnalistes positives),[2] 旨在增强宪法法律的正当性和在实践中的实效性,改变以往宪法虽然位于法律规范层级的最高位阶,但实际上却在所有法律学科中实效性最低的境遇。法国宪法学会前任会长伯特兰·马蒂厄(Bertrand Mathieu)以及巴黎著名宪法学者米歇尔·维尔波(Michel. Verpeaux)将这种新的研究方式描述为宪法学科内刮起的一阵"飓风"(cyclone)。这一转向令合宪性审查机制的研究成为主流课题,且可分为 3 个相互关联的面向。

第一,法律宪法审查的参照规范研究。1971 年"结社自由案"中,宪法委员会首次运用 1946 年宪法序言的条款作为判决法律违宪的参照依据。法沃赫教授于 1977 年提出"合宪性审查参照规范组"(Bloc de constitutionnalité)

---

〔1〕 Didier Maus,《Louis Favoreu un missionnaire du droit constitutionnel》, *Revue française de droit constitutionnel*, 2004, n° 59, p. 461 – 463.

〔2〕 L. Favoreu,《Propos d'un néo-constitutionnaliste》, dans J. -L. Seurin (dir.), *Le constitutionnalisme aujourd'hui*, Economica, Paris, 1984, p. 23 – 27.

这一概念后，[1]宪法文本、宪法委员会在判决正文中所确认的具有宪法价值的原则都可纳入其中。由于这一概念没有明显的外延范围，具有宪法效力的规范不仅局限于宪法文本，宪法学者开始致力探讨并体系化其内容。[2]正如法沃赫在《法国宪法学杂志》创刊号上发表的文章所称，"法律体系之中只能有一部宪法、一副骨骼对其进行支撑"，[3]法国宪法学需要"现代化"（aggiornamento）改革。同时，伴随对其他学科的宪法化研究，宪法学者对宪法委员会判决的"第三人效力"进行确认。

第二，宪法委员会的司法属性及其判例的研究。随着宪法委员会作出的判决数量不断增多，宪法学者从 20 世纪 70 年代起开始用"判例"（Jurisprudence）术语指称判决。法沃赫教授与罗伊克·菲利普（Loic Philip）教授开始在当时的《公法杂志》（*Revue du droit public*）创设的宪法判例专栏里定期对宪法委员会判决进行评述。此后，越来越多的青年学者开始着手对宪法委员会审查技术的研究，如法律的解释方法、判决的类型化。

第三，宪法委员会角色转变之研究。伴随对判决研究的深入，学者认为，宪法委员会的角色也发生了转变。从 20 世纪 60 年代的"公权力的调节者"（régulateur normative des pouvoirs publics）[4]转变为"保障基本权利和公共自由的法院"。[5] 恰逢人权、法治国理念在法国知识分子学界重新风

---

[1] "合宪性审查参照规范组"第一次出现是在法沃赫的一篇文章内——《Le principe de constitutionnalité. Essai de définition d'après la jurisprudence du Conseil constitutionnel》, *Recueil d'études en hommage à Charles Eisenmann*, Cujas, Paris, 1977, p. 33 - 48。

[2] T. Renoux, M. de Villiers, *Code constitutionnel*, Litec, Paris, 1994.

[3] L. Favoreu, 《Le droit constitutionnel, droit de la Constitution et constitution du droit》, *Revue française de droit constitutionnel*, n° 1, 1990.

[4] L. Favoreu, 《Le Conseil constitutionnel, régulateur de l'activité normative des pouvoirs publics》, *Revue du droit public*, n° 1, 1967, p. 5.

[5] 第一个系统论证此观点的是弗朗索瓦·卢凯尔（François Luchaire）教授，参见其文《Le Conseil constitutionnel et la protection des droits et libertés du citoyen》, in Le juge et le droit public, *Mélanges offerts à Marcel Waline*, LGDJ, Vol. 2, Paris, 1974, p. 563 - 574。

靡,[1]宪法委员会保障基本权利和公共自由的课题在20世纪80年代获得了极大关注,并形成了大量文献。尤其值得一提的是,在法治与人权理念的影响下,法国宪法学者多采用比较法的研究模式,对欧洲邻国宪法法院保障人权的判例展开系统化研究,尤其以法国艾克斯-马赛大学宪法司法研究所为主要研究基地。[2]

在2008年宪法改革之前,或许可以将法沃赫颠覆传统宪法学之努力定义为"成败参半"。成功之处在于,他重视比较法方法论的运用,从欧洲邻国迅速发展的宪法司法中吸取大量经验。埃克斯学派开创了法国宪法学研究的目的论(téléologique)之维度。凯尔森的理论重新得到重视,宪法法院作为大多数人之民主制度的制衡力量也得以确认和强调。然而,仍然有不少学者指出了此种研究方法的种种不足。2008年之后,伴随事后宪法审查的产生与发展,可以认为法国宪法学研究将沿着其开创的路径一直走下去。

然而,法国学者仍然存在对实证主义研究的质疑。著名宪法学者卡尔卡颂(G. Carcassonne)指出,宪法诉讼过多注重宪法条文文本的意义,而忽视了政治主体的抵制力量,就好比忽略了游戏者对游戏规则可能的破坏。[3]埃克斯学派的新实证主义方法论对法国宪法实效化具有重大意义,这种方法论的抽象概念体系无法涵括日益发展的政治现实,在此意义上,埃克斯学派很显然忽略了政治力量在面临宪法条款的规制时所拥有的逃脱力量。宪法委员会作出的判决屡次遭遇抵制就是例证。此外,过分强调宪法法官、合宪性审查以及法治国概念,对选举这一民主的最直接的反映制度有所轻慢,可能重新唤醒存在已久的宪法法官与民主相悖的怀疑论点。

---

[1] J. Chevallier, *L'État de droit*, Montchrestien, Paris, 1992, p. 160.

[2] 从1985年开始,该研究所即每年出版《宪法司法国际年鉴》(*Annuaire international de justice constitutionnelle*)一书,对各国宪法审查机构人权保障动向进行比较研究。

[3] V. G. Carcassonne, *Les nécessité d'un passage à la Ⅵ e République*, in *Demain la Sixième République*?, Presses de l'Université des sciences sociales de Toulouse, 2007, p. 109.

五、小结：走向研究方法的繁荣

20 世纪后半期的法国宪法学研究一直处于摇摆动荡的状态中。对于宪法科学来说，它时而向其他学科伸出“橄榄枝”，与其他学科进行互动，时而又蜷缩入纯粹法学的狭窄空间内，自我发展。具体而言，埃斯曼搭建了第一座体系化的法国宪法学大厦，狄骥、杜瓦杰将社会学、政治学研究方法引入，而法沃赫及其埃克斯学派的兴起又令宪法学整体回归到宪法规范本身。由于任何国家的宪法都必然包含意识形态和政治倾向，宪法学研究在埃斯曼时代出现泛政治化倾向也在所难免。但作为科学的宪法学之发展必然要求宪法学者的目光越来越多地投向社会实际问题，并在此过程中尝试运用政治学、经济学、社会学等实证科学的知识或方法。学术研究的科学性意味着厘清认知的手段和方法，但并不事先规定其目的。埃斯曼具有责任感地为学说奠定了基础，确定了学说分类、术语以及惯例，后续的法国宪法学者逐渐摆脱了意识形态的束缚，不断挑战正统学说，努力推进了宪法学的科学化。近年来，法国宪法学研究也朝着更精细化、更广阔化的方向发展，显现出对宪法与其他科学的关系的探讨热情，[1] 似乎可以预测研究方法更繁荣发展的趋势。

---

〔1〕 例如，2015 年 11 月 27 日，法国图卢兹一大举办“制宪现象：多学科探讨”研讨会。该研讨会分为 5 个单元，分别为：“经济与宪法：后共产主义经济转型与制宪现象”“政治学与宪法：非洲宪法转型”“宪法与精神分析学：作为集体象征的制宪时刻”“宪法与社会学：欧洲一体化：制宪现象？”“历史与宪法：阿尔及利亚战争与法国 1958 年宪法创制”。每个单元均有一位宪法学者与另一相关学科学者进行对谈，促进宪法学者了解不同学科研究视野下的宪法。

第三章
狄骥法学思想的理论脉络与方法变迁*

一、重返狄骥思想中的"国家"

近年来,受到德国"国家法人说"的影响,国家法学的重返引发部分公法学人关注国家机构、国家权力、国家任务等概念的建构和内部权力配置。[1] 值得注意的是,德国法学家鲁道夫·冯·耶林(Rudolf von Jhering)、盖尔伯、耶利内克等提出的国家概念,成为思考法律与国家关系的一种潜在的逻辑前提。然而,我们似乎没有关注德国"国家法人说"在欧陆另一脉即法国法

---

* 本章原载《政法论坛》2021 年第 5 期,原标题为《"法律限制国家如何可能":莱昂·狄骥法学思想的理论脉络与方法变迁》。

[1] 例如,王旭指出,国家法学首先要确立国家作为一种人格体的存在,而这个人格体必须有权力、功能和意志,体现宪法文本或国家制度中所规定的目标,由此国家法学知识体系的展开必须围绕"国家权力"、"国家机构"和"国家任务"进行概念与规范的建构。参见王旭:《当代国家法学论纲》,载《国家与法治研究》2018 年第 1 期。

学思想中曾遭遇非常激烈的对抗，狄骥即为其中一员。[1] 狄骥是一位知名的法国公法学者，其《宪法论》《公法的变迁》等著作均获得了广泛认可。[2] 狄骥的整个学说体系均旨在打破传统公法理论构造，反对国家主权、"国家法人说"、主观权利等基础观念。社会学的理论体系和方法成为狄骥的思想知识库。[3] 在 1920 年《宪法论》第 2 版序言末，狄骥表明了其对德国"权力国家"（L'Etat puissance）概念的批判，甚至是站在完全对立的立场上。狄骥亦反对耶林提出的国家自我限制理论，质疑盖尔伯等学者提出的国家至上理论，[4] 试图构建"合作国家"（L'Etat collaboration），用法国式的"客观主义制度"吸纳德国式的"主观主义体系"，以重塑"国家与法律"的关系。

在狄骥看来，"权力国家"语境下，国家处于一种独立于"社会"的权威状态，相对于社会处于超越的地位，国家是意志的绝对原始和至高无上的主体。而"意志"的唯一目标是支配，是整个"主观主义制度"的起点。而"合作国家"则是国家与社会的互动，国家权力具体而客观的功能是保障社会相互依存，并使国家的行为与承担公共服务的机构的组织和运作相一致，这也是法国客观制度的出发点。法国学界几位狄骥重要的研究者和支持者都围绕狄骥如何"通过法律限制国家"的主要学术思想展开研究。[5] 法律限制国家的前提是寻觅社会事实中不变的客观法，并以此为基准构筑内在价值

---

[1] V. C. -M. Herrera, 《Duguit et Kelsen: La théorie juridique, de l'épistémologie au politique》, in O. Beaud et P. Wachsmann, *La science juridique française et la science juridique allemande de 1870 à 1918*, PU de Strasbourg, 1997, p. 325 - 345.

[2] ［法］狄骥：《宪法论：法律规则和国家问题》（第 1 卷），钱克新译，商务印书馆 1959 年版；［法］狄骥：《宪法论》，张明时译，商务印书馆 1930 年版；［法］狄骥：《宪法学教程》，王文利等译，辽海出版社、春风文艺出版社 1999 年版；［法］狄骥：《法律与国家》，冷静译，中国法制出版社 2010 年版。

[3] 同时代法学领域也有另一些学者与狄骥并肩，一起将社会学方法引入法学，例如，艾曼纽埃尔·列维（Emmanuel Lévy）、保罗·胡维林（Paul Huvelin）、朗贝尔、拉鲁尔·德·拉·格拉塞利（Raoul de la Grasserie）以及乔治·塞拉（Georges Scelle）。

[4] Olivier Jouanjan, 《Duguit et les Allemands》, in Fabrice Melleray (dir.), *Autour de Léon Duguit*, Bruylant, 2011, p. 200.

[5] Roger Bonnard, Léon Duguit, *ses oeuvres*, Sa doctrine, Girad, 1929, p. 12.

平衡的国家。

诚然,狄骥提供了一种替代以德国宪法和法国埃斯曼为代表的主流“国家理论”的方案。这一种方案游走在价值理想和实证效力之间。狄骥认为,国家不再是“利维坦”,主权概念被公共服务所替代;国家不再是危险的主体,统治者实施行为时负有遵守客观法之义务;国家行为通过立法、行政、司法予以体现。与此同时,狄骥也是一位促进实证法律体系的规范性和实效性的建构者。得益于几代译者的耕耘,狄骥成为在我国较知名的公法学者,其作品产生了较大影响。[1] 拉斯基(Harold Laski)成为狄骥思想进入中国一个非常重要的媒介。[2] 遗憾的是,狄骥成果的影响力在当下政治学视野下研究讨论得较多,在法学体系下反而研究得较少。法学视野下并未聚焦狄骥作品内在的国家理论的变迁。鉴于此,本章试图追寻狄骥如何在民主法治底色的关照下,以社会连带的“事实”发现“客观法”,探析其如何游走在法律外部视角和内部视角之间,最终实现将客观法作为外在基准以限制国家权力。希望借由重返狄骥国家思想为当下中国公法学基础理论研究和法治建设提供一些理论、方法与实践层面的参考,并对社科法学问题进行探析。[3]

---

〔1〕 涉及客观法概念的,比如,于浩:《客观法是什么?——读狄骥〈客观法〉》,载《政法论坛》2017年第4期。涉及社会连带主义方法的,例如,王名扬:《谈谈狄骥的实证主义社会法学》,载《法国研究》1986年第2期;陶天南:《实证法学导言》,载《苏州大学学报(法学版)》2017年第1期;王本存:《狄骥对现代公法理论的重构——从主权到公共服务》,载《现代法学》2009年第5期。涉及对整个狄骥思想进行体系反思的,比如,张军:《狄骥宪法思想探析》,载《广西大学学报(哲学社会科学版)》2004年第6期。

〔2〕 狄骥的学说在20世纪二三十年代便被引介到中国,其后一直产生低调但持续的影响。拉斯基在这个过程中发挥了很大的媒介作用。他于1916~1920年在哈佛大学担任讲师,其间,就读于哈佛大学的雷沛鸿和林毕同以及求学于哥伦比亚大学的张奚若、金岳霖、徐志摩和蒋廷黻都曾问学于他,参见[法]狄骥:《公法的变迁》,郑戈译,商务印书馆2013年版,第236~238页。

〔3〕 参见侯猛:《社科法学的传统与挑战》,载《法商研究》2014年第5期。

二、方法变迁中重新定义“国家”:从“有机主义的神经中枢”走向“社会连带的具体事物”

狄骥受孔德、赫伯特·斯宾塞(Herbert Spencer)和涂尔干不同程度的影响,将社会学方法引入法学视野,将社会连带作为“事实”注入客观法,从而实现定分止争、维持国家权力正当性的功能。[1] 但从狄骥内在的思想和方法维度而言,其对社会学方法的理解和使用也有一个逐渐演变的过程。“作为科学的法学”与“作为技艺的法学”可以成为其思想维度的两个重要标签。狄骥早期研究更倾向采纳有机社会学的主要观点,《国家、客观法和实证法》(1901 年)一书是狄骥思想的一个重要转折点,狄骥第一次放弃了最初提出的生物有机主义理论,并转向了一种新的社会学范式。[2] 这种范式部分抛弃了斯宾塞的思想,反而更受涂尔干团结主义的影响,即用规范的社会学方法给予社会整体主义的解释。国家的概念也在方法的变迁中得以重塑,从生物有机主义方法下的“神经中枢”变为一种社会连带之下的具体事物。[3]

(一)实证主义社会法学理论假设之内在变迁

青年时代的狄骥采取有机主义社会学理论剖析国家和社会,旨在促进法学转型成为真正的实证科学(une science positive)。从历时性角度上看,英国思想家斯宾塞可谓狄骥思想的首位引路人,在狄骥的青年作品中占据重要地位。斯宾塞提出社会有机体学说,与生物有机体的自然生长、分化类比,得出需要国家对社会进行管理的结论。[4] 受此影响,狄骥从生物学与社会学中寻觅国家作为有机体的共同机理,对国家作为“社会的神经中枢”进行证成。1893 年和 1894 年狄骥发表在《国际社会学评论》上的数篇论文表

---

〔1〕 参见余盛峰:《社会连带法学的问题意识与内在张力——以狄骥法律思想为例》,载胡水君主编:《民主法治评论》第 1 卷,中国社会科学出版社 2012 年版。

〔2〕 参见季卫东:《法律议论的社会科学研究新范式》,载《中国法学》2015 年第 6 期。

〔3〕 参见季卫东:《面向二十一世纪的法与社会——参加法社会学国际协会第 31 届学术大会之后的思考》,载《中国社会科学》1996 年第 3 期。

〔4〕 参见[英]赫伯特·斯宾塞:《社会学研究》,张红晖、胡江波译,华夏出版社 2001 年版,第 15 ~ 20 页。

明,其对国家的职能进行了有机解释。[1]“国家就像一个活着的人,社会学是生物学的延伸”,并把国家比作社会机体的神经中枢。[2]但随后,狄骥与斯宾塞的思想开始分离,与斯宾塞所称的“形而上学”学说相反,狄骥选择了实验方法,“事实如何适应客观法”成为其思想中一个永久的诘问。[3]从更细致的角度观测,狄骥的实证主义社会学方法存在整体主义、社会决定论、社会进化论几个主要的理论假设,伴随国家概念从有机主义走向社会连带的过程发生了不同程度的变迁。

1. 整体主义社会学(Holisme sociologique):一以贯之

在狄骥所处的时代,传统意义上的国家是与个体相对立的,代表形而上的共同体公共意志的形象。而狄骥试图在国家和个体之间引入“社会”这一概念,以缓和两者的冲突,实现整体利益目标。在这一目标下,狄骥采用整体主义社会学,抛弃了对立的个体主义,其主要观点为:人在成为个体之前,必然是一个社会存在。[4]有了这一假设,德国法学家基尔克等主张的主观权利在狄骥看来便不符合“个人一直是社会的一部分”这一论断。整体主义社会学在狄骥思想的后续发展中得以保持,如在《宪法论》中指出,“法律规则是一个客观事实,因为人生活在社会中,且只能生活在社会中,个体意识产生于社会分工后期,历时性也迟于社会意识”。[5]然而“社会是一个自然和原始的事实”这一绝对假设得到狄骥在某种意义上的缓和,法律的社会之

---

〔1〕 Léon Duguit,《Un séminaire de sociologie》, *Revue internationale de sociologie*, n° 3, mai-juin 1893, p. 201 et s.; Léon Duguit,《Des fonctions de l'État moderne. Etude de sociologie juridique》, *Revue internationale de sociologie*, n° 3,1894, p. 161 et s..

〔2〕 Léon Duguit, *Le droit constitutionnel et la sociologie*, A Colin, 1889, p. 11.

〔3〕 Roger Bonnard,《Léon Duguit. Ses oeuvres. Sa doctrine》, *Revue du droit public*, janvier-février-mars, 1929, p. 9.

〔4〕 狄骥受涂尔干的影响,坚守整体主义方法论,将独立于行动者的社会现象作为认识现象。从社会学方法论体系内部有关整体主义和个人主义对立与协调的论述可见,布迪厄对二者对立超越是目前最具影响力的范式。参见朱伟珏:《社会学方法新规则——试论布迪厄对涂尔干社会学方法论的继承与超越》,载《浙江社会科学》2006年第5期。

〔5〕 Léon Duguit,《Un séminaire de sociologie》, *Revue internationale de sociologie*, n° 3, mai-juin 1893, p. 206.

维和个人之维并非完全不可调和，人既有个体性也具有社会性，只是社会性优先于个体性。[1] 因此，法律与社会关系的重构并不需要采取激进的阶级斗争方式，工团的法律建构也可以在更好地承认和保护个人意志的前提下进行。值得注意的是，狄骥一直采用整体主义方法论的重要表征在于，区分个人事实与社会事实，将国家是一种社会事实作为其理论研究的客观对象，排除国家作为法人的主观权利。

2. 社会决定论抑或是社会进化论：对个体主义的进一步否定

相对整体主义社会学而言，狄骥采用社会决定论对个体主体性进行进一步的否定。在这一理论层面，社会事实和生物现象是一样的且完全确定，不受人的主观意志所影响。因此，狄骥引用斯宾塞理论证明“社会决定论的存在就像物理决定论的存在一样”，[2] 在不否认个人意识的现实情况下，强调主观意志受到社会意识的制约；个人的愿望实际上只是“其所处社会环境的产物”，个人是且仅仅是社会成员之一，与其他个人共同构成了连带的有机体，而不同于卢梭所拟制的自然状态下的个体。值得注意的是，社会决定论在狄骥后期思想流变中发生了较大改变，狄骥不再认为社会事实与生物事实具有同构性，而是认为两者存在本质区别。生物事实是由必要或偶然的原因决定的，符合决定论的假设，而社会事实则是含混不清的。狄骥不能对自由意志是否存在进行定论，这是一个定义上无法解决的物理问题。狄骥承认之前的论述存在较大错误，社会事实不能适用于自然科学的概念之中，无法通过自然现象确定一定有意识存在。相反，狄骥认为，可以确认个人意识是社会事实的组成部分。[3] 因此，社会事实是可以被意识到的。如果社会可以确定大部分的意识，那么意识本身应该被视为一种个别现象，并

---

[1] Léon Duguit, 《Des fonctions de l'État moderne: étude de la sociologie juridique》, *Revue internationale de sociologie*, n° 3, 1894, p. 164.

[2] Léon Duguit, *Le droit constitutionnel et la sociologie*, A Colin, 1889, p. 5.

[3] Léon Duguit, *L'État, le droit objectif et la loi positive*, A fontemoing, 1901, p. 32 – 33.

与生物现象相区别。这一方法的变迁更加形塑了狄骥思想的内核:法律源于社会,对统治者和被统治者来说均构成约束,都是其要遵守的义务。[1] 在法兰西第三共和国时期,狄骥与奥里乌携手开创法国的法律理论,其建立在对全能国家的质疑和挑战之上。

虽然否定了社会决定论,但狄骥依然选择坚守用社会进化论对国家机构的生成与演进进行构建。狄骥认为,如果个人意识能够超越社会意识,那正是基于斯宾塞提出的"社会进化法则"之出现。但狄骥思想又与斯宾塞的以个人主义为底色的社会进化论不同,狄骥认为,社会角色的逐渐分化导致一些人开始具备发布命令的统治能力,而另一些人则只能被迫服从。正是这种统治者和被统治者之间的区别促使了国家的诞生。社会进化论(évolutionniste)理论进路为青年狄骥的社会学提供了一个基本的动态维度:人类社会就像所有的有机体一样,其进化是根据生命世界的一般规律进行的。[2] 国家机构的形成和逐渐成熟是社会组织演变的结果。狄骥理论在后期对这一假设没有实质性改变,但有限度地放弃了有机主义理论。在涂尔干的社会分工理论中,狄骥找到了替代斯宾塞社会进化论的理论思潮。狄骥转而认为,人们组成一个社会群体是一种事实。[3] 统治者与被统治者的区别是自然形成的,而不是进化的结果。由此,国家的诞生不是源于社会分化,而是源于社会的某种公共需要。[4]

3. 如何对待生物学与社会学之关联性:从肯定走向否定

受斯宾塞社会有机体理论的影响,狄骥在早期认为,生物学和社会学之

---

〔1〕 迪特·格林认为,狄骥学说的全部目的在于论证政治权力及个人意志均存在客观法的外部约束。进一步讨论,参见[德]迪特·格林、王蔚:《狄骥思想之德式解读》,载《交大法学》2018 年第 3 期。

〔2〕 Stéphane Pinon, 《Le positivisme sociologique: l'itinéraire de Léon Duguit》, *Revue interdisciplinaire d'études juridiques*, Vol. 67, 2011, p. 65.

〔3〕 参见葛洪义:《社会团结中的法律——略论涂尔干社会理论中的法律思想》,载《现代法学》2000 年第 4 期。

〔4〕 Léon Duguit, *Le droit constitutionnel et la sociologie*, A Colin, 1889, p. 7.

间存在必然的连续性，且以上述生物学的有机主义与社会具有同构性为前提。“社会本身就是一个有生命的存在。”[1]社会有机体的功能是“活细胞”(cellules vivant)作为组成部分相互依存的结果。[2] 而就国家而言，国家是社会作为一类“生物”的“器官”之一——神经中枢。狄骥有机主义的假设旨在对社会契约论进行驳斥。狄骥认为，国家不能由自主的个人自由地缔结一项协定而产生，这不仅是因为没有这样自由的“个人”，更是因为国家和社会不是人为创设的，而是一种客观生物。这一预设遭受了来自左右翼阵营的猛烈批判。社会学与生物学的连续性假设在后期被狄骥明确表示放弃，狄骥认为，将物理和自然科学的概念和过程应用于社会事实的研究是完全错误的。换言之，狄骥不再把社会看作一个有机体，认为此种同化的前提混淆了社会事实和生物事实，即忽视社会事实中主观意识的特征。但狄骥没有完全否定社会有机主义，仍然认为社会是自然产生的事实。

4. 采用功能主义范式：从国家内部职权配置走向如何从外部限制国家

一如前述，狄骥认为，国家和社会的有机发展需要越来越多的调适机制。需要以功能主义重塑国家。功能主义社会学以涂尔干结构功能主义哲学为基础，并考虑结构各部分的协同工作。社会组织通过生产和分配财富来维持功能的有效作用，经济学则作为社会学的第一个主要分支，旨在研究“循环呼吸”系统如何分配社会资源。[3] 正如涂尔干所指出的，“法律的首要性质就是社会性，它的目的绝对不是什么诉讼人的利益”。[4] 而功能主义的出发点正是社会整体，而非个体。狄骥进一步认为，社会有机体也有“神经运动”系统，法学作为社会的一个重要分支，旨在保持社会凝聚力，宪法在

---

[1] Léon Duguit, *L'État, le droit objectif et la loi positive*, A fontemoing, 1901, p. 202.

[2] Léon Duguit, 《Des fonctions de l'État moderne: étude de la sociologie juridique》, *Revue internationale de sociologie*, n° 3, 1894, p. 189.

[3] 参见刘艺：《行政法的功能主义之维》，载文正邦主编：《宪法与行政法论坛》第4辑，法律出版社2010年版，第12~29页。

[4] [法]埃米尔·涂尔干：《社会分工论》，渠东译，三联书店2000年版，第75页。

其中占据绝对重要的地位：既是自创生规范体系，也对其他分支进行统合。社会作为生物有机体似乎天生就有头脑，而国家就是社会的"头脑"，是意识和集体意志的集中地。正是这一生物社会学事实促使狄骥也将国家视为一个法人："从外部或法律的角度来看，国家的每一项职能都是国家意志的表现。"[1]狄骥认为，同一机构事实上也可以承担如立法权、行政权等不同的职权，功能主义的职权配置超越了传统思潮中的权力制衡理论。但在《宪法论》中，狄骥对功能主义进行了放弃。由于其重新定义了意识理论，其放弃了有机主义，也被迫放弃了功能主义。这一点在国家职能方面尤为明显，国家不再是社会的"神经中枢"，也不再是集体意识的所在地，只是客观世界中统治者的个人意志。因此，国家在失去某种集体正当性之后，必须遵守"客观法"的外部限制。狄骥关于国家异质性限制的整个理论正是从这个命题出发的，其观点的改变开辟了一项新的政治方案。

（二）观察—发现—解释—建构：方法路径的逻辑构筑

随着对国家理论的重新审视，狄骥研究方法的规则变得更加灵活。狄骥的几大理论假设影响了具体社会连带法学方法论的适用情况，也对"国家是一种事实"进行了逻辑自洽的构造。具体而言，狄骥通过观察社会发现事实，解释社会连带，并构建其法律规范性。

1. 对"观察"方法的重视

狄骥认为，观察是知识的唯一来源，因此，学术方法必须"完全遵循观察的方法"，[2]其为社会事实进入法律体系提供了直接和即时的途径。法律规则仅仅建立在事实基础之上，即是可以通过观察发生社会相互依存的关系。在狄骥后期的学术研究中，这一方法得到坚守，作为整体主义社会学的提倡者，狄骥认为，法学家和社会学家都应该挑战自然法的概念，采用"仅仅是而

[1] Léon Duguit, 《Des fonctions de l'État moderne: étude de la sociologie juridique》, *Revue internationale de sociologie*, n° 3, 1894, p. 190.

[2] Léon Duguit, *Le droit constitutionnel et la sociologie*, A Colin, 1889, p. 20.

且只能是观察”的方法。[1] 主观法律理论既是“无意义的思维游戏”，也是一种空洞的学院派思想。在这一意义上，德国国家法学中国家法人与主观权利的概念都遭到了解构，实证法意义上的国家必须是通过观察获得的一种具体事实，主要体现为前述的不同社会力量的对比。与此同时，狄骥也反对法国在1791年宪法中确立的主权原则，认为其高度抽象，不能被视为所有国民以个人身份聚合的主权，而只能是国家作为整体的主权。[2] 具体而言，主权不可分割，国家被拟制为法人人格的享有者，则个人和社会群体将被同质化，公民完全平等，不存在利益冲突。在这个抽象的国家实体中，在国家存在意识和意志的信念中，狄骥批判形而上学的假设和断言。狄骥坚持认为，国家的构筑应该符合有机多样性和地方利益多元化。虽然埃斯曼、奥里乌和马尔贝格均否定“国家”为一个物理和社会学事实，但狄骥认为，与大革命遗留下来的个人主义和平等主义意识形态相反，公法的基础应该是观察事实，迎合自然群体的多样性、社会分工的精细化和个人能力的不平等。狄骥重新思考公法学，用科学的方法把所有隐藏在统一教条主义背后的压迫因素进行归纳，将其从社会主体的同质性中驱逐出来，接受“国家”是一个现实，而不是形而上学的拟制。[3]

2. “归纳”与“演绎”的碰撞与并用

早期狄骥治学理念中要求严格遵守归纳推理，而非演绎推理。在狄骥看来，对一系列社会事实的反复观察似乎揭示了一种科学规律——“使用演绎推理是危险的。直到今天，对这一方法的排他性使用阻碍了社会科学的发展”。[4] 一般而言，“归纳”用于发现法律，而“演绎”则是法律适用过程的方法之一。狄骥排斥演绎的方法，即禁止将法律规则作为逻辑起点，从而对

---

〔1〕 Léon Duguit, *L'État, le droit objectif et la loi positive*, A fontemoing, 1901, p. 21.

〔2〕 Léon Duguit, *Manuel de droit constitutionnel*, Fontemoing, 4e éd., 1923, p. 54.

〔3〕 Léon Duguit, 《La représentation syndicale au Parlement》, *Revue Politique et Parlementaire*, n° 3, 1911, p. 39.

〔4〕 Léon Duguit, *Le droit constitutionnel et la sociologie*, A Colin, 1889, p. 5.

事实进行涵摄。狄骥学术研究的后期虽仍然对演绎逻辑持怀疑态度,但逐步改变了对演绎方法的禁止决定,通过对演绎方法作出重大让步,大大改变了这一方法论规则。正如陶天南所指出的,狄骥与孔德在这一方法层面存在差异,孔德以归纳方法为主,狄骥则并用归纳和演绎。[1] "演绎"的方法逐渐得到认可,但仅仅是一种辅助性的"发现工具",其适用前提是推论能够被事实所证实。这一学术发现更多限定在后期的狄骥治学方法之中,而现有研究忽略了从归纳向演绎推理渐进的发展历程。

3. 立法目标的确定:"社会连带"是事实抑或是规范

客观法必须转换为实证法才能符合立法目标。社会现象是有机的,受到必要的自然关系的制约,这种依存关系可以用法律来表达。社会规律不仅是"趋势规律"或"近似规律",而且是"人类发展不可改变的规律",[2]狄骥曾主张采用社会学方法进行预测,通过揭示人类发展的不可改变的规律,对人类行为作出可靠和长期的预测。[3] 当时的社会学研究没有指明什么是不可改变的规律,但狄骥对此保持乐观,认为社会学也是逐渐成熟的过程,人类发展不可改变的规律迟早会被发现。[4]

立法目标如何确定,在狄骥后期的研究中变动较大,这可归因于法律科学的规范性质问题。由于个体意识得以确认,物理生物学意义上的对象和社会对象不再具有相同性质,这两种科学定律之间存在差异。而法律、社会学家则依据"目的法则",从有意识的行为准则中得出结论。简言之,"法律规则是目标合法性的规则,与生物或物理法则完全不同"。[5] 法律规则可以被称为行为准则,然而,"社会连带作为事实"与"社会连带作为规范"需要得

---

[1] 参见陶天南:《实证法学导言》,载《苏州大学学报(法学版)》2017年第1期。

[2] Léon Duguit, *Le droit constitutionnel et la sociologie*, A Colin, 1889, p. 12 – 13.

[3] Ibid., p. 14.

[4] Léon Duguit, 《Un séminaire de sociologie》, *Revue internationale de sociologie*, n° 3, mai-juin 1893, p. 205.

[5] Ibid., p. 18.

到区分,其具有两种迥异的与法律结合的可能性。狄骥因此既是观察事实的经验主义者,也是试图将事实融入规范的建构者。

4. 立法作为一项技艺

狄骥思想中另一个重要方法是采纳了同时代法国社会有机论中一个非常流行的理论,即认为每一门科学都对应一门“技艺”(art),法律人对于既定目标也可以运用立法将其作为一门技艺。[1] 早在古罗马时代,人们就开始把法律视为一门技艺,其主要是指“技巧”和“能力”。法律技艺的目的不是进行纯逻辑的演绎推理,而是适用法律消除其中的模糊之处。[2] 在这个意义上,狄骥承继了立法技艺的研究,试图融合法律的外部视角和内部视角,既强调社会事实对法律的外部影响,也提倡法律人在法律体系内部运行的专业方法。此项技艺只有建立在对科学规律深入了解的基础上才会产生作用,而且其范围是有限的:首先,正如上文所提及的,社会学还没有发现不变之客观法,固定不变的法则有待观察。其次,社会决定论提出了一个问题,即如果社会的运作是由固定不变的法则决定的,那么技艺如何才能摆脱它而独立存在?技艺的适用是一种自由意志的主观形式,但在客观上,技艺的运用无法改变、加速或减缓社会的总体发展。

综上,上文提出的理论脉络和具体方法规则概括了狄骥部分的社会学信条,虽然有前后期差异,但有一定的内部一致性。从《国家、客观法和实证法》一书开始到《宪法论》的出版,狄骥完成了方法的转向,走向了涂尔干社会连带主义。自此,狄骥不再仅仅通过观察社会来发现相关行为规则,而是在解释社会连带对国家职能影响的基础上,进入建构规范的范式中以深入阐释。因此,狄骥作为社会法学家既是科学家又是技艺使用者:作为科学家识别规范性法律规则,作为技艺者通过技术建构规则。在后期工作中,狄骥

---

〔1〕 Léon Duguit, *Le droit constitutionnel et la sociologie*, A Colin, 1889, p. 20 – 21.

〔2〕 参见舒国滢:《法学是一门什么样的学问?——从古罗马时期的 Jurisprudentia 谈起》,载《清华法学》2013 年第 1 期。

继续推进这一建构性主题，不满足于仅仅承认并解释法律规则，而是“协助在群体中形成一种意识状态，从而产生一种法律规范”。[1] 社会事实的“规范性”因而确立，国家权力的正当性也从中获得了理论证成。

三、国家行为如何正当化：客观法与国家的职能

上文对法社会学方法变迁的论述表明，狄骥在个人与国家的对抗中引入社会是一种成功尝试。《宪法论》中，狄骥提出国家对公共自由的保障，明确国家负有消极干预和积极保障的职责。[2] 狄骥主张把公共自由置于宪法的核心，置于所有关于法律和国家性质的理论分歧之上。由此观之，狄骥的立场在政治和法律意义上更倾向自由主义：为了实现对国家权力的约束，客观法成为一个必须存在的外在基准。

（一）客观法的形成

首先，狄骥认为，人的社会性是客观法产生的前提，并在这个问题上与霍布斯、卢梭有认识差异。狄骥不赞同社会契约论对自然状态的假设。不是人在法律上是自由和平等的，而是人作为一个集体成员必须履行维持和发展集体生活的所有义务。在狄骥的著作中，孔德的学说得到重视，其主要扮演驳斥卢梭理论的角色，助力狄骥塑造超验客观法、驳斥主观权利。孔德所提出的“神学阶段—形而上学阶段—实证阶段”的变迁成为狄骥研究的基本路线图，狄骥毕生寻求如何加速超越孔德理论的神学和形而上学阶段，从而进入“实证”或科学的阶段。狄骥认为，在历史和史前的某个时期，人类并非孤立存在的，人的本性是社会性的，只能生活在社会中。因此，社会契约论中“权利—自由”的概念在狄骥思想中被颠覆，取而代之的是“义务—自由”的概念。因此，在孔德的影响下，狄骥的思想脉络中催生了“公共服务”

---

〔1〕 Léon Duguit, *Traité de droit constitutionnel Tome premier*, La règle de droit. Le problème de l'Etat, E. de boccard, 3e éd., 1927, p. 161.

〔2〕 Ibid., p. 1.

这一重要概念,对法国行政行为的客观化起到了重要的推动作用。[1]

其次,狄骥主张客观法是一种社会准则。正如前述,人的本性是一个社会存在。最初的团结产生了诸多行为准则,狄骥将其称为"社会准则",群体中的每个成员均需识别、尊重准则。人类在社会中因为有共同需要,只能通过共同的生活保持相互依存、相互团结的样态。正如涂尔干所言,"通过相似性的团结"和"通过分工的团结"来满足相似和相异的需要。久而久之,法律成为社会生活的一种自创生规则。

最后,客观法的功能在于约束国家。受涂尔干的影响,狄骥认为,法律是现代社会有机连带中最重要的媒介,资本主义现代化瓦解了曾经捍卫社会连带的传统资源。而重建社会连带的主体,既不是国家和阶级,也不是个人和家庭,法律才是现代国家和个人之间的纽带,具有与工团相同的社会整合功能。[2] 与此同时,狄骥对国家理论进行了彻底改革:国家虽然是"强者和弱者之间社会分化的历史产物",既有强者也有弱者,有统治者也有被统治者,但统治者并不当然有权支配被统治者。国家不再是一个社会中枢机构,也不再是一个具有指挥主权的法律实体。统治者和被统治者的唯一区别不是谁拥有更优越的权力,而是谁拥有事实上的约束能力。[3] 在狄骥看来,统治者的权力来源并不重要,只有以维持社会连带为代表的"客观法"才具有合法性。若违反客观法,可能引发组织化反作用的行为规则。[4]

---

〔1〕 S. Milacic,《Léon Duguit. Entre modernité et actualité》, in *Léon Duguit et le service public, ouvrage coll.*, Actes du colloque d'Istanbul, 1998, éd., Presses Universitaires de Galatasaray, 1999, p.5.

〔2〕 V. Claude Didry,《De l'État aux groupes professionels. Les itinéraires croisés de L. Duguit et É. Durkheim au tournant du siècle(1880 – 1900)》, in *Gèneses. Sciences sociales et histoire*, n° 2, 1990, p.5 – 27.

〔3〕 Léon Duguit, *Traité de droit constitutionnel Tome premier*, *La règle de droit. Le problème de l'Etat*, E. de boccard, 3e éd., 1927, p.589.

〔4〕 参见[日]山本隆司:《客观法与主观权利》,王贵松译,载《财经法学》2020年第6期。

(二)以“社会”制衡“国家”

以“社会”制衡“国家”是狄骥的学术目标之一,以此协调个人与国家的紧张关系。为了实现这一目标,狄骥在社会系统和政治系统之间建立了一种交叉监管机制,为控制政治而将政治社会化。狄骥认为,政治家和立法者均致力建立一个能够代表该国各种经济力量的制度,而这些经济力量往往组织成政治力量。虽然经济实力不是政治实力的唯一因素,但是其最重要的组成之一。如果政治组织不符合经济力量,就会有不稳定和过时的危险。[1] 因此,狄骥认为,将经济和社会力量与政治力量进行对立的观点是一个社会学错误。实证的政治机构是具有社会性的,这为理解当今的多元社会开辟了新的途径。狄骥试图调和个人利益和社会利益,在某种程度上摆脱“个人主义—社会主义”冲突的困境,并试图在抽象的人和有机连接的社会之间开辟一个理论空间。但这种理论也充满了矛盾:对自由主义者来说,狄骥太过忽视“个人”,而对社会主义者来说,狄骥不够“社会主义”。最后,狄骥的唯一信条是以实证的方式,通过立法限制国家,通过客观法进行外部有效控制。狄骥似乎走了一种“连带自由主义”(liberalisme solidariste)的道路,自由主义和集体主义之间的理论联系得到下文提到的工团主义等各种因素的支持。

(三)工团主义与社会连带

狄骥所处的时代是一个反转古典的时代,从梅因提出的“身份”到“契约”学说,反转为“契约”到“身份”的趋势。从过去的家庭、氏族、封建与庄园结构中挣脱出来的“个人”,正处于社会一体化的进程中,重新成为各种社会团体的身份性成员。[2] 狄骥在此动态维度中促成个人主义走向工团主

---

〔1〕 Léon Duguit, *Traité de droit constitutionnel Tome premier*, *La règle de droit*, Le problème de l'Etat, E. de boccard, 3e éd., 1927, p. 663.

〔2〕 狄骥所处的时代背景促使其思考公民身份从个人性主体转向适应社会的变迁,个体、社会、国家之间的界限也不再严格。参见余盛峰:《狄骥的法律思想及其内在张力》,载胡水君主编:《民主法治评论》第3卷(2014),中国社会科学出版社2014年版,第163~177页。

义。狄骥首先强调“集体契约”。古典财产权理论因此也出现社会职能转向，国家理论的核心开始以“公共服务”理论为基础。[1] 正如狄骥 1895 年在《政治与议会杂志》上发表的《参议员选举模式》一文中述说的那样，个人主义在大革命立法中勃兴，而时下却演变为“结社”（association）无处不在，在习俗和法律中并存。

广泛结社的现象主要依托工会运动的形式发展起来。狄骥认为，工团主义是社会“团结”的一个因素，不能等同阶级斗争。团结在塑造社会多样性和相互依存方面发挥了重要作用。由专业团体组成的“社会”与大革命时代产生的法律之间的关系僵化，大革命法难以得到适用，因此不同的社会阶层准备逐步废除法律。在涂尔干的指导下，狄骥从“社会分工”的角度来解释这一现象。其认为，社会事实层面建立在两种团结的基础之上：一方面，由于相似而产生的团结促使从事同样体力劳动或智力劳动的人组成工会。这种密切的联系首先是由于兴趣和能力的接近，以及所进行的工作的同一性。在此种情形之下，个体的社会性完全遮蔽了个人意识。在政治理念层面，集体主义占据上风。另一方面，由于分工而产生的团结也促进了工团主义的发展。因为人们有不同的需要，通过彼此交换服务，可以确保此类需要得到满足。因此，狄骥认为，工团主义不是无产阶级为反对资产阶级而发动的战争，“它是一场更广泛、更富有成效、更人性化的运动……是一种建立和平与团结的有力手段”。[2] 这一运动不仅影响了工人阶级，而且蔓延到了所有社会阶层，并倾向将不同阶层协调成一个和谐的整体。

诚然，狄骥认为，公法的变迁首要是祛魅，应建立在“事实”的基础上而非超验的自然法理念之上。社会连带是一种原始的理想化社会状态，不受

---

[1] F. Melleray, 《Léon Duguit. L'État détrôné》, in N. Hakim et F. Melleray (dir.), *Le renouveau de la doctrine française. Les grands auteurs de la pensée juridique au tournant du XXe siècle*, Dalloz, coll. Méthodes du droit, 2009, p. 239 et suiv.

[2] Léon Duguit, 《Le syndicalisme》, *Revue Politique et Parlementaire*, 1908, p. 479.

人类自由意志所控制。狄骥赞同奥里乌提出的权力观：权力即“自由意志的能量”，具体表现为对一个群体进行支配的事实。[1] 作为一名“法治”思想家，狄骥对法治持独到见解，反对国家自我限制，强调外部限制：“主权的概念不可避免地导致国家专制主义；自我限制理论实际上无法阻止它。但是，公法的科学只有在它为一项高于国家本身的规则奠定基础的情况下才能证成：国家本身规定了其消极和积极的义务。”[2] 只有在明确国家义务的基础上才能科学配置国家机构的职权。

四、客观法如何约束国家公权力：监督、参与和代表

上文证成了客观法之存在及其功能，为国家行为正当化建立了外部控制的标准，狄骥国家理论脉络接下来延伸至实践层面。为了促进客观法对国家的限制，狄骥提出了3个主要的改革方案，即建立合宪性审查机制进行温和监督、扩大公众参与以更完整地发现客观法、强化议会民主代表性，从而促进工团主义下的社会连带。

（一）实证法必须符合客观法：狄骥对合宪性审查的建议

狄骥一直强调，“政治权力正当性不在于其来源基础，人民的权力本身并不比君主或贵族的权力更正当。只有通过行使权力的方式，权力才具有合法性，任何权力在符合客观法下行使时才是合法的”。[3] 换言之，客观法成为正当化权力的基础。其约束力不是来自政府的意愿，而是来自法律对社会连带的尊重。[4] 客观法理论在此至少创设了两项义务：一项是立法者必须遵守客观法；另一项是被统治者（人民）必须监督立法者将社会规范准确地转化为实证法。在狄骥看来，“反抗压迫的权利”是个人抗议违反客观

---

〔1〕 N. Foulquier, 《Maurice Hauriou, constitutionnaliste (1856 - 1929)》, *Jus Politicum*, n° 2, 2009, p. 14.

〔2〕 Léon Duguit, *L'État, le droit objectif et la loi positive*, A fontemoing, 1901, p. 614 - 615.

〔3〕 Ibid., p. 265 - 266.

〔4〕 Léon Duguit, *Manuel de droit constitutionnel*, Fontemoing, 4e éd., 1923, p. 23.

实证法强制的一种方式,但须在“消极抵抗”、“防御抵抗”和“侵略抵抗”之间作出区分。由于防御抵抗和侵略抵抗都是在颠覆社会常态秩序的紧急状态下适用的,而在此情境之下召唤“人民出场”,容易造成政权不可预期的更迭,导致社会失序。因此,狄骥倾向建构一种更有效的,也对公共秩序更安全的机制:对实证法进行合宪性控制。合宪性审查机制作为限制国家立法权的机制,可以在“人民出场”之前一直“在场”。在合宪性审查方面,狄骥的主张经过了一些转化。起初,他是反对建立宪法司法审查制度的,例如,其在1911年的《宪法论》(第1版)中认为,合宪性审查将意味着赋予法官太多的权力。后期,狄骥改变其主张,认可了由司法机关对法律的合宪性进行审查。在1930年出版的《宪法论》(第3版)的序言中,狄骥坦言,对法律进行司法性质的合宪性审查,对于法治国家来说是必要的。[1] 狄骥的这一主张终于在1958年法兰西第五共和国建国时得到部分采纳,宪法委员会开始了对立法的合宪性控制。至于普通法院真正拥有部分司法审查的权力,则要等到2008年创建“合宪性先决问题移送程序”之宪法改革之后。2008年至今近14年的成功实践表明,狄骥关于司法审查的设想是正确的,或者说,狄骥希望构筑的异质审查成为立法权正当化的另一种保障模式。

(二)扩大公众参与:更好地发现客观法

狄骥对国家公权力行使保持持续的怀疑,如何有效监督政府成为其思想脉络中非常重要的部分,其中,扩大公众参与是必不可少的一项改革措施,以帮助立法者更密切地观察社会事实和发现客观法的内容。与此同时,狄骥认为,必须消除古典法律传统中统治者和被统治者之间的差异。为此目的,狄骥建议给予妇女选举权、恢复解散权(droit de dissolution)、使公民投票摆脱共和党的排斥。狄骥认为:“现代社会由妇女担任公职的发展方向是

---

〔1〕 Léon Duguit, *Trainté du droit constitutionnel*, Tome Ⅲ, E de boccard, 1930. 狄骥有关合宪性审查的建议,参见杨帆:《违宪审查的法国道路——一个政治宪法学的考察》,载《交大法学》2017年第1期。

普遍的、深刻的和不可抗拒的。”[1]关于解散权的行使，狄骥认为，这首先是确保众议院和大多数选民之间思想和谐的一种手段，旨在使“人民选举政府”发挥更大作用，鼓励建立一种真正的全民公投。事实上，通过全民公投可以增加政府和人民之间的“连带”，也可以预防议会演变成为统治寡头。狄骥试图恢复人民公投的字面含义：通过比较法的运用，对美国和瑞士全民公投的细则进行援引，并对中欧和东欧宪法进行研究，论证法国诉诸人民公投进行重要问题的咨询完全符合宪法；[2]一方面，如果更多的人参与公共事务，根据社会连带采取行动，客观法将会有更大的机会被发现，从而防止个人或某个阶级出于自我利益驱动而进行统治；另一方面，与马尔贝格提出的“国民主权”理论相反，狄骥认为，公民的意志先于统治者的意志，现代国家对代表制的理解应该是让统治者遵守公民的意志。[3]

（三）改革议会制：提倡专业代表制

代表制与民主的关系也是狄骥的理论关切之一。在狄骥看来，既有的公法原则不能解决事实问题。民主选举产生的代表机构作为国家意志的创造者时，立法不能完全避免统治者对被统治者的压迫。个人自由如果不与职业共同体相联系，而仅仅以一种事实上的个人原子化形式出现，则难以对抗国家无限扩张的权力。与大革命的所有主张相反，狄骥选择否认超验的原理，认为国民作为整体在具体现实中“存在”，将成为历史长河中的“实体”。在20世纪初，狄骥观察到时代的主要事实是“工团运动”。[4] 工团主义是一种新的社会相互依存形式，导致了国家机构不可避免的变革。国家和社会不仅由个人组成，也由集体组成。集体因素的体现意味着对大革命

---

[1] Léon Duguit, *Manuel de droit constitutionnel*, Fontemoing, 4e éd., 1923, p. 143 – 144.

[2] Stéphane Pinon, *Les réformistes constitutionnels des années 1930*, Aux origines de la V République, LGDJ, 2003, p. 97 et s.

[3] Voir carré de Malberg, *Contribution à la théorie générale de l'État*, tome Ⅱ, réédité chez Dalloz, 2003, p. 167 et s.

[4] Léon Duguit, 《La représentation syndicale au Parlement》, *Revue Politique et Parlementaire*, n° 3, 1911, p. 29.

"遗产"的谴责会更加强烈。构建一个统一而同质的公民社会将越来越多地与社会条件的多样性联系在一起,社会需求的复杂性已然超出了政治机构表达人民意愿的代表性能力。社会通过不断要求承认个人身份和集体归属,形成了一个更加复杂的民主机制。在这个民主机制中,权利的增加和社会权力组织的出现不断挑战传统的代表制。国家感受到处于个人利益诉求和工团利益诉求之间的张力,而正是这种紧张关系导致了普遍的危机。由于大革命时代设定的代表制规则违背了社会相互依存的事实,狄骥因此提议让各种工业、专业力量代表进入议会。[1] 如此一来,可以缓解孤立的个人面对国家时的虚弱,议会中专业代表团体可尽快成为新的社会力量之政治代表基础。狄骥认为,只有把国家、个人和团体的所有组成部分都包括在代表机构中,才能保证国家意志的代表性。除按比例选举产生的代表个人的议院外,狄骥鼓励设立第二个议院,并"立即由各工会团体的代表组成"。[2] 几年后,在《主权与自由》一文中,狄骥进一步解释说:"以工团主义力量为代表的经济力量将转变为真正的政治力量。"[3] 狄骥提倡进行两项改革:比例代表制和专业代表制,通过这种日益紧密和连贯的团结结构,通过组织无定形的个人群体,可以结束国家"无制衡的统治"的状态。我们可以观察到,在工会组织中存在一个强大而有弹性的结构,对任何压迫措施均构成屏障,专业代表的团结成为此类抵抗力量的自然有机形式。自此,狄骥通过社会连带法学理论的构筑,提议国家宪法改革必须将参议院转变为一个代表企业和工会利益的议院。工团主义通过克服社会对立来维护法律秩序。狄骥的努力在于连接政治领域和社会领域,重塑国家与法律的关系。正如拉斯基所言:"我认为,对于未来的法国法律历史学家来说,狄骥的作品将作为一个

---

〔1〕 Léon Duguit, *Manuel de droit constitutionnel*, Fontemoing, 4e éd., 1923, p. 184.

〔2〕 Léon Duguit, *Études de droit public* Ⅱ, *L'Etat, les gouvernants et les agents*, A. Fontemoing, 1903, p. 179.

〔3〕 Léon Duguit, 《Le syndicalisme》, *Revue Polifique et Parlementaire*, 1908, p. 472 – 493.

新时代的黎明出现。”[1]

五、走在法治国家价值理想与实证效力之间

改革开放以来，我国法学研究开始了精细化转型。法教义学以尊重文本为主要任务来构筑法学是一门科学的“专业槽”。笔者认为，法教义学也可以在更加广阔的视野里考察法律改革所处的社会改革背景，将“社会事实”的因素纳入“法律和国家改革理论”之中。[2] 那么，如何将社会因素考虑进去？“社会”可否是一种事实从而成为实证法的立法依据？承继狄骥的观点，社会对于个人与国家来说，是一种中介因素，吸纳了作为社会成员的个人意志，应将其作为限制国家的基准。狄骥的思想脉络和方法变迁，对我们如何以新的方法重新定义国家与法律的关系有一定的借鉴作用。

首先，在国家治理的价值理想层面，狄骥国家理论的一大启示在于复杂社会的治理应从国家中心转向去中心化，加强国家与社会、个人的合作，法律工具化主义的思潮退去后，促进法律对国家权力行使的外部监督成为应有之义。狄骥的思想和方法为如何观察社会诉求、提炼事实问题，以及在国家法治建设中如何对价值和事实保持开放作了注脚。例如，在立法过程中社会调研可以进一步满足立法诉求，预防无效立法；在执法过程中，社会共治可以强化行政权运行的科学性，尤其是在医疗卫生等专业公共服务领域；而在司法过程中，采用实证观察方法可以在经验层面观测法律的适用，并促进规范的调适。

其次，在社会主义法治国家的建设目标之下，狄骥的国家思想对我国国家功能与国家机构的配置问题有一定的参考价值，有助于进一步细分合宪

---

[1] H. J. Laski, 《La conception de l’État de Léon Duguit》, *Archives de philosophie du droit et de sociologie juridique*, n° 1, 1932, p. 121.

[2] 参见泮伟江：《探寻法律的界限——论卢曼晚期系统论法学思想》，载《北京航空航天大学学报（社会科学版）》2021 年第 1 期。

性审查与行政诉讼的功能。我国目前对国家机构的研究相对薄弱,国家机构的功能配置需要进行以规范为中心的厘清。规范意义上的国家机构配置需要吸纳对政治生活事实的观测,对国家内部机构实践运行的描述。通过行政法基础理论的现代演进,国家公权力机构与个体逐步走向双方法律地位的平等。这也为我国行政行为的客观化建构、行政协议中的平等改革提供了可能。[1]

此外,我国目前的合宪性审查和行政诉讼中仍有诸多实践问题处于功能设定和类型区分的讨论中,对于公法诉讼应该更重视法秩序的统合功能还是对主观权利的救济仍没有达成共识。若公法被完全塑造为客观法,即一整套客观守法秩序,实现对公权力的全面覆盖,会抑制主观权利在公法中的生长,如何重新获得范式的共识可能是公法学界最迫切的任务之一。

最后,我国法学研究方法中社科法学和法教义学的争论仍然激烈,在既存的法律规范与实践的差异中,如何克服可能的法律"合法性危机"需要持续讨论,尤其是如何在法律体系中安放社会事实的问题。近些年,系统论法学方法的兴起成为一种新的进路。但社会学方法进入法学也存在多重困境,更多学者开始聚焦社会系统理论的事实性描述如何转换为宪法教义学的规范性论证。[2]

---

〔1〕 进一步探讨狄骥对我国行政法的晚近影响,参见成协中:《行政行为概念生成的价值争论与路径选择》,载《法制与社会发展》2020 年第 1 期;陈天昊:《行政协议中的平等原则 比较法视角下民法、行政法交叉透视研究》,载《中外法学》2019 年第 1 期。

〔2〕 比如,泮伟江:《法律系统的自我反思:功能分化时代的法理学》,商务印书馆 2020 年版;李忠夏:《宪法学的系统论基础:是否以及如何可能》,载《华东政法大学学报》2019 年第 3 期;陆宇峰:《系统论宪法学新思维的七个命题》,载《中国法学》2019 年第 1 期。

第二篇

国家权力配置

第四章

立法权配置:议会立法与行政立法

一、法式权力配置的"怀疑"底色

权力配置的法律确认多元化,但目标均一致,即更好地配置国家权力,防止集中和滥用。在这一过程中,权力配置并不是为了减弱某一公权力机构的权威,而是为了更好地实现政治权力的具体运行,从而实现治理效能。这一逻辑也是英国议会制下允许权力和谐共处的原因,政府和议会达成高度的信任状态。宪法中确认的职权在政府部门中得以更有效配置。国家机构在理性化相互监督下使政府获得了更大的政治权威。[1] 然而,法国一直不认同英国权力配置的逻辑,从1791年开始,法国历次制宪都未能很好地处理权力配置问题。尤其是在1791~1875年,权力相互制约的宪法设计到最后均导致宪法的无效。此后,在法国的宪法文化中,权力配置中的相互"怀疑"取代了类似英

---

〔1〕 A. Le Divellec,《Propositions pour l'analyse doctrinale des régimes parlementaires》, Congrès de l'AFDC, des 25 - 27 septembre 2008, Paris, Atelier n° 6, p. 2, [http://www.droitconstitutionnel.org]. Consulté le 17 août 2021.

国的相互"信任"。慢慢渗透进了法国19世纪末的议会运作。自1877年开始,行政机关通常承担政治责任,成为议会对行政权的有效监督手段。[1] 此后,无论在什么政治制度之下,怀疑的文化都成为法国权力配置运行的底色。当然,这一体制也招致了不少批评,认为其影响了民主治理的有效性,导致执政者总尽力躲避宪法的限制以重塑行政权能的至上性。法国宪法环境下权力分立的目标与实效之间存在误差。正因如此,法兰西第五共和国进行了理性议会制的尝试,重新平衡国家最高机构之间的政治关系。法国1958年宪法试图将政治生活的复杂程序全部法治化,且建立了有利于行政权约束议会的宪法机制。实施60余年来,宪法频繁修改,从宣示意义上来看,所有的修宪草案都旨在重新平衡权力以实现民主。但事实上,无论是试图重塑议会权、强化法官权,还是促进公民的参与,所有的宪法修改都以提高效能为目的强化了行政权。

这就构成了法国宪法体制下的某种实施悖论:立法权、行政权相互怀疑,立法权试图制约行政权,出现问题后由行政权承担行政责任,但行政权总是尽力逃避。悖论的产生原因在于法国宪法历史的剧变,正如奥里乌所指出的,所有社会秩序内在的力量本可以实现某种平衡,但却遭遇了激烈的大变革。[2] 国家机构无法按照设计的权力制衡体系运作。在政治权力出现剧烈跌宕时,权力多元配置在规范层面虽得到确认,但也不得不适应客观治理的需要,从权力配置走向权力集中的变迁。如此反复,法国逐渐形成了对分权不信任的国家治理的政治和法律原则。《人权宣言》第16条长期被奉为分权理念的"圣经",但事实上其蕴含了模糊的政治和法律意涵。从文义上解读,《人权宣言》第16条凝练了1789年宪法的精神,即国家的政治组织

---

〔1〕 La préface de J.-M. Denquin《Sur le 16 mai》, *La crise du* 16 *mai* 1877: *édition critique des principaux débats constitutionnels*, sous la direction de C.-M. Pimentel, Dalloz, institute Michel Villey, Paris, 2017, p. 47 – 48.

〔2〕 M. Hauriou, *Précis de droit constitutionnel*, Sirey, 1929, p. 293 – 294.

需要在宪法中予以确定，并进一步确定为了保障公民权利，国家权力如何配置到不同的国家机关中。《人权宣言》第16条在形式条件、组织方法以及规范目标层面均确定需要通过权力多元配置以加强保障公民的基本权利，并确认宪法是最重要的权力组织形式。

从形式上看，1789年以来，现代宪法原则得到了国家支持，确认了其政治权威，但实际上，权力配置的原则受外部因素的影响太大，尤其是博丹主权理论中的主权理念。追根溯源，什么是“权力”？在美国宪法设计中，国家与社会通过代表制有机关联。人民意志委托给代表机关，代表人民行使权力的治理者和被代表的社会不同力量成为两个不同的实体，因而更有利于互相监督与制衡。[1] 而在法国语境下，美式“代表”(représentation)则转换为法式“授权”(délégation)。法国国家权力不是源于社会，而是源于高于社会的国民主权(一种不可争议的支配权力)。最高权力不能分享，即这是一项不可分割的权力，从国王手中移转到了代表机关，虽然在权力配置的机制下寻求不同权力之间的平衡配置，但其终极目的还是寻求一体化(Unité)。在这一意义上观测，权力的概念从君主制到共和国并没有发生实质变化，国家只是在民主框架下寻求人民的共识来完成支配正当性的论证。正如米歇尔·托贝研究指出，权力配置的专门化也难以实现真正的权力配置，这是法国国民主权的一体性和不可分割性造成的。国家与社会在权力配置中没有得以有效区分，社会没有有力的力量对抗国家权力，因此，宪法设计的分权体制都成了“纸老虎”。宪法委员会1980年和1987年的判决凸显了这一问题。国家权力配置受到授权原则的影响，纵向层面依据法律的制定和法律的执行进行。立法权在议会与政府之间进行配置，而法律执行权由行政机

---

〔1〕 S. Roland, 《Les figures organiques de la légitimité dans la doctrine constitutionnelle de Montesquieu》, *RFHIP*, n° 1,2009, p. 9.

关和司法机关共享。[1] 从18世纪末开始，父爱主义的国家逐渐变成了法兰西第五共和国下高度组织化的行政国家，似乎由最高行政法院扛起了对行政权有效制约的大旗，而非宪法设计中的权力配置机制。

法国与美国的权力分立不同，权力之间不强调竞争与制衡而是重视合作。目前，国内对法国立法权的研究聚焦在议会组织、立法程序等领域，对立法权内部的配置有所忽略。法国宪法中立法权限与行政条例制定权在规范层面划分清晰，但在事实层面却存在立法权扩张的现象。

二、规范层面：立法权与条例制定权的严格界分

法兰西第三及第四共和国均从形式意义上定义立法：立法是由议会根据立法程序通过并由共和国总统颁布的文书。与此同时，立法保留事项无固定界限，它可涉及各类领域。立法形式的文件只能由具有同样形式的文本进行修改。在这一阶段，立法及条例在事项上并无区分，但在形式上，两者却有所不同：立法是由议会投票通过的，而条例则源于行政机构。法兰西第五共和国的议会实践颠覆了议会主权至上的传统，延续了"理性议会制"的制宪理念。制宪者希望保护政府权限范围并从立法保留中转移一些职权给政府，这些问题大多属于行政及公共事务的日常管理。因此，在立法权的配置层面，议会立法和行政立法出现了全新的构造格局，分别在宪法第34条和第37条中予以严格且明确的规定。行政立法（条例制定权）不仅可以进行执行性立法，也可以进行创制性立法。

（一）立法事项的明确列举

1789年以来，在法国宪法历史上，宪法第一次以明确列举的方式指定了立法专属事项，并将其他剩余权限归于条例制定权范畴（宪法第37条规定，"立法规范事项之外的其他事项属于行政条例性质"）。宪法第34条中区分

[1] L. Duguit, L'État, *le droit objectif et la loi positive*, t. I, Albert Fontemoing, Paris, 1901, p. 450.

了立法者“制定规则”(règle)的事项和“规定原则”(principes)的事项。属于制定规则事项的,立法者可以进行细则的制定,而对于原则则是比较粗略地进行规定。此外,宪法第34条有一个兜底性条款,即组织法可以细化和补充上述事项。在明确列举的事项之外,立法者不得干预条例的制定权。

首先,具体而言,宪法第34条中首先规定了由立法者制定规则的具体事项范围:(1)公民权以及公民行使公共自由的基本保障;媒体的自由、多元化和独立;公民个人及其财产为国防而承担的义务。(2)国籍、个人身份及行为能力、婚姻制度、继承和赠予。(3)重罪和轻罪的确定及其适用的刑罚;刑事诉讼;大赦;司法制度的创新和法官的地位。(4)各种税收的基准、税率和征收方式;货币发行制度。(5)议会两院和地方议会的选举制度,国外法国人的代议性机构以及地方公共团体评议会成员行使选举委托和选举职能的条件。(6)各类公共机构的设置。(7)国家文职官员和军职人员的基本保障。(8)企业的国有化以及企业财产公营和民营的转化。

其次,立法对下列事项的基本原则予以规定:(1)国防的组织;地方公共团体自主的行政管理及其权限、财源。(2)教育。(3)环境保护。(4)所有权制度,物权,民事和商事的义务。(5)劳工法、工会法和社会保障。

此外,宪法第34条还规定,财政法依据组织法规定的条件及保留,明定国家财政的来源及支出,同时由社会保险筹资法确定收支平衡的基本条件,并由于其预算的预期性,规定了国家的支出目的。国家经济及社会活动的目标由规划法予以确定。

(二)条例制定权的双重性质

法国1958年宪法制定之前,法国议会立法权权能几乎不受限制,可以在所有领域介入,对所有事项进行立法,而条例制定权仅仅是对立法的执行,不存在创制性的行政立法空间。换言之,行政立法仅可制定适用法律的命令(décret d'application d'une loi),而没有自治的条例制定权(pouvoir réglementaire autonome)。法国1958年宪法进行了本领域重要的革新,其第

37 条开设了创制性行政立法权，而传统意义上的立法至上因此被打破，并对议会立法范围进行制约。条例制定权权能也有多元化体现：

一类条例是法律执行的条例（règlements d'exécution des lois），宪法第 34 条中规定的只能制定基本原则的事项属于条例可以细化的范畴，这意味着这些事项由行政条例予以细化，属于法律执行类行政条例的制定范围。宪法第 21 条亦明确规定，由总理为保证法律的执行而制定条例。

另一类条例被视为创制性自主行政条例（règlements autonomes）。依据宪法规范，立法专属事项是有限的，而条例制定的权限则似乎是无限的，制宪者更倾向保护条例制定的范围，第 34 条列举之外的剩余事项均属于条例制定创制性的范围。自此，行政权制定的规范与立法权制定的规范分庭抗礼，条例规范具有一般意义上的规范功能，体现了法兰西第五共和国宪法对行政权的保障。

此外，从宪法规范层面来看，法国 1958 年宪法为条例制定权设置了两个扩展空间，分别是第 38 条和第 16 条。首先，第 38 条规定，政府为执行其计划，可以要求议会授权其在一定期限内，以法令（ordonnance）的方式规定本属于立法范围内的事项。其次，第 16 条允许总统在紧急状态下制定必要措施，实际上扩展了行政立法的范围。例如，在 2015 年法国反恐紧急状态下，法国警方有权不经法官批准就入室搜查，并可对在搜查行动中发现的电脑数据或通信记录进行调查分析。警方还可以对被认为危及公众安全和公共秩序的嫌疑人实施软禁措施。

（三）保护条例制定权的宪法机制

为了防止立法者逐渐恢复其主导权，宪法委员会最初在制宪者的规划中成为保护行政权的机构，以防止立法权的僭越。法国 1958 年宪法文本还设置了事前、事后双重保护机制，即事前防御（第 41 条）和事后救济（第 37 条第 2 款）以应对立法侵入条例领域的状况。

首先，宪法第 41 条设置事前预防机制。依据第 41 条的规定，若议员提出包含条例性质之提案或修正案，政府可以对此发表异议，国会对此类提案或修正案因此不予受理。2008 年宪法修改后，两院议长也获得了与政府同样的异议权。[1] 宪法委员会将根据收到的提请诉求进行权力配置的监督，并可依据宪法第 61 条第 2 款对立法僭越的事项进行违宪判断。如果议员提出立法建议案（或立法修正案）不属于立法事项，则议会不得接受。换言之，此项建议案将被宣告不予接受。

其次，宪法第 37 条第 2 款设置事后救济程序。如果立法侵入条例事项且在议会获得通过，并且未在其生效前提请宪法委员会裁决，那么，在该法通过之后，立法者权力滥用的违宪行为依然可以受到制裁。根据宪法第 37 条第 2 款的规定，总理可向宪法委员会提出申请，要求宪法委员会授权政府通过法令（décret）修改包含条例性质的立法。宪法委员会可解除该法律规范立法的效力（délégaliser）。由此，宪法委员会可以通过事前、事后双重渠道对权力横向配置进行捍卫，防御立法侵入行政立法创制性领域。

三、事实层面：立法优位

与制宪者的初衷相违，立法与条例的权限界分并未被良好遵守。法国 1958 年宪法在这一领域期待的变革似乎没有发生。正如著名公法学者让·利维罗（Jean Rivero）在 1978 年埃克斯举办的有关立法和条例关系的研讨会上所提出的："这场革命是可能的，但这场革命没有发生。虽然条例制定权拥有了一席之地，可以进行创制性行政立法，但其地位仍然是从属性的。"确如其所言，在实践中，条例受行政法院合法性审查之约束，其内容需要遵守立法。行政诉讼原告资格范围较广泛，所有利益相关人均可因条例不符合

---

〔1〕 法国宪法第 41 条规定，在立法过程中，如果法律建议案或修正案不属于立法范围或与第 38 条所规定的授权内容相抵触，则政府和议院议长可以对此类立法提出异议。如果政府和相关议院的议长不能达成一致意见，则宪法委员会可以根据任何一方的要求，在 8 日之内作出裁定。

立法而向行政法官提起合法性审查之诉。此外，宪法委员会也没能起到预设的保护行政权的作用，并且在某种程度上因为宪法委员会对立法不作为(incompétence législative)的制裁，立法者对第 34 条中的“规则”事项和“原则”事项进行了同样力度的立法，进而刺激了立法权行使的主动性和全面性。因此，议会立法权在实践中优位于条例制定权，宪法委员会和最高行政法院在某种程度上重新赋予了立法权配置中议会立法的权威：一方面，立法事项涉及国家治理中最重要的领域；另一方面，宪法法官和行政法官在审理案件过程中作出的宪法或法律解释强化了立法者的权力。具体表现如下：其一，立法范围扩张；其二，立法范围中不同事项之间高度统一；其三，立法与行政条例之间高度关联，且差异不明显。

(一)立法范围的扩张

立法领域的扩大首先是立法者权力宪法来源多样化的结果。

其一，社会生活中重要的事项几乎都属于立法范畴：宪法第 34 条规定了民法、刑法、税法、公共自由的基本保证，公务员保障、国防方面的基本原则，包括教育、劳动、社保等。此外，1996 年 2 月 22 日和 2008 年 7 月 23 日通过的宪法法律补充了第 34 条的内容，包括新材料领域的立法(如社会保障财政法、基本自由、独立和多元的媒体)。简言之，立法者负责国家基本事务，而条例主要规定的是国家和社会的次要内容。组织法为议会立法权限开辟了新的规范来源，截至 2021 年年底，议会已经起草并通过了 44 部组织法。

其二，宪法委员会对宪法第 34 条中某些事项的宽泛解释扩大了立法领域。例如，宪法委员会对“公共机构类别”(catégorie d'établissements publics)和“设置的规则”(règles de création)的概念作了广泛解释，立法者的立法范畴有所扩大。首先，是“公共机构类别”的概念：宪法委员会在 1979 年 5 月 30 日第 79 - 107L 号判决中确认公共机构类别为“实施同类活动并接受同样的行政监管以及具有类似的特点的机构”。这一决定为立法权扩张创造了新的渠道，如乔治蓬皮杜中心、国家移民局、国家消费者研究所等机构均通过立法予以设置。其次，宪法第 34 条中还有不少事项可以作扩张解释，如创设新的法院体系属于立法专属事项。从字面意义上理解该条款，其应该是指只有创设与行政法院、司法法院体系并列的法院体系（如社会法院体系或财税法院体系）才属于立法范畴，而不是任何法院的创设都必须通过议会立法。但自 1961 年 7 月 18 日第 61－14L 号有关司法组织法的判决开始，宪法委员会将任何新法院的设立都纳入了立法范畴。例如，2002 年 9 月 9 日立法设置了便民法院。最后，宪法第 34 条兜底条款赋予了组织法较大的权限。例如，2017 年 1 月 20 日组织法规定，所有独立行政机构都需要通过立法予以设置，由立法明确其组织原则。如此，立法领域进一步扩张，此前独立行政机构属于法令设置的范围，如今也转变为立法的专属事项。

其三，宪法委员会判例扩大了立法权配置的审查基准。1965 年之前，宪法委员会判例严格按照宪法第 34 条对立法事项进行解释，该条是唯一的合宪性审查基准条款。然而，在 1965 年 7 月 2 日第 65－34 L 号判决中，宪法委员会明确了立法事项不仅包括第 34 条的规定，还与第 72 条和第 74 条相关。并且从该判决起，宪法委员会开始不断扩大合宪性审查的基准，援引宪法其他条款作为立法范围的依据。例如，第 72 条规定，立法者可以通过立法界定地方自由行政权行使条件；第 66 条规定，“作为个人自由的监护者的司法机关应确保在法律规定的条件下遵守这一原则”。此外，宪法委员会还援引第 53 条，该条规定，必须以立法形式批准或认可有关个人身份、领土割让、交换或合并的条约及协定。而议会每年通过的法律中，大约有一半与此类授权有关（大约 50 项法案）。同时，立法者权限还可以从 1789 年《人权宣言》中得以支撑并扩展，如第 4 条至第 11 条及第 17 条。其中，第 7 条或第 8 条相对最常见。第 7 条规定，“非经法律的规定，并按照法定的程序，任何人不得被控告、逮捕或拘留”；第 8 条规定，“立法只应规定明显而必须的惩罚”。换言之，宪法委员会在立法权限领域内，给议会立法圈定的范围不仅局限于第 34 条，其他宪法条文中与立法有关的事项都逐渐被纳入审查基准之中，以间接地促进立法权行使。

其四，立法者权力扩张也源于只有立法者才能违反法律一般原则。属于行政创制性立法领域的事项一旦被界定为存在法律一般原则，就只有立法者才能对此领域进行规制，条例只能执行立法。例如，行政行为不可溯及、重罪轻罪不可兼罚、行政机关沉默视为拒绝等原则，一旦被定性为法律一般原则，则属于立法范畴。

其五，宪法委员会对立法不作为的违宪判决也导致了立法范围的扩张。立法不作为是宪法委员会判决立法违宪的主要事由之一。主要含义是指立法者在本应行使权力的情况下，将一项权力委托给另一机构，从而未遵循立法权力的运行。因此，为了符合宪法的要求，立法必须足够准确和完整，以避免在适用时出现任何恣意的情况。鉴于此，立法者不愿意轻易把制定某些规则的职权留给政府法令。例如，在刑事司法领域，在 1975 年 7 月 23 日第 75 - 56 DC 判决中，受审立法条款规定，由法院院长决定案件由独任法官审理或合议庭审理。宪法委员会认为，对于上述事项立法者应当予以明确，交由法院决定是立法不作为的表征，因此判决该条款违宪。此后，立法者尽量对立法事项作出完整规定，尽量不授权制定条例予以完善，此种“亲力亲为”的态度也导致了立法扩张。

其六，源于立法权运行的同一性，“规则”和“原则”之间缺乏必要差异。宪法委员会和最高行政法院对宪法第 34 条的适用和解释逐渐缩小了立法事项中需要制定规则和需要规定原则之间的区别。按照 1958 年制宪者的原意，行政权作为执行法律的权力，对立法中规定的“规则”或“原则”均可进行细化。换言之，立法者需要将制定细则的权力配置给行政权。然而，在具体涉及某些事项时，立法者可能不限于基本原则而尝试制定较完整的规范体系。例如，在地方自由行政、劳动法或社会保障等领域制定详细规则。立法者确定原则时，很容易细化规定，并将原则转化为规则。

(二)立法和行政条例制定之间缺乏必要的区分

为了在立法范围和条例制定范围之间作出明确划分,宪法委员会总是使用同样的标准:“提出问题”(mise en cause)和“执行”(mise en oeuvre)之间的区别。对规则或原则提出问题的规定属于立法范围,对某一特定主题的规则或原则予以执行则属于行政条例范围。但在实践中,宪法第 34 条和第 37 条没有被很好实施。

首先,政府主动接受立法侵入条例制定的领域,而不采用第 41 条规定的异议途径;政府甚至也从 1979 年开始,倾向在其提出的立法草案中加入应属于条例制定领域的条款。换言之,政府自我放弃了条例制定权的行使,更多地将其职权转给立法权。这一行为背后有多重动机:其一,追求规范制定的效率。立法程序比法令制定程序更快速;法令的制定需要经历事前咨询程序,相对立法草案的讨论和投票而言更复杂。其二,追求规范制定的内在统一。政府出于对保持案文的整体一致性的关切,避免将案文分为立法部分(Partie législative)和条例部分(Partie réglementaire)。法国很多立法典都分为立法部分和条例部分,出现内在冲突难以避免。其三,追求规范制定的最小风险。政府可以通过立法形式实现自己的政策目标而部分躲避行政行为追责的可能性。立法一经投票通过,则只有事后合宪性审查程序才能对其进行再次质疑。而行政条例受司法审查的风险远远高于立法,政府担责的可能性也随之上升。因此,政府乐意将条例领域的事项放入立法领域。并且可以在法典编纂时,通过宪法第 37 条第 2 款规定的程序,重新对立法中的这部分行政条例性质的条款进行修改,并将其放入法典条例部分。

其次,宪法中处理横向权力配置的问题不再是保护行政条例领域的问题,而演变为立法如果包含了条例领域的条款是否合宪的问题,但从目前看来,宪法委员会对此不进行违宪判断。从 1982 年 7 月 30 日第 82 - 143DC 号判决开始,宪法委员会确认不对包括条例性质的立法条款进行违宪判断。

此后，多个判决确认了宪法委员会这一立场，[1]除非政府明确表示援引宪法第41条所规定的不可受理程序对立法侵犯条例领域提出异议。[2] 宪法委员会作出1982年7月30日的决定之前，曾几次同意审查此类合宪性诉求，但在1982年却改变了判例法，这是有实际原因的。如上所述，政府同意甚至主动将条例领域的事项放入立法领域，如果宪法委员会继续接受有关立法是否违反宪法第34条和第37条权限配置的审查，将很容易遭遇"诉讼爆炸"从而导致大量立法条款无效。而保护横向权力配置的主动权似乎滞留在政府，其可以利用宪法第41条反对立法建议，或利用第37条第2款纠正立法。这一切乱象催生了改革的必要性，宪法委员会确认了一个合理立场，试图回归立宪原意以重新厘清立法权配置。

四、改革的双重路径探讨

法国立法领域出现几重乱象，如立法数量膨胀、立法质量下降、立法与条例混杂等，最高行政法院1991年年度报告就指出了立法质量低、变动频繁等问题。2007年参议院报告也对立法质量表示担忧，同时，立法膨胀也成为一个不容忽视的事实：1978年，法国有1250部立法和1308部行政法令，而到了2010年，立法数量膨胀到10倍达到12,522部，法令膨胀了约130倍达到171,521部。宪法委员会通过确认宪法效力的目标或原则以加强立法的清晰度(principe de clarté)、[3]立法的可理解性和可及性(intelligibilité et d'accessibilité de la loi)。[4] 正如前述，法国目前采取系统化加强立法质量的方式，宪法委员会在其中扮演比较重要的角色。目前，其吸收理论界和实务

---

[1] Décis. n° 83 – 162 DC, 19 juill. 1983, Démocratisation du secteur public; Décis. n° 83 – 167 DC, 19 janv. 1984, Contrôle des établissements de crédit; Décis. n° 2006 – 532 DC, 19 janv. 2006. et Décis. n° 2006 – 542 DC, 9 nov, 2006.

[2] Cons. const., 27 juill. 2000, n° 2000 – 433 DC, consid, 22.

[3] Décis. n° 2000 – 435 DC, 7 déc. 2000, Loi d'orientation pour l'outre-mer.

[4] V. Décis. n° 2006 – 540 DC, 27 juill. 2006; Décis. n° 2011 – 639 QPC, 25 juill, 2011; V. P. Rrapi, *L'accessibilité et l'intelligibilité de la loi en droit constitutionnel*, Dalloz, 2014, p. 282.

界的成果，主要做两方面的努力：一是提升立法效力问题，注重提升立法的规范力，防止软法过度入侵；二是立法界限问题，回归立宪原意，让立法与条例各行其道、各负其责。

（一）通过宪法委员会判例强化立法的规范性

首先，必须对“无效的法规范”进行违宪判断。规范性价值构成了法律作为规范来源的本质。若立法缺乏规范性，在条文中表现为类似愿望、期许或对情况或事实的纯粹描述，则均是立法无效的表现之一。宪法委员会从1982年7月27日判决开始，将缺乏规范性作为对立法条文进行合宪性审查的事由之一。[1] 宪法委员会前主席皮埃尔·马佐（Pierre Mazeaud）强调：“法律的制定不是为了陈述证据、表达愿望或描绘世界的理想状态。”除非我们把它变成一种“政治工具”，从而使其成为一种偏离正道、失去正当性的规范。例如，1984年7月16日通过的《关于组织和促进体育活动法》第1条即欠缺规范性，该条规定：“体育活动是平衡、健康的一个重要因素，与每个人的成长相关。”2004年7月29日的判决更清楚地确认了“立法必须具有规范性”这一立场：根据1789年《人权宣言》第6条的规定，法律是公众意志的表达；在不违反宪法的具体规定的情况下，法律的目的是制定规则，因此必须具有规范性。[2] 随后，在2005年4月21日的判决中，宪法委员会进一步对立法中附加了趋势、规划等描述性的条文进行违宪判断，例如，受诉法律草案第7条规定：“学校的目标是促成所有学生的成功。考虑到学生的多样性，学校必须承认和促进各种形式的智识，使他们能够充分发挥自己的才能。学校的教育需要与教师的教导和家长的支持配合，使每个学生都能进行必要的工作和努力，以提高和发展他们的智力、手工、艺术和体育技能。它有助于为个人和职业生涯做准备。”该条描述性过强，被宪法委员会认为毫无规范性可言，因而违宪。

---

〔1〕 Décis. n° 82 – 142 DC, 27 juill, 1982.

〔2〕 Décis. n° 2004 – 500 DC, 29 juill, 2004.

其次,合宪性审查基准中加强了对立法技术的要求。宪法委员会的判例促成“良好立法”的宪法要求的落实,通过对立法过程的合宪性审查,加强对所有立法参与者的限制。这种新的判例法政策的影响深远:任何非规范性立法条文都将受到违宪判断,无论是政府提出的立法草案还是议员提出的立法建议案。换言之,违宪的门栏大大降低,立法条文中规范性不强或模糊的地带都可能被判决违宪。从正面意义上看,立法者有责任提升立法条文的可理解性和清晰性。一方面,有利于避免法官或行政机关任何混淆或模棱两可的适用,以促进法律安全原则的实现;另一方面,可以促进对自由的保障,这也是所有民主国家的首要原则。公民面对含混不清的法律规定时,不能根据法律对其自由进行限制并理性地预测自我行为,公民自由受侵害的风险剧增。换言之,立法若难以理解,则带来适用中的任意性风险,与法治原则相悖。例如,罪刑相适应原则可能受到侵犯,2012 年 5 月 4 日宪法委员会在审查性骚扰罪的有关立法判决中对这一问题进行了再次阐释。[1] 此外,这也是对法国 1958 年宪法最初规定的一种回归,即理性限制议会超越宪法的规定进行立法。

最后,缺乏规范性的立法是无权行为。除非宪法文本明确提及可以制定经济和社会领域的方案、计划、财政法、社会保障等带有规划性的法律,否则宪法委员会禁止立法者制定一般性的计划类法律。宪法委员会也希望对立法内容进行监督,明确实质意义上的立法定义,指导立法和条例各自的权限划分。法国自大革命以来,一直奉行卢梭意义上的立法至上,认为立法是公意的表达。马尔贝格对此进行了修正,不是议会制定的法就当然表达公意,立法的内容也应符合人民最初的意志。[2]

---

〔1〕 Décis. n° 2012 - 240 QPC, 4 mai 2012, Loi définissant le délit de harcèlement sexuel, consid, 3 et 5.

〔2〕 *Contribution*, t. I, p. 330.

（二）尊重宪法对立法和条例的界分

比较有意思的是，宪法委员会作为宪法监督机构有责任维护立法和条例的界分，作为“行政机构的看门狗”（chien de garde de l’exécutif）以保障行政立法权。正如前述，宪法委员会判例中凸显了对立法不作为的严格审查，导致立法者“用力过猛”，挤占了不少本应属于条例制定的空间。加之，行政权为了逃避条例遭到司法审查，也惯常将条例内容嵌入立法草案中。为了改变这一情形，宪法委员会开始事前干预立法侵入规章性质的条款，而不是仅仅按照宪法第 37 条第 2 款规定的程序进行事后干预。[1] 宪法第 41 条规定的异议程序重新被激活，成为主要的事前屏障，预防立法侵入条例领域。第 41 条规定，在立法过程中，如果法律提案或修正案不属于立法范围或与第 38 条所规定的授权内容相抵触，则政府可以对此类立法提出异议。宪法第 41 条在法兰西第五共和国初期被广泛使用，后来却鲜有使用，可能是基于宪法委员会 1982 年关于价格和收入的判例法所产生的间接影响。[2] 1994 ~ 2004 年，第 41 条只使用过一次用以阻碍修正案的提出。2005 年以来，对邮政监管法讨论之际，风向明显改变。[3] 宪法第 41 条规定的程序得以阻止近 15 万件议员提出的修正案。这一现象源于近年来两院议长重新开始援引第 41 条对缺乏规范性的立法提出异议，避免立法草案通过后再招致违宪判决。宪法第 41 条和相关条文组成的对立法建议案或修正案不予接受的程序得以进一步细化，在议会两院规程中通过《国民议会规程》第 93 条和《参议院规程》第 45 条进行细化。但是存在一个比较明显的缺陷，即只针对议员建议案或修正案提出异议，而对政府提出的立法草案和修正案则不提出异议。2008 年宪法改革之后，这一情况有所好转，两院议长拥有了异议

---

〔1〕“以议会立法形式规定了行政立法范围事项的，可以在咨询最高行政法院意见后以命令（décret）来进行修改。在本宪法生效实施之后所制定的这些法律文件，经宪法委员会确认其内容具有上一款所规定的行政立法性质，才可以行政命令进行修改。”

〔2〕Décis. n° 82 – 143 DC, 30 juill. 1982, GDCC, n° 17.

〔3〕Loi n° 2005 – 216 du 20 mai 2005.

权，不均衡的异议程序逐渐走向平衡。一般而言，宪法委员会留有平均10个月的时间给立法者修改违宪的法律条款。

正如前述，1958年宪法是法国宪法史上的一大变革，其企图界分法律和条例的范围；在立法领域通过列举立法权限范围进行限制，对条例范围则保持开放态度。因此，作为立法定义的一个组成部分，在形式意义的法律概念之外增加实质意义的法律概念，对两个方面产生了影响：一是提高法律的效力；二是预防立法侵入条例领域。在实践中，立法权配置在议会立法和行政立法之间的关系很微妙，宪法委员会的判例对这一领域产生了重要作用，亦促进了宪法的实施。

第五章

行政权配置:以法兰西第五共和国总统职权运行为视角*

一、从不确定性中探寻宪法规范的安定性

法兰西第五共和国宪法自 1958 年 10 月 4 日实施至今已有 60 余年。该部宪法虽历经众多政治变故,却大体稳健,[1] 充分展现了规范的柔性与刚性,确立了总体高效的国家机构运行机制,为法国经济、社会各领域的蓬勃发展塑造了稳定的政治环境。宪法在国家治理中的"稳定器"功能长期受到法国学界、政界的肯定。一般认为,法国 1958 年宪法在不损害统治者和被统

---

* 本章原载《中外法学》2022 年第 2 期,原标题为《国家治理、宪法规范与政治事实 法兰西第五共和国总统职权运行为视角》,在成书过程中略有删改。

[1] 依据时间顺序,较重大的政治变故为:法兰西第五共和国先后经历阿尔及利亚战争;1962 年通过总统直接选举重塑权威;1968 年 5 月风暴;1974 年在任总统去世;1981 年吉斯卡尔·德斯坦(Valery Giscard d'Estaing)与弗朗索瓦·密特朗(François Mitterrand)权力移交"地震";1986 年"左右"共治实验出现;1997 年议会解散失败;2000 年总统任期改为 5 年;2002 年议会大选,右翼政党胜出结束共治;2008 年以来,严重的经济危机和恐怖袭击以及全球性新冠肺炎疫情的暴发。

治者之间基本关系的前提下，充分发挥了恢复稳定行政机构的作用。虽然也有批评声音存在，如宪法学者勒内·卡比当认为，法国1958年宪法文本是宪法历史上编撰得最不好的一个版本，[1]但在大多数法国人的心目中，宪法是一个不可逾越的框架。政权的更迭轮替也大体有序，不同政治派别执政党均在宪法框架下行使权力，国家治理体系日趋成熟。

然而，现行宪制结构也并非全无问题。2022年4月，法国已开展新一轮总统大选。埃马纽埃尔·马克龙（Emmanuel Macron）连任，有关总统职权的问题再度成为法国乃至世界政界与学界关注的热点。马克龙与竞争者之间的竞选纲领已现雏形。法国右派和极右派政党认为，当前的宪法不足以保障法治国的延续，并提出再次修改宪法的主张。事实上，左右各派主要的争点自2015年以来并没有大的变化，在于如何回应国家治理的诸种"危机"：[2]一如"效能危机"，行政权的高效运行未符合制宪者的预期，在社会经济诸领域表现得较平庸；二如"道德危机"，近20年来的政治丑闻不断，损坏了行政权主体和行政相对人之间的互信，如戴高乐与尼克拉·萨科齐（Nicolas Sarkozy）卸任后的个人刑事责任问题；三如"主权危机"，于外部，全球化和欧盟一体化剥离了国家部分的传统主权，于内部，地方分权的推进在一定程度上分化并削弱了主权的对内效能，政界开始出现重提"国民主权"（Souveraineté Nationale）的声音。层层危机背后，宪法运行中国家权力配置的"不规律性"成为学界关注的热点：一方面，在宪法规范层面，依宪法第5条之字面规定，总统作为国家核心机构之一，是宪法的"监督者"、公权力机构职能正常运作的"仲裁者"以及国家领土完整和遵守国际条约的"捍卫者"；[3]另一方面，在政治事实层面，总统权的运行呈现不确定性，时而依据

---

〔1〕 R. Capitant, préface à L. Hamon, *De Gaulle dans la République*, Plon, 1958.

〔2〕 《Nos institutions sont-elles en crise? Débat entre Gérard Courtois, Bertrand Mathieu et Dominique Rousseau》, *Constitutions*, n° 4, 2015, p. 437.

〔3〕 Raymond Ferretti, 《La fonction présidentielle: constantes et variantes》, *Les petites affiches*, n° 175, 2000, p. 3–9.

宪法文本，时而超越宪法文本，总统与国家机构之间的关系受到诸多政治因素的影响。不确定性产生的原因大致可归为以下三个层面：法国政体在理念层面，徘徊于孟德斯鸠（Charles-Louis de Secondat, baron de La Brède et de Montesquieu）与卢梭的民主模型中；在制度层面，纠结于总统制与议会制之间；在改革层面，没有对改革的路径达成共识，多次改革尝试后仍未走向机构的平衡状态。

（一）价值理念的徘徊

法国大革命以降，《人权宣言》第 6 条所规定的表达公意的方式与两种较早的政治传统相冲突，也在根源深处造成了法兰西第五共和国宪法的价值困扰。这两种政治传统，一种源于孟德斯鸠，另一种源于卢梭。两者均是法国著名的思想家、法学家，但二者主张的民主实现类型有较大差异，甚至呈现相反样态。一方面，孟德斯鸠主张，由被治理者也就是公民授权国民代表进行国家民主统治，[1]如乔治·布尔多指出，这是一种“被统治者（主导）的民主模式”（démocratie gouvernée）；[2]另一方面，卢梭主张治理者主导的“民主机制”（démocratie gouvernante）。卢梭的政治制度愿景是一种“治理者主导的民主”，此类模式把公民置于政治决策正当性过程的核心，强调公民的参与，立法者创设的法律也被视为人民许可的结果，从而在立法过程中体现民主。徘徊在孟德斯鸠与卢梭之间，造成了规范层面的混乱本质，尤其是从法兰西第四到第五共和国过渡的过程中可以窥探。法兰西第四共和国曾试图依据孟德斯鸠主张的民主模式运行议会制，强调授权代表的精英治理。然而，统治者施政能力低下，人民也即选民整体的治理能力也未能实效化。进入 21 世纪，卢梭倡导的统治者型民主的概念在 2002 年总统大选中部

---

〔1〕 Paul A. Rahe, *Forms of Government: Structure, Principle, Object and Aim*, in David W Carrithers, Michael A. Mosher and Paul A. Rahe, eds., *Montesquieu's Science of Politics: Essays on The Spirit of Laws Lanham*, Rowman and Little field Publishers, 2001, p. 71.

〔2〕 Burdeau Georges, 《La conception du pouvoir selon la Constitution du 4 octobre 1958》, *Revue française de science politique*, n° 1, 1959, p. 87 – 100.

分回归，[1]正如皮埃尔·罗桑瓦隆（Pierre Rosanvallon）提出，大选需要公民的积极参与。[2] 诚然，戴高乐后续改革为法国人民保留了普选共和国总统的权利，似乎走向卢梭提倡的民主，但社会阶层的分化仍然体现出代表制、精英治理存在的必要性。法国1958年宪法所塑造的权力结构因此可以概括为"一个主权，两项权力"。[3] "一个主权"可作两种解释，既可以是卢梭的"人民主权"，也可以是西耶斯的"国民主权"，从而与孟德斯鸠的代表制相关联，人民既可以个体身份行使主权，也可以通过高度抽象的共同体由总统代为行使主权。[4] "一个主权"由此衍生出了"两项权力"：立足个人行使主权的"立法权"和代表抽象共同体行使主权的"行政权"。上述理论渊源中的冲突映射到文本中，主要体现为宪法第5条中对总统职权的不同预设。

（二）半总统、半议会制的不确定性

在对法国法既有研究的视野下，法国一直是半总统、半议会制的典型。但是这一定性是不太准确的，法国学界在这一层面一直存在争议，如1958年宪法类型多歧化、政治体制分类的客观标准不统一等问题。[5] 学界对法兰西第五共和国体制进行了多重界定。如米歇尔·德勃雷（Michel Debré）将其界定为议会制，马塞尔·普罗特将其界定为"参议院式共和国"（République sénatoriale），雷蒙·阿隆（Raymond Aron）将其界定为"帝国式君主式共和国"（République impériale），杜瓦杰将其界定为半总统制，乔治·韦德尔将其界定为"超总统制"（régime ultra-présidentiel），皮埃尔·艾弗尔

---

〔1〕 阿兰·兰斯洛特（Alain Lancelot）在对2002年总统选举的分析中指出，法国社会将回归卢梭主张的以选民为主导的民主模式。Alain Lancelot,《Retour à la démocratie gouvernante ou l'incroyable feuilleton des élections》, *Études*, n° 9, Tome 397, 2002, p.181－192.

〔2〕 Pierre Rosanvallon, *Le Bon Gouvernement*, Paris, Le Seuil, 2015, p.36.

〔3〕 Jean-Marie Denquin,《Georges Burdeau et le pouvoir d'Etat dans la Constitution de 1958》, *Droits*, n° 14, 1991, p.142.

〔4〕 Ibid.

〔5〕 Jean-Marie Donegani et Marc Sadoun, *La Ve République. Naissance et mort*, Calmann-Lévy, Paris, 1998, p.28. Georgitsi Evangelia,《La spécificité de la Ve République et les classifications: une opposition fausse》, *Revue française de droit constitutionnel*, n° 83, 2010/3, p.543－564.

认为这是一种"混杂体制"(régime hybride),亚瑟·M. 施莱辛格(Arthur M. Schlesinger)则认为这是一种"帝国总统制"。[1] 由上可见,学界很难就法兰西第五共和国的体制达成一致意见,只能说目前的制度既不是典型意义上的议会制度,也不是完全的总统制度。法兰西第五共和国的体制也不能简化为任何正式的分类,因为这样会使两项原则产生紧张关系:政府需要国民议会负责的原则与权力之间不可撤销的原则(l'irrévocabilité politique mutuelle des pouvoirs)。正如政治学家奥利维尔·杜哈梅尔(Olivier Duhamel)所指出的,从这种宪法混乱中产生了"一个独特的民主"(une démocratie ɑ part),类似"总统制"。[2] 对 1958 年以来法国政治的研究和分析离不开戴高乐主义和法兰西第五共和国政体这两大基本要素,而戴高乐主义所崇尚的总统制内核才是法兰西第五共和国政体真正的灵魂。[3]

(三)改革路径的不确定性

对于议会和政府的具体关系也有争议。有学者认为,议会需要审议政府的重要决策,而戴高乐及其支持者认为,议会仅进行监督就可以。在这样的背景下,法兰西第五共和国的制宪者一开始就左右为难:一方面,确认总统职权在行政权的大范畴之内,总统和政府共同领导行政系统的运行;另一方面,政府和总统均以各种身份参与立法过程,事实上分享了立法职权。权力分立原则一开始就出现了权力之间的模糊配置。所以,制宪者希望总统职权更多地体现为一种超然的中立机构,超越立法、行政机关,对机构之间可能的冲突进行调和;而在现实运行中,总统职权的实效性广泛及于立法机构、行政机构,甚至影响司法机构。由于政党制度的存在,行政权和立法权不断融合,如何处理总统的职权成为最复杂和最细腻的问题。此外,出现权

---

[1] Martial Foucault,《La constitution de la Ve république va dans le sens du président》, *Titre* Ⅶ, n° 1, 2018, p. 20.

[2] Olivier Duhamel,《Une démocratie ɑ part》, *Pouvoirs*, n° 126, 2008, p. 17 – 26.

[3] 参见李旦:《戴高乐主义与第五共和政体——法国政治"不能承受的轻和重"?》,载《欧洲研究》2017 年第 4 期。

限争议后,宪法委员会在后续的判例中对权力分立的解释,也遭到学界一定程度的批评。有学者认为,法国近年来的国家治理危机部分源于权力配置的不合理,政界也吸纳这一观点,认为法国需要走向国家机构新的平衡。遗憾的是,改革共识虽存在,但近年来的改革方案均没有大的改观。国家机构职能配置的问题不仅是法国国家治理的问题,也是其他国家和地区遭遇的某种共性问题。因此,法国目前国家治理中的问题需要进一步从学理角度反思,目前中文文献对法国总统职权的研究多集中于纯理论研究层面,其虽然是外国宪法研究中的基础问题,但却成为我国学者国别法研究中的小众问题。当然,总统职权研究也涉及宪法学研究的方法论问题:宪法学应该认真对待宪法文本,但仅对作为框架秩序的文本进行解读,可能局限于关注权力组织,从而难以直面政治事实对规范意涵的改变。

二、宪法规范层面:多层次构造下的总统职权

作为宪法第二章"总统"专章的首条,宪法第 5 条规定:"共和国总统监督本宪法获得遵守,通过仲裁确保公共权力机构的正常运行和国家的连续性。共和国总统是国家独立、领土完整和国际条约受尊重的捍卫者。"立足该条款进行文义解释,总统身兼 3 种职能定位:监督者、仲裁者及捍卫者。总统所享有的各项权力均以这 3 种职能定位为前提,主要规定在宪法第二章,也有个别权力体现在其他规范部分,如宪法第 19 条对总统专属权(自主决定权)和需要总理或部长副署的权力(分享权)。按照共和国传统,"谁副署谁负责",总统与总理的分享权在制宪者眼中是一种形式意义上的权力。我们可依据宪法规范对总统权力进行递进性规范的论述:常态下不介入国家机构日常运行、国家机构争议解决的提请主体、国家机构运行障碍时的替补主体。

(一)常态下不介入国家机构日常运行

在《社会契约论》第四部分,卢梭引入"保民官"的意图即是在常态政治

下平衡政治结构："当人们不能在国家各个机构之间确定一个严格比例的时候，或者是一些不可消除的原因在不断改变它们比率的时候，人们便创立了一种特殊的行政机构。"[1] 在法兰西第五共和国建国之前，戴高乐曾在"贝叶讲话"中提出了两套国家权力构建方案：一套以行政权为主导，强调国民主权及国家的持续性，体现了精英政治的内涵；另一套以立法权为主导，强调多元民主、思想自由及政党竞争，更多地把主导权放置于公民大众手中。但法兰西第五共和国宪法进行了折中，并设想在行政权与立法权可能冲突的情况下赋予总统进行居中仲裁、协调的权力，以防止两权剧烈对抗所导致的国家机构的不稳定运行。[2] 这一设置也使总统的仲裁权成为最显性的权力。米歇尔·德勃雷作为深度参与制宪的学者于 1958 年 8 月 27 日在最高行政法院发表的演说中指出："总统是仲裁者且仅仅是仲裁者。"

因此，按照宪法第 5 条规范的预设，共和国总统作为"仲裁者"，不需要介入国家机构日常运行的过程，这意味着总统的地位凌驾于各公权力机构之上，可对公权力机构之间的争议进行居中裁判，维系国家的正常运行及连续性。其主要通过两项职权产生间接影响：其一，任命总理（宪法第 8 条）；其二，在议会发表咨文（宪法第 18 条）。发表咨文的职权是后续 2008 年宪法修改新增的。为确保议会独立，法国宪法在很长一段时间内禁止总统在议会发表讲话，总统仅能以写信方式向议会发表意见。萨科齐 2007 年就任总统后不久声明，总统应有权每年面对议会"解释他的行为、清点他的（言行）效果"。2008 年宪法修正案通过，规定总统在国家生活重要时刻有权在议会两院联席会议上发表讲话。根据这一规定，2009 年 6 月 22 日萨科齐成为 150 多年来第一位直面议会两院发言的法国总统。

---

〔1〕［法］卢梭：《社会契约论》，何兆武译，商务印书馆 2003 年版，第 155 页。

〔2〕Georges Burdeau，《La conception du pouvoir dans la Constitution française du 4 octobre 1958》，*RFSP*，1959，p. 87.

（二）国家机构争议解决的提请主体

宪法规范中总统权力的第二层次存在于当国家机构之间出现争议时，总统可以提请三大机构（议会、宪法委员会、人民）予以处理，以此化解行政权与立法权之间可能出现的冲突。本层次总统权力的核心是“诉诸其他有权者”：诉诸议会、宪法委员会、人民。如此，卢梭的思想再次得以印证：“人民是否出场”成为国家机构能否平衡的关键。[1] 总统成为连接立法权（议会）、制宪权（人民）和权限争议处理者的机构，是法兰西国民利益的最高裁判者。

1. 诉诸议会：总统可以要求法律草案在议会中重新审议

总统可以根据宪法第10条之规定，要求议会重新审议法律草案，但不允许将其意愿强加给议会，因此不能将此条款视为总统对立法的否决权。当时，该法案刚刚通过，政府即决定停止执行，要求议会重新审议。事实上，在颁布一项法律的同时，要求政府在等待另一项法律通过时不适用该法律（如首次雇佣合同法案的情况），其实并不符合制度精神。[2]

2. 诉诸宪法委员会：总统可以在对法律草案合宪性存疑时要求宪法委员会审查（宪法第61条）

依宪法之规定，总统有权向宪法委员会就国际条约（宪法第54条）或议会通过的立法草案（宪法第61条第2款）提请合宪性审查。理论上，总统代表国民利益，而不是选民利益，宪法设计者希望总统超然于党派利益，总统也极少提请宪法委员会进行合宪性审查。自1958年起，截至2019年6月30

[1] 卢梭的人民主权理论彻底解构了中世纪政治和近代绝对君主制的“统治者—被治者”的二元对立的压制型结构，把主权和政府相分离，使人民从单纯的被统治者或臣民演变为“主权者—臣民”的辩证统一体，使人民和政府之间的关系演变为辩证的互动关系。这个平衡结构要成立，关键就在于一点：主权者亲自出场。倘若主权者不能亲自出场，那么“主权者—臣民”的辩证结构就无法实现。参见陈端洪：《政治法的平衡结构：卢梭〈社会契约论〉中人民主权的建构原理》，载《政法论坛》2006年第5期。

[2] J.-E. Gicquel,《La promulgation-suspension de la loi》, *RD publ*, n° 2, 2006, p. 568.

日，总统在61年时间内总共提请12次，平均5年1次。[1]

3. 诉诸人民：总统可依据宪法第11条的规定启动全民公决

如果总统认为立法草案不符合国民利益，可以启动全民公决。宪法第11条所规定的启动全民公决的权力强化了第5条中总统仲裁者的身份。可以启动全民公决的条件从限制型走向了宽松型。目前，启动全民公决必须满足以下3个条件：与公共机构的组织相关，与一项条约之批准相关，或者是与国家的经济、社会或环境政策和有助于其发展的公共服务有关的改革。第三个条件由1995年8月4日的修订案引入宪法。第三个条件的加入实际上让宪法条文的规范意涵更加模糊、宽松，启动公民公决的可能性大大增强。学界对可以启动全民公决事项范围由窄到宽的过程有所争议，提出也需要对启动全民公决的法案进行合宪性审查。[2] 此外，总统解散议会的权力也是在本层次中进行的，并且是诉诸人民的一种方式。主要目的在于协调议会与总理可能的冲突，根据宪法第12条的规定，总统可以在咨询总理意见和国会两院议长意见后，宣布解散国民议会。具体而言，总统解散国民议会的权力源自将议员在其任期结束前集体送回选民的解释，是总统从宪法第5条中获得的仲裁权力的基本手段，说明了总统与人民意志的紧密关系。从这个角度来看，解散议会不仅没有让国家元首凌驾于竞争之上，反而让总统根据情况对议会进行政治制裁（如1962年10月9日解散议会），解决政治和社会危机（如1968年5月30日解散议会），或者为其政策的施行获得立法手段（如1981年5月22日和1988年5月14日解散议会的情况）。但任何权力的行使均存在风险，诉诸人民的总统决定也会直接反向影响总统权力的合法性，更会影响其行动自由，所以戴高乐才会在1969年4月修宪案被否决后黯然落幕。

---

〔1〕 载法国宪法委员会官网，https://www.conseil-constitutionnel.fr/bilan-statistique。

〔2〕 B. Daugeron, *Mariage pour tous: retour sur la constitutionalité du référendum*, Recueil Dalloz, 2013, p. 320.

(三)国家机构运行障碍时的替补主体

第三层次的总统职权只有在国家出现紧急状况,且其他公权力机构均不能运行时,才可以替补出场,成为国家政策的制定主体。[1] 宪法第16条规定的总统特别权力契合第5条规定的“捍卫者”身份,与总统“仲裁者”身份有一定的重叠交叉。[2] 特别权力属于国家元首的专属权限,其行使该权限时无须副署,即无须总理和部长的签字。但此项特别权力的行使需要满足实质和形式条件,实际上构成对权力一定程度的限制。实质条件有两项:一方面,必须是共和国的机构、国家的独立、领土的完整或国际承诺的执行受到了严重和直接的威胁;另一方面,公权力机构的正常运作受到干扰。形式条件也有两项:一方面,协商的义务,共和国总统必须与总理、国民议会议长和参议院议长以及宪法委员会协商;另一方面,告知的义务,共和国总统必须以公告的形式告知大众实施特殊权力的情况。

自2008年7月23日修宪以来,宪法第16条规定,宪法委员会审查总统是否有必要保留特殊权力。其一,依申请审查:在行使特殊权力30天后,国民议会议长、参议院议长、60名众议员或60名参议员可将其移交宪法委员会,以审查是否仍符合宪法规定的适用第16条的条件。宪法委员会尽快通过公众意见的方式作出决定。其二,主动审查:在总统行使特殊权力的60天结束时,以及在该期限之后的任何时候,宪法委员会都有权审查权力继续行使的合法性,并尽快在公告中提出意见。值得注意的是,除通过宪法委员会的审查对总统特别权力进行审查和监督外,还存在双重政治意义上的监督。一方面,总统诉诸宪法第16条的决定构成政府行为(acte du gouvernement),不在行政法官受案范围之列,但如果总统根据宪法第16条作出的决定干预了宪法第37条规定的行政立法领域,行政法官可以对其进行审查;另一方

[1] Jean-Louis Debré,《Les idées constitutionnelles du général de Gaulle》, *LGDJ*, 1974, p.165.

[2] l. Fontaine,《Pouvoirs exceptionnels vs garantie des droits》, *RDP*, n° 2, 2009, p.351. F. Saint-Bonnet,《Réflexions sur l'article 16 et l'état d'exception》, *RDP*, n° 5-6, 1998, p.1699.

面，根据宪法第 68 条的规定，如果国家元首违反职责，出现明显不符合其行使职权的情况，可由高等法院将其免职。2020 年新冠肺炎疫情以后，有关第 16 条适用的情况也出现了一些争议，尤其是基于该条规定推迟市镇选举第二轮投票的行为受到了学界质疑，规范意涵的模糊和随意可见一斑。

综上，预设的 3 个层次职权以一种先后顺序呈现出来，但在实践中却出现失序的状况，暴露出纯宪法解释和宪法教义学的一些局限。正如米歇尔·维尔波教授所指出的，法兰西第五共和国宪法中有关总统和总理职权的部分比较模糊，也比较混乱。[1] 宪法第 5 条作为总统职权总括条款也可能是制宪者故意留下的一些模糊之处，在后续的政治实践中很快遭到了质疑。

三、政治事实层面：单向度运行的总统职权

虽然宪法没有充分考虑文本的可塑性，但政治科学为行动者的实践和由此产生的权力逻辑提供了不同认识。宪法类似法兰西第五共和国“细胞”结构中的“细胞核”。细胞突变是不可预测的，一些细胞可能包含几个核。宪法要在共和国权力配置体系中保持自己的核心地位实属较困难的事情。正如马克斯·韦伯提出，“政治”事实中起决定性作用的是“权力的分配、维系以及转移中存在的各种利益”。[2] 必须承认的是，法国 1958 年宪法，甚至是 1962 年总统选举改革以后的宪法，并没有给总统和人民之间的金字塔关系留下多少空间。正如宪法学者多米尼克·卢梭（Dominique Rousseau）提出的一种政治学解读：“两个世纪以来，法国一直在寻求权力的平衡组织。”[3]

---

〔1〕 V. Michel Verpeaux, 《Moderniser et équilibrer les institutions de la Ve République, Premières réflexions sur 77 propositions》, *La Semaine Juridique*, éd. Générale, Doctrine, 2007, p. 204.

〔2〕 [德]马克斯·韦伯：《学术与政治：韦伯的两篇演说》，冯克利译，三联书店 1998 年版，第 55 ~ 56 页。

〔3〕 Dominique Rousseau, *La Ve République se meurt, vive la démocratie*, Odile Jacob, Paris, 2007, p. 297.

与其说这种观点是对行政和立法权力分立机制的缺乏提出的质疑，不如说是对国家权力整体配置不平衡提出的质疑：总统宪制权的运行并非如立宪者所构想的那样，可严格按照宪法文本有序运行。总统选举结果及议会选举结果的政治现状往往滋生了更多的复杂因素，极易让政治事实突破宪法规范。这在共治与非共治时期以不同样态展现了出来。但共治时期毕竟只占很少时间，国家治理大部分形态是非共治时期，总统职权运行呈现单向度模式。

（一）共治时期的规范运行

所谓"共治"，是指国民议会选举后议会多数派与总统来自不同的政治阵营。法兰西第五共和国迄今仅出现过 3 次，总时间未超过 10 年。在共治时期，总统不得不与不同的政治阵营平行分享国家权力，从而难以垂直领导。在这 3 次共治时期，总统、总理的政治阵营分别为"左右"（1986～1988 年）、"左右"（1993～1995 年）和"右左"（1997～2002 年）。[1] 3 次均为广义上的"左右"共治。在共治时期，总统作为积极仲裁者的身份逐渐消退，更多的是作为消极的宪法监督者。总理占据行政权的核心，回归宪法文本第 20 条和第 21 条所确立的行政首脑角色。总统则可以通过向议会两院递交国情咨文、提请合宪性审查、任命宪法委员会成员（3 名）及主席（第 56 条）等履行职权。但即便是在共治时期，总统依然可运用各种方法扩张权力，并影响其他机构的运行：首先，总统可要求议会重新审议法律以及拒绝签署部长会议通过的法令（第 13 条第 1 款），以此干预立法权和行政权。其次，总统可以与议会少数派联盟，阻碍政府推行法律草案的通过。最后，当总理提出修宪建议时，总统可以阻碍。例如，在第三次共治时期，时任总理的利昂内尔・若斯潘（Lionel Jospin）提出，为了批准《欧洲区域或少数民族语言宪章》而进行修宪的建议，雅克・希拉克（Jacques René Chirac）利用总统启动修宪的权力予以阻碍。

---

[1] 分别是密特朗任总统，希拉克任总理；密特朗任总统，巴拉迪尔（Edouard Balladur）任总理；希拉克任总统，若斯潘任总理。

“左右”共治现象的出现为我们清晰呈现法兰西第五共和国政体与法国政治现实之间的落差。宪法第5条的规定为“左右”共治双方搭建了缓和区域和共识基础：总统主要负责国防及外交等“专属领域”事务，总理则负责国内事务。正如李旦指出，密特朗担任总统时甚至逐渐体会到了“左右”共治对总统连任有利的事实：“当总理焦灼于就业、增长、教育、社保、治安等无解难题的时候，总统可以保持灵活机动，视情况以仲裁者、反对派、国家元首和国民代表等不同身份出面，批评内阁，博取民众的好感。”[1]

（二）非共治时期的全面参与

如前所述，共治时期极为短暂。尤其是2000年宪法修改后，总统任期由7年缩短为5年，总统选举与议会选举同步进行，共治虽不能说被杜绝了，但却很难再次出现。因此，总统的职能定位应放在非共治时期进行分析。在非共治时期，总统既能主导行政权，又获得议会多数派的支持，总理对总统负责，行政二元呈现垂直领导关系。可见，在法兰西第五共和国的多数时期，总统权力的运行极易偏离宪法字面意义上的轨道，总统从宪法监督者转变为隐性制宪者，从仲裁者转化为决策者。甚至有学者认为，总统权力的主要来源是政治力量，其次才是宪法规范。[2] 具体而言，总统的重要作用如下。

1. 制宪程序中的重要参与者

依据西耶斯提出的制宪权理论，国民作为主权者享有制定宪法的权力，共和国总统仅仅是国家机构之一，不能自我设定职权范围。然而，法兰西第五共和国总统屡屡突破这一权力边界，成为制宪和释宪主体。[3] 1962年戴

---

〔1〕 李旦：《戴高乐主义与第五共和政体——法国政治“不能承受的轻和重”？》，载《欧洲研究》2017年第4期。

〔2〕 Raymond Ferretti,《La fonction présidentielle: constantes et variantes》, *Les petites affiches*, n° 175, 2000, p.9.

〔3〕 Martial Foucault,《La constitution de la Ve république va dans le sens du président》, *Titre* Ⅶ, n° 1, 2018, p.18 -24.

高乐援用宪法第 11 条的规定，通过全民公决修改宪法以行使“仲裁者”权力，将法国总统选举模式改为直接选举。戴高乐的理由是：总统选举方式涉及公权力组织，属于其仲裁者的职权范围，借此绕开了需要议会同意的第 89 条规定的修宪程序。这也是 1958 年建国以来，议会唯一一次对政府投下了不信任案，但戴高乐很快通过解散议会、启动全民公投获得了胜利。总统选举方式的改变强化了总统的民主正当性和职权行使的权威性。在规范层面，规定宪法修改程序的条款为宪法第 89 条。[1] 启动修宪的条件有两项：一是共和国总统经总理提议；二是议会议员提议。依据第 89 条的文义解释，若总理不提议修宪或总理不同意，总统不得单独启动修宪；若总理提议，则总统不得拒绝，必须提请修宪。然而，这一文义解释在实践中通常被总统职权予以异化。总统通常通过两种形式边缘化总理和议员在修宪程序中的作用。其一，总统绕开总理和议会，独自提出修宪建议。例如，戴高乐在 1964 年通过启动全民公投程序以提请修宪。由于全民公投启动权乃总统自有权，无须总理副署，因此戴高乐通过解释宪法第 11 条而绕过了第 89 条，[2] 以维护国家的名义开启全民公投以达到修宪的目的。[3] 其二，总统提请全

---

〔1〕 宪法第 89 条规定，宪法修改的创议权同时属于共和国总统和议会成员，共和国总统行使此项创议权须根据总理的建议。宪法修改的草案或者建议案，应依照第 42 条第 3 款规定的期限和条件接受审查，应由议会两院就同一文本进行表决。宪法修改经公民投票批准后才能最终确定。如果共和国总统决定将宪法修改草案提交于议会两院联席会议，则宪法修改无须提交于公民投票。在此情况下，宪法修改草案只有获得有效选票 3/5 的多数才能被批准。议会两院联席会议的办公机构正是国民议会办公机构。任何修改程序若损害领土完整，则不得着手，也不得继续。政府的共和政体不得作为修改的对象。

〔2〕 宪法第 11 条第 1 款规定，根据政府在议会会议期间提出的，或者议会两院联合提出并发表于政府公报的建议，共和国总统可将有关公共权力机构组织的任何法律草案，有关改革国家经济、社会或者环境政策的任何法律草案，有关改革协助国家经济、社会或环境政策的公务服务部门的任何法律草案，或者有关批准不违反宪法但影响宪法制度运行的人和法律的草案，提交公民投票。

〔3〕 V. Pierre Lampué,《Le mode d'élection du président de la république et la procédure de l'article 11》, *RDP*, 1962, p. 931 et s.

民公投时，本应经政府的提议并处于议会会期，[1]但总统通过身份位阶的差异强迫后者提议全民公投，全民公投启动权成为总统完整行使的权力之一。[2]

2.“行政二元”转变为“行政一元”

在所有的国家公权力中，人民最能感受其温度的就是行政权。法式的“行政二元”与其他国家呈现了明显差异：[3]作为“政治领袖”的总统由全民直选产生，具有更强的民主正当性，总统与总理既可能是“合作者”，[4]也可能是权力位阶的“上下级”。总统权与立法权、司法权的关系也变得微妙复杂，权力制衡意图往往不能有效实现。因此，法国学界普遍认为，总统职权的功能与运行值得作进一步的反思与检讨。在反思的大背景下，权力分立原则成为一个不可忽视的测试框架。一直以来，权力分立原则被贴上“自由主义”的标签，似乎有了权力分立就是自由，没有权力分立就是专制。这可能是一种长期的误解。近年来，西方政党对国家权力配置进行了改变。如前所述，在“行政二元”体制下，总统与总理应有分工：总理负责领导政府决定并执行国家政策（宪法第 20 条）。但在非共治时期的政治现实中，总理听命于总统，垂直领导的“行政二元”本质上便是“行政一元”，行政权一体化运行成为非共治时期的政治常态：[5]

首先，总统有总理任免权并主持部长会议。依据“行政二元”体制的设计，总理应对总统的行为进行副署，以保障政府成为行政权核心。此外，宪法第 8 条的本义是由总统提名总理，并依据总理提出的辞职而免除其职务。

---

〔1〕 宪法第 11 条规定，根据政府在议会会议期间提出的，或议会两院联合提出并发表于政府公报的建议，总统才可以启动全民公投。

〔2〕 Jean Gicquel, *Droit Constitutionnel et institutions politiques*, Montchrestien, 15e édition, 1997, p. 584.

〔3〕 Julien Boudon, 《Brèves réflexions sur la dyarchie de l'exécutif en France》, *Droits*, n° 63, 2016/1, p. 215.

〔4〕 例如，2007 年时任法国总统的萨科齐在发言中称，总理弗朗索瓦·菲永（François Fillon）为“合作者”（collaborateur）。

〔5〕 Marie-Anne Cohendet, *Le président de la République*, Dalloz, 2e éd., 2012, p. 96.

但实际上，总统对该条进行了扩张解释，总统有总理的任免权，不需要总理提出辞职，这令副署权无法发挥实际作用。自戴高乐以来，总统便可在政府未受议会罢免的情况下任命新总理。例如，1962 年，戴高乐便任命乔治·让·蓬皮杜（Georges Pompidou）取代米歇尔·德勃雷成为新总理。此外，总统还负责主持每周一次的部长会议（宪法第 9 条）。在法国的行政权运行体系中，部长会议是出台政令及起草重要立法草案的权力中枢，而总统全程主导形成政府政策。此外，总统府秘书处参与每次会议日程的安排，与总理协调优先列入会议日程的事项。因此，正如部分法国学者所评论的，"执政型总统"（le président-gouvernant）已然成为法国政治生态的一大标签。[1]

其次，总统主导政府的规章制定权。依宪法第 13 条第 1 款之规定，总统有签署法令（ordonnances）和政令（décrets）的权力。尽管这两项权力原本并非总统的自有权，需要总理或部长副署，但基于相同的权力逻辑，总统依然可以主导政府的规章制定权。如 1986 年，密特朗拒绝签署 3 家有关企业私营化的法令（ordonnances），强制总理以立法草案形式向议会提交，架空了规章制定权的自主性。

最后，总统拥有对高级官员的任命权。依宪法第 13 条第 2 款、第 3 款及第 4 款之规定，总统须经部长会议任命最高行政法院成员、荣誉军团总长、大使和特使、审计法院大法官等重要职务。但因为总统事实上主导部长会议的决策过程，因此这些高级官员的任命权依然由总统独享。2008 年宪法修改时新增了第 13 条第 5 款，目的是制约不断扩张的总统任命权：对于公民权利和自由以及对国家经济和社会生活有重要影响的职务任命，需要公开征求各个议院主管常设委员会（commission permanente）的意见。如果两个议院的常设委员会有 3/5 的委员投反对票时，则总统的提名应予以否决。但这一否决条件太过严苛，在非共治时期，总统通常能获得议会多数派的支持，

[1] François Bastien, *Le régime politique de la Ve République*, La découverte, 2011, p. 69.

3/5 的门栏过高,任命权依然高度实效化。宪法文本所设计的各种监督机制,在政治现实中均被总统的政治权威所遮蔽。

3. 立法程序的主导者

在宪法规范体系中,总统既不享有普通立法的动议权,也不能干预或否决政府的立法动议权。[1] 总统只能通过总理或政府与议会产生间接关联,但宪法第 18 条所规定的"总统提出咨文"的情况除外。然而,宪法第五章赋予了政府介入立法过程的主动性,而总统在现实的政治实践中,往往利用对政府的掌控,在立法领域强加个人影响,有学者将这一现象称为"总统立法"(Président-législateur)。[2] 此外,总统还可通过行使特别会议否决权延缓立法,或者行使法律颁布权加速法案的签署过程。

首先,总统可行使特别会议否决权延缓立法。宪法第 29 条规定,"议会得依总理的请求或者依组成国民议会的议员过半数的请求,就确定的议程举行特别会议"。第 30 条规定,"除议会自行召开会议外,特别会议应依共和国总统的命令召开并宣布闭会"。制宪者确立这两个条款的初衷是赋予总理制衡议会的权力,避免议会滥用特别会议制度以扩充立法权。但自 1960 年起,戴高乐便将宣告会议召开的权力扩大解释为可以否决会议召开的权力(droit de veto),并以此形成事实上的特别会议否决权并沿袭至今。学界普遍认为,总统滥用第 30 条、忽略第 29 条的做法属于不适当的自我赋权,使总统可跨过总理和政府直接对立法权进行干预,在实践中客观地造成了部分立法的延缓。[3]

其次,总统行使法律颁布权加速法案的签署过程。宪法第 10 条规定:

---

[1] Marie-Anne Cohendet, *Le président de la République*, Dalloz, 2e éd., 2012, p. 94.

[2] Jean Gicquel, *Droit constitutionnel et institutions politiques*, Montchrestien 1993, 12e édition p. 590; Philippe Ardant, *Institutions politiques et droit constitutionnel*, LGDJ, 6e édition, 1994, p. 493.

[3] V. Anne Levade, 《Les nouveaux équilibres de la Ve République》, *RFDC*, n° 82, 2010, p. 227; Arial Vidal-Naquet, 《Un président de la République plus encadré》, *JCP*, 2008, I. 17.

“共和国总统应在最终表决通过的法律移送至政府之日起十五日内予以公布。在上述期限届满前，共和国总统可请求国会重新审议该法律或者其部分条文。国会不能拒绝此项请求。”这一法律期间的设定初衷是保障总统的“监督者”及“仲裁者”职能。作为宪法监督者，总统可依宪法第61条之规定就议会已通过并提交的相关法律（或法律条款）申请进行合宪性审查，其他有权提起合宪性审查的主体（如总理、两院议长或60名以上的议员）也可在这一期间提出申请。而作为仲裁者，如果议会通过了社会争议较大，立法、行政、司法机构之间意见不统一的立法草案，或议会涉嫌违反宪法第37条侵入行政立法领域的立法草案，总统也可请求国会重新审议该法律或者其部分条文。国会不能拒绝此项请求。但在现实的政治实践中，总统可能滥用法律颁布权，尤其是加速法案签署过程以避免议员向宪法委员会提请合宪性审查。虽然运用得不多，但这一可能性依然存在。[1]

（三）责任体系乏力

1. 制宪者的初心：总统无责任

依制宪者的最初设想，总统既不直接参与行政管理（宪法第21条），也不具有立法动议权（宪法第39条）。因此，除叛国行为外，共和国总统在履职时无须承担因职权行使而产生的法律责任（宪法第68条）。仅就文本的法律精神而言，制宪者遵循了“无权力无责任”的平衡原则。但如前所述，总统权力不断扩张的政治现实让原先所构想的责任体系变得苍白薄弱，这些额外扩张的权力在宪法文本中并没有相应的责任附加。[2] 理论上，对总统的政治问责可在民主机制下以选举失利或受到弹劾的形式予以体现，但在政治实践中依然困难重重：一方面，总统的政治责任往往转化为政府责任，尤其是当总统的竞选纲领转化为国家政策时，如果出现归咎情形，则往往由

[1] Marie-Anne Cohendet, *Le président de la République*, Dalloz, 2ᵉ éd. ,2012, p. 95.

[2] B. Branchet, *Contribution à l'étude de la Constitution de* 1958. *Le Contreseing et le régime politique de la Vᵉ République*, LGDJ,1999, préf. De S. Rials.

总理根据宪法第49条的规定对国民议会负责。[1] 如1962年的蓬皮杜政府、2005年的让－皮埃尔·拉法兰(Jean-Pierre Raffarin)政府和2014年的让－马克·埃罗(Jean-Marc Ayrault)政府。另一方面，法式的总统弹劾机制(宪法第68条)也颇为严苛，极难启动。总统应有“与职权明显不符的重大过错”，且两个议院均应达到2/3以上的多数票同意(2014年11月24日组织法才确立这一程序细则)方可对总统提起控告，由两院全体组成的特别高等法院进行审判。

2. 宪法委员会监督不力

在宪法规范层面，宪法委员会可在多个方面对总统权力形成制约和监督，如监督总统选举的合法性(宪法第58条)、决定总统临时权力的替代问题(宪法第7条)、为总统特别权力的行使提供咨询(宪法第16条、第52条、第53条、第54条)以及在紧急状态下监督总统特别权力的行使(宪法第16条)。但在政治事实层面，宪法委员会与总统有千丝万缕的联系，尤其是总统有权任命宪法委员会主席和3名宪法委员会委员，卸任后的总统自然进入宪法委员会。一言以蔽之，政治任命在很大程度上影响了宪法委员会的中立性和权威性。以立法权和规章制定权的权限划分为例，宪法第34条及第37条对议会立法权及政府规章制定权进行了明确划分，其中，第34条以列举的方式明确3大项、16类事项为立法保留事项，第37条则与第34条相衔接，规定除立法事项外的事项均属于行政立法权限。为避免权力僭越，宪法委员会拥有最终解释权，以保障权力分立原则得以严格遵循。在早期，宪法委员会更倾斜于立法权，希望强化议会立法以制衡行政权在政治生活中的恣意主导。如在1982年7月30日“冻结价格与收入”的经典判例中，宪法委员会便对立法权侵入行政规章领域保持了较高的容忍度。[2] 但此后，因总

---

[1] 宪法第49条第1款规定，经部长会议审议后，总理向国民议会承担对政府计划或一般政策宣言的政府责任。

[2] Cons. const., 30 juillet 1982, Blocage des prix et des revenus, déc. n° 82－143 DC.

统权力的不断扩张,宪法委员会的立场也逐渐偏向政府的规章制定权。例如,在2009年4月9日对于议会工作组织法草案的合宪性审查中,宪法委员会认为,该组织法草案第8条的最后1款违宪。违宪条款规定,政府在向议会递交法律草案时需一并明确该立法适用条例的出台日期。宪法委员会认为,该条款蕴含对行政权的指令(injonction),侵犯了议会立法与行政立法范围背后隐藏的议会与政府的权限划分规则,也对总统和总理基于宪法所享有的签署法令权和规章制定权造成了干预。[1] 可以看出,宪法委员会的立场正发生微妙变化,背离了2008年宪法修改中强化议会监督的目标。这也引发了一些批评,如部分学者认为,2009年的判例对权力分立原则进行了过度解释。[2]

3. 个人责任探讨的缺失

至于法国总统的个人责任问题,原先学界几乎未曾论及。直至2007年2月23日的宪法性法律颁布,对总统的个人行为方可问责,但应在其卸任后。总统履职期间,一切诉讼期间(Prescription)和权利逾期(Forclusion)计算暂停。例如,希拉克于2007年5月卸任,案件于2007年7月开始审理,4年后获刑。萨科齐亦曾经多次被指控,如2013年3月接受政治献金(affaire Bettencourt)、2014年7月对他人侵犯职业秘密的行为予以包庇(affaire Azibert)、2016年2月非法资助选举(affaire Bygmalio)。卸任后,经过突击搜查和电话监控,最后以15小时拘留告终。萨科齐成为法国历史上首位卸任后获实刑的总统。[3] 总体而言,针对总统个人的责任体系依然比较乏力。

四、未竟的改革:宪法规范与政治事实难以调和

在法国学界看来,形塑权责对称的总统权,实现规范与事实的调和,这

---

〔1〕 载法国宪法委员会官网,https://www.conseil-constitutionnel.fr/decision/2009/2009579DC.htm,Cons. 16。

〔2〕 Anne-Marie Le Pourhiet,《Le juge, l'arbitre, la capitaine》, *Les petites affiches*, n° 119, 2009, p.7.

〔3〕 2021年3月1日法国刑事法庭判决萨科齐"腐败"和"以权谋私"罪名成立,判处有期徒刑3年,包括2年缓刑、1年实刑。

也成为法国总统制后续改革的目标。但正是由于总统大选利用普选这一工具,法兰西第五共和国历史上出现了宪法第 11 条如何适用的混乱。[1]

(一)前置分析:普选与权力合法性的关系

首先,对总统职权的不确定性在政治学层面的反思,聚焦共和国总统的普选本身是否能保证国家元首的政治正当性。在普选下召集选民,成为戴高乐建立一种新的政治文化的机会。这种体制安排结束了法兰西第三和第四共和国一直坚持的代表制,打破了“公民社会”和“政治社会”之间的分离,法兰西第五共和国通过确认总统权力,让总统与人民建立直接但不是永久的联系。通过这一改革,戴高乐抛弃了早期制宪者的共和文化,其更倾向一种制度上的相对主义(relativisme institutionnel),这种相对主义反映一个民族在其历史上某个时刻的愿望,而不是长久的制度文化传统。法国 1958 年宪法对立宪主义者来说可能是一项妥协,其确立了以国家为核心的政治制度模式,更具体地说,是通过总统权力加强中央国家体制。戴高乐担心,国家在第二次世界大战和阿尔及利亚战争等特殊事件的影响下再次崩溃,于是重新建立了一种由人民直接合法化的国家权力,而不是同以前一样,即通过议员作为人民代表予以合法化。如此,法兰西第五共和国强化了国家的统一、权威和仲裁。普选的模式改变了国家代表制传统,呼唤人民直接出场,缩短了个体意志与国家权力之间的传导距离。

其次,通过召集“公民—选民”(citoyens-électeurs)投票选举总统,同时也进行议员选举,法国在发达国家中创设了一个前所未有的局面,即总统多数派和议会多数席位共存,伴随自 20 世纪 60 年代以来的高投票率(1965 年以来平均为 80%),在“左右”共治、经济和社会危机、恐怖主义袭击的情况下,法兰西第五共和国显示了其韧性。2002 年以来,议会多数派不可能系统性地反对总统的计划。如果在行政和立法权力之间真正实行权力分立与

---

〔1〕 Dominique Rousseau, *La Ve République se meurt*, *vive la démocratie*, Odile Jacob, Paris, 2007, p. 176.

制衡的原则，“议会多数—总统多数”的对立也不再可能产生难以协调的问题。法国人民对政治的不信任危机部分来自这一政治制度的架构。但是，法国 1958 年宪法并不是建立在选举民主基础上的；相反，它优先考虑国家捍卫公共利益的至上性，因而具有正当性。法国 1958 年宪法希望总统能超越政党利益，也就是超越其政党的意识形态界限。作为法兰西第五共和国的基石，普选的力量是否包含了该政权总统制的萌芽？法国政治机构过去 60 余年的政治史确立了共和国总统的形象，但也加剧了其他国家机关与行政部门之间的不平衡。对于“谁有权制定法律和治理国家”这一问题，答案当然是国家元首。

不难看出，总统权的扩张与制宪者理想图景中的总统职能定位存在明显差别，这加剧了宪法权力配置结构的不平衡，与民主原则不符，改革俨然已成为必选项。对此，两条改革进路泾渭分明：要么削减总统职权回归文本，要么对现有实践进行宪法化。[1] 大多数法国宪法学者同意第一种观点，希望总统权力回归宪法文本所设定的框架，强化总理的执政权。正如宪法设计者之一的米歇尔·德勃雷所说的，总统才是法兰西第五共和国法治国建设的“拱顶石”，[2]任凭如此重要的总统身份一直走在十字路口，将极大地影响法国法治秩序的统一。[3]

（二）回归立宪原意：议会制的改革设想与局限

1. 确认仲裁型总统身份

在全民直选、获得议会选举多数派的支持等多种政治事实要素的叠加之下，制约机制不足、自我扩权的意图明显，法国总统宪制权的运行呈现不

---

〔1〕 Marie-Anne Cohendet, *Le président de la République*, Dalloz, 2e éd., 2012, p. 168 – 177.

〔2〕 米歇尔·德勃雷于 1958 年 8 月 27 日在最高行政法院发表的演讲中提道：“如果允许我借用建筑比喻，第五共和国是新型议会制国家，是新建的共同体，需要拱顶石。这一拱顶石就是总统。”Bartolone C. et Winock M., *Refaire la démocratie*, Thierry Marchaise, 2016, p. 75.

〔3〕 Marie-Claire Ponthoreau,《Le président de la République. Une fonction à la croisée des chemins》, *Pouvoirs*, n° 99, 2001/4, p. 33 – 44.

确定性，打破了国家权力体系的平衡，背离了宪法第 5 条所设置的总统居中裁判功能，这在法国学界已是共识。[1] 因此，宪法发挥其国家权力体系总章程的功能，并积极调试。法国 1958 年宪法至今已经经历了 24 次修改，其中，6 次修改都直接或间接与总统职权有关：1962 年总统选举方式的改革问题（改为直接选举）、1976 年总统选举过程中规则的修改问题、1999 年刑事法庭的管辖权问题、2000 年总统的任期制改革问题（从 7 年任期改为 5 年任期）、2007 年关于总统弹劾的问题，以及 2008 年关于机构现代化的问题。以新近的机构现代化改革为例，修宪的目的是强化议会作用，使议会独立于总统，强化总理的作用，使总理独立于议会等，以此达到新的平衡。[2] 但改革的收效有限，所有有关的宪法修改都没有清楚地回答：在国家权力谱系中，国家元首应该是“仲裁型总统”（Présidence arbitraire）还是“执政型总统”（Présidence gouvernante）？[3]

2. 回归仲裁型总统身份的可能性变大

近年来，执政型总统越发受到民众的怀疑，国家机构的运作疲于应对新近不断变化的民主需求，尤其是由于“黄马甲运动”的发酵，马克龙经历了从政坛“黑马”到民众要求下台的“过山车”。传统政党在 2017 年的一次总统大选中出局，这也说明法国社会更加分裂、利益诉求更加多元，总统很难拥有民众长期的信任。近年来，正如政治观察家指出的那样，法国社会分化，总统的代表性受到质疑，民众对总统的期望值下降。[4] 以极右翼国民阵线候选人让 - 玛丽 · 勒庞（Jean-Marie Le Pen）和玛丽娜 · 勒庞（Marine Le Pen）父女先后进入总统大选第二轮为例，在 2002 年法国总统大选中，让 -

---

〔1〕 Marie-Claire Ponthoreau,《Le président de la République. Une fonction à la croisée des chemins》, *Pouvoirs*, n° 99, 2001/4, p. 33.

〔2〕 Julie Benetti,《Le mythe de la Sixième République》, *Pouvoirs*, n° 3, 2018, p. 142.

〔3〕 Jean-Félix Bujadoux,《Présidence arbitralre ou présidence gouvernante, aux sources d'une vieille querelle républicaine》, *Les petites affiches*, n° 239, 2016, p. 8.

〔4〕 参见李旦：《戴高乐主义与第五共和政体——法国政治“不能承受的轻和重”？》，载《欧洲研究》2017 年第 4 期。

玛丽·勒庞第一次闯入第二轮,当时社会民众的价值观还比较一致,对其保持警惕,左翼政党如社会党均转而支持右翼候选人希拉克,绝大多数法国民众无法想象共和国总统这一崇高职务由极右翼候选人担任,但其后两任总统萨科齐、奥朗德,让法国民众对总统的期望值持续走低。在法国政坛上,国民阵线已不是一种新现象,也不再是敏感话题。2017 年总统大选第一轮的结果是自由派左翼(中间派)、极右翼、传统右翼和极左翼四分天下。极右翼玛丽娜·勒庞进入第二轮,其在第二轮的得票率为 33.90%,这意味着有超过 1/3 的法国人认为,勒庞这样的极右翼政客具备了担任共和国总统的条件和资格。通过对以上政治事实的观察可以发现,强人政治突破宪法规范的条件不再成熟,总统作为国家机构应回归立宪原意。因此,总统回归仲裁者身份,退出行政权第一场域已是大势所趋。法国已不存在类似戴高乐时代民众信仰强人政治的社会文化。

3. 明晰总统与总理的权力和责任

"强总统、弱总理"已成为法国政治体制的一大特征。尤其是在更常态化的非共治时期,总统可以随意撤换总理(宪法第 8 条),而无须考虑国民议会的意见。[1] 行政二元制的宪制框架受到严峻挑战。因此,在回归制宪原意的基础上,需要宪法进一步明晰总统与总理的权责界限,在确认总统主导地位的同时,保持总理的适度独立性及对行政决策的决定权。具体而言:[2] 首先,有人主张修改宪法第 20 条,总统不应再主持部长会议,改由总理主持并由政府向议会负责。其次,遵循平等武装原则,总理应分享解散议会的权力。如前所述,议会可以倒阁,欧洲其他议会制国家的宪法体制也均允许政府对等解散议会,由此保持机构权力的平衡。因此,总统与总理应共享解散

---

〔1〕 Julien Boudon,《Brèves réflexions sur la dyarchie de l'exécutif en France》, *Droits*, n° 63, 2016/1, p. 215 – 224.

〔2〕 André Roux,《La clarification des pouvoirs au sein de l'exécutif》, *Revue Politique et Parlementaire*, n° 1045, Octobre/Décembre 2007, p. 21.

议会的权力，这既符合法国宪制改革的学理，也符合欧陆各国的惯例，议会多数派将在政治实践中更多地配合总理工作。最后，总统应主要作为国家公共利益的代表，着力加强外交和国防。宪法第 20 条应将"总理负责国防"的职权改为"执行"总统的决策。[1] 需要特别指出的是，为避免出现共治时期总统和总理的平行竞争关系，总理的产生模式也应作相应修改：议会选举可以在总统大选之前举行，由胜出的议会多数党党魁担任总理，而不再是目前宪法所规定的由总统任命总理。如果总统权已经开始实际影响行政权和立法权，那么其他国家权力机构的独立性必然受到损害。也正因如此，我们试图重返宪法文本规定的总统的职能定位，这也是实现国家机构再平衡的核心要素。奥里乌曾指出，所有社会秩序内在的力量本可以实现某种平衡，但实际上却遭遇激烈的大变革。[2] 重返国家机构的平衡需要满足一个首要条件：宪法是现代政治社会权力组织的形式。

(三)强总统模式下的权力平衡努力

面对自 1962 年以来总统权力不断增强的政治事实，另一种改革路径在于对"执政型总统"进行确认，以间接承认政治事实的规范力。

1. 加强议会对总统的制衡

议会与总统的民主正当性均源自人民的直接选举，但总统凭借其对行政权的掌握可对议会进行干预，而议会却缺乏有效监督总统权的制度。2007 年巴拉迪尔在宪法修改报告中曾建议，调整总统大选与国民议会的选举顺序，但未获采纳。从加强议会对总统制衡的角度看，这一建议犹未过时。议会选举在前，总统大选在后，则总统候选人必须获得议会多数党的支持才能获选，总统竞选纲领也不得不趋同议会多数党。这一选举方式的改革将多数派当选红利更多地归于立法机构，可以保证先产生议会多数党，并

---

[1] E. Balladur, *Une Ve République plus démocratique*, Fayard-la documentation française, 2008, p. 236.

[2] Maurice Hauriou, *Précis de droit constitutionnel*, Sirey, 1929, p. 293 – 294.

有可预期的对议会负责的总理人选。议会也能有更大机会获得独立于总统的地位，进而对总统的各项权力形成有力制衡。

此外，也有学者建议修改宪法第18条，总统在议会发言时可进行讨论并投票。[1] 现行宪法第18条是2008年宪法修改时确立的，新增了"总统可以在议会发言"的条款，从而打破了"总统不进议会"的共和国传统，[2]这也符合民主政治发展的需要。在阿道夫·梯也尔(Adolphe Thiers)主政时期，不允许总统进议会主要是为了屏蔽总统的个人影响，以保证议会立法的民主性。民主政治进步伴随舆论监督高效发展，强化议会监督应该要求总统主动到议会阐释制定国家政策的用意及目的，确保公共生活的透明性。然而，2008年宪法修改时，为了践行权力分立原则，议会并不能对总统的发言进行投票表决。如此修改后，议会监督的力度依然很弱，无法产生实质性影响。以欧盟事务为例，总统主导的欧盟事务政策必须得到更好的监督。法国总统在欧盟理事会的立场很难被公众知晓，其对所主导的欧盟政策执行状况也不负政治责任。总统和政府只在极少数情况下与国民议会协商有关欧盟事务的决策，例如，2015年7月8日和15日国民议会两次组织讨论有关希腊债务危机的事宜，时任总理瓦尔斯发表演说，国民议员的意见和7月15日投票通过的希腊纾困协议对欧盟政策产生了重要影响，代表了一定的进步。但行政权决策过程的透明度仍然存在三大局限：首先，责任主体不明。总理在国民议会进行政策阐释，而总统是实际主导人。其次，2015年7月8日的

---

〔1〕 V. Mustapha Afroukh,《La portée du nouveau droit de message à la lumière de la déclaration du président de la République au congrès du 22 juin 2009》, *RFDC*, n° 3, 2011, p. 18 – 20.

〔2〕 1873年3月13日《布罗依法》(loi de Broglie)为对抗阿道夫·梯也尔总统而设立著名的"中国式礼仪"(cérémonial chinois)。1875年7月16日宪法性法律走得更远了。该法律禁止国家元首进入议会，"国家元首只得通过咨文与议会联系，咨文在议会里宣读"。自此，这样的做法便一直未曾改变。1946年及1958年宪法接受了这一严格的权力分立理念，总统在2008年之前均以国情咨文的书面形式与议会进行交流。然而，这样的方式已经逐渐不能适应民主监督的诉求，尤其是在媒体高度发达的21世纪，议员所代表的选民高度关注国家政治生活，希望总统能直接阐明政策，并对其进行一定程度的制约。

讨论没有设置投票程序,国民议会不能清晰地表达自己的意愿,也不能对总统授权,国民议员只能进行事后确认,不能对政策产生实际影响。最后,希腊债务危机已经迫在眉睫才组织讨论,已非常局促。如果在决策过程前期组织或在过程中有规律地组织国民议会讨论,则更有利于议会监督。因此,建议未来在有关欧盟政策的形成中,总统可以在提交欧盟理事会之前,在国民议会以问答形式进行说明,由国民议会对政策草案进行投票,使国民议会投票成为议员民主监督总统权的重要方式。

2. 确立总统的责任体系,强化宪法委员会的监督

法国总统的弹劾门槛过高,容易推卸政治责任,责任体系极为薄弱。在美国,弹劾总统仅需要66名众议员同意即可启动,而在法国,议会两院均需要达到2/3的多数同意票。此外,2014年才颁布的关于适用宪法第68条的组织法虽在一定程度上细化了弹劾程序,但依然存在不确定之处。[1] 例如,总统在被议会弹劾期间可否行使解散议会的权力?因此,明晰组织法、激活弹劾机制已成为当务之急。但从目前而言,法国学界仅是达成共识,远未形成可操作的改革方案。对此,安德烈·鲁(André Roux)教授援引了马克斯·韦伯的名言——“国家领袖的责任是一种完整的个人责任,不能否认,也不能推卸给他人”。[2]

就宪法委员会的监督而言,有学者对60年来的5000多个宪法委员会宪法判决进行了分类:[3]第一类主要涉及立法的合宪性审查;第二类涉及选举诉讼;第三类主要涉及制度的良好运行。涉及总统职权运行的宪法判例极少,这足以证明宪法委员会对总统权的监督极为乏力。因此,强化宪法委员

---

〔1〕 Sophie Hutier, 《La procédure de destitution du Président de la République n'est toujours pas applicable》, *RFDC*, n° 102, avril-juin 2015, p. 492.

〔2〕 Max Weber, 《Le métier de politique》, in Le savant et le politique, Paris, UGE, coll. 10/18, 1959, p. 129. Cité par André Roux.

〔3〕 Guillaume Drago, 《les differents types de contentieux ou 5000 décisions en 60 ans》, *Les nouveaux cahiers du conseil constitutionnel*, n° 58, 2018, p. 7.

会的监督势在必行。2018 年在马克龙的主导下，政府以“为了一种更具代表性、更负责任和更有效率的民主”为名向国民议会提出修宪草案（Projet de lois constitutionnelles pour une démocratie plus représentative, responsable et efficace）。[1] 其中，涉及宪法委员会的有以下几项重要建议：第一，应阻隔总统对宪法委员会的人事任命权。宪法委员会主席及成员不应由总统指定，可考虑通过遴选产生。同时，该草案第 10 条建议修改宪法第 56 条，卸任后的总统不再进入宪法委员会成为“当然委员”。第二，降低合宪性审查启动的门槛。该草案第 11 条建议修改宪法第 54 条，将“60 名议员可联名向宪法委员会提起违宪审查”改为“40 名议员可联名向宪法委员会提起违宪审查”，[2] 以强化民主监督，尤其是保证议会少数派对总统权进行制衡。为实现自己的竞选承诺，马克龙作为国家元首围绕修宪的逻辑目标更加负责和有效地推动了民主立法工作，但却没有提供一个宪法制衡机制，使这些改革建议反而增加了一种为总统制辩护的色彩。因此，可以看出，在总统职权的问题上，宪法实施存在一种僵局，这既是民主的僵局，也是代表制的僵局。前文提到的总统普选的优点，加上薄弱的组织制衡，给国家元首赋予了一种“超级合法性”，这成为许多误解的根源。法国 1958 年宪法从根本上明确了从被统治者民主（démocratie gouvernée）向统治型民主（démocratie gouvernante）过渡的困难，这究竟是法国的一个特点，还是所有自由民主国家的共同命运？

五、政治事实并非“必要的恶”

一直以来，宪法规范与政治事实的关系均是宪法学塑造自身学科的核

---

〔1〕《Projet de loi constitutionnelle pour une démocratie plus représentative, responsable et efficace》, [http://www.assemblee-nationale.fr/dyn/15/textes/l15b0911_projet-loi]. Consulté le 17 août 2021.

〔2〕《Projet de loi constitutionnelle pour une démocratie plus représentative, responsable et efficace》, [http://www.assemblee-nationale.fr/dyn/15/textes/l15b0911_projet-loi]. Consulté le 17 août 2021.

心命题。一方面，宪法是“政治法”，对国家治理的核心权力——政治决策权进行法律规制，所以宪法与其他部门法相比，具有更突出和直接的“政治相关性”。〔1〕 正如法学家杜瓦杰在其著作《政治制度》（*Political Institutions*）中回忆道，图尔戈（Turgot）对路易十六说：“陛下，您的王国没有宪法。”但此处，图尔戈并不是说法国没有政治机构，而是指“这些机构没有协调、相互联系或组织”的原则。〔2〕 法国1958年宪法在很大程度上对这种协调不足作出了反应，促成了共和国总统领导行政管理的垂直制度，规定了总统主导部长会议议程的节奏，并有权在不经总理和负责部长同意的情况下行使权力（宪法第19条）。总统可在必要时强制仲裁不同机构之间的争议，并有作为仲裁员的宪法法律基础（宪法第5条）。另一方面，宪法规范为政治规定了权限和主体，但在法律规定的权限范围内，政治仍有广泛的裁量范围和存在的余地。

正如戴高乐在1964年1月31日的记者招待会演讲中所指出的，“宪法是一种精神，一系列制度和一项实践”（une constitution，c'est un esprit，des institutions，une pratique）。这一对宪法的定义预示了此后60多年对总统身份进行不同解释的可能。从精神层面而言，法兰西第三、第四共和国传统塑造了第五共和国议会制的底色；在制度设置层面，总统和总理分享行政权，总统的权力代表人民利益，经由1964年直接选举改革后在三权中具有极强的民主正当性。从实践来看，总统在国家治理中有最优势的决策地位，全面影响行政、立法、司法权力的运行，成为真正的实权国家元首。虽然法国学界和政界对于如何定义法兰西第五共和国存在较大分歧，〔3〕但都认同目前

〔1〕 参见李忠夏：《宪法与政治关系的时代命题——中国“政治宪法学”的解读与评析》，载《中国法律评论》2016年第1期。

〔2〕 Maurice Duverger, *Institutions politiques et droit constitutionnel*, Presses Universitaires de France, Paris, 1968, cité par Martial Foucault, 《La constitution de la Ve république va dans le sens du président》, *Titre* Ⅶ, n° 1, 2018, p. 23.

〔3〕 Georgitsi Evangelia. 《La spécificité de la Ve République et les classifications: une opposition fausse》, *RFDC*, n° 3, 2010, p. 543.

总统权力在运行中存有损害民主机制的潜在危机。[1] 2008 年宪法修改时对此进行了修正,但并未完全纠正失衡的状态,而 2018 年宪法修改草案中断,未能如期进行。的确,宪法真正的韧性同样取决于使之成为现实的政治行动者,取决于其在国内与国际背景下进行有效治理的技艺。法兰西第五共和国制宪者勾勒出了法国政治制度的轮廓。但伴随政治事实的变迁,法国 1958 年宪法本身难以评估 60 余年后生效的政治制度的性质。法国左派政党近年来一直以第六共和国作为标签,表达对现存宪法的不满,认真对待总统职能定位的研究仍然在路上。我国目前对法国政体的研究大量以半总统制为标签,且多聚集在政治学领域,侧重对政治事实的描述。本书希望通过对总统职权的分析,对国内既有关于法国政治制度研究的促进有所贡献,更重要的是,对宪法学研究方法本身如何安放政治事实有所回应。正如有学者所言,政治并非“必要的恶”,而是像“法的精神”一样深植于共同体的各种可能的关系中,它是生活方式的体现。[2] 当下,宪法学研究方法可以多元并行,重新审视社会转型中的不同利益诉求,并在法律制度层面予以回应。

---

〔1〕 Bartolone C. et Winock M. , op. cit. , p. 111.

〔2〕 张旭:《孟德斯鸠政体理论中的古典“政治”意涵》,载《政治思想史》2021 年第 3 期。

第六章
宪法委员会:新型国家权力的确认方式

一、宪法委员会:一种新的司法权

宪法委员会是否是一种新型的司法权?从 1958 年设立至今,宪法委员会经历了"对准议会的一门大炮"到"公权力机构的协调者""公民权利的保障者"等多重身份,近年来亦有新的学术观点认为,宪法委员会是真正的法院。根据组织科学的规律,任何机构的发展均存在扩大其权力、特权、财政来源的自然倾向,宪法委员会也没有偏离这一规律,其主要通过三大因素促进自身的发展:第一大因素是宪法改革,逐步扩大其职权。第一次强化得益于 1974 年宪法改革,扩展了提请权主体;其后,2010 年以来,通过合宪性问题优先移送程序得以再次强化。第二大因素是政治大环境的变迁。1981 ~2012 年法国经历了几次权力交替(1981 年、1986 年、1993 年、1997 年、2012 年),左派、右派政策更迭:国有化与私有化的争议(nationalisations v.

privatisations),[1]媒体自由还是加强媒体监管,[2]有关公共广播频道负责人的任命问题,刑事政策、公共服务义务与思想自由的碰撞,预防与惩罚的调和等,都由宪法委员会通过法律进行政治冲突的协调,政治问题法律化将宪法委员会推向了社会中心,并以此获得了威信。第三大因素源于宪法委员会在最高行政法院和最高法院判例的基础上发展审查技术,确立审查基准并进行宪法规范解释,进而建立有实效性的判例法。宪法委员会尤其借鉴了行政法院进行合法性审查的经验,为宪法判例的论证以及如何使宪法判例获得行政机关的接受和适用作了铺垫,而普通司法法院确认的一般法律原则也可经宪法委员会确认后上升为宪法性原则。

应该说,宪法委员会的产生和发展改变了法国国家机构的运行轨道,宪法委员会也逐步确立了其司法性质,但仍然没有改变法国传统的权力配置原则。首先,论述宪法委员会如何确定机构的权威,学界如何为宪法委员会的早期发展助力。其次,关注宪法委员会判决的效力问题。宪法委员会判例呈现了明显的类型化趋势,在对立法的合宪性审查中,宪法委员会的职权与立法权和行政权的运行发生了碰撞,通过不断调适以实现国家机构的平衡。最后,在判例法的积累下,宪法委员会确立了独特的权力运行模式。伴随 2008 年宪法修改引入事后审查模式,宪法委员会开始更密集地与最高法院和最高行政法院进行交流,促进法官间进行对话,影响了学界和法官对法律的解释和理解。自成一派的判例法对司法权运行造成了新的影响,但并未改变司法权威原则。

二、宪法委员会正当性的形成:学界的作用

欧洲模式下的宪法审查机构在第二次世界大战后开始逐渐发展,与传

---

[1] Cons. const., n° 81 - 132 DC, 16 janvier 1982, Nationalisations, Rec. 18; n° 86 - 207 DC, 25 et26 juin 1986, Privatisations, Rec. 61.

[2] Cons. const., n° 84 - 181 DC, 10 et 11 octobre 1984, Entreprises de presse, Rec. 73; n° 86 - 210 DC, 29 juillet 1986, Régime juridique de la presse, Rec. 110.

统的立法、司法、行政机构相比为后发机构，身份正当性存在从理念到现实的逐步确认过程。法国宪法委员会从诞生之初就与学界有密切关系，学界为机构提供智识上的支持。尤其值得一提的是，历任宪法委员会成员中有几位宪法学和政治学学者充当了学界和宪法委员会之间的桥梁，如马塞尔·马利纳(Marcel Waline)、乔治·韦德尔、弗朗索瓦·卢凯尔、罗伯特·巴丹特(Robert Badinter)、雅克·罗伯特(Jacques Robert)、妮可·贝鲁贝(Nicole Belloubet)等。通过他们的学者型思维论证，宪法审理中的问题得以更加提炼。[1] 宪法学说通过宪法解释者的运用，影响了宪法实施。学说虽没有法律效力，但也可以作用于宪法委员会审理案件的过程中，参与判决的形成。无论是宪法委员会还是学界，均定期组织研讨会进行思想和意见的交流。其中，有两项文献可以成为论据来源：一是几位宪法学者整理的1958~1986年宪法委员会的审议工作情况(Les grandes délibérations du Conseil constitutionnel, 1958－1986)；二是宪法委员会网站上公布判决所附加的官方评论(Les commentaires officiels)。

几位宪法学者整理了1958~1986年宪法委员会的审议工作情况并公开发表。[2] 得益于探究集体讨论工作，可以深入了解宪法委员会作出主要决定的辩论和交流情况，并研究该机构的运作程序，从而观察学术观点在宪法法官的推理和观点的形成中发挥的重要作用。目前的资料显示，在1958~1986年的373次审议工作会中，参与会议的法官约40次明确提及某学术观点，以促进更好地理解某一宪法概念。此外，依据宪法委员会各项决定的官方评论(Commentaires)进行分析，宪法委员会秘书处利用这一平台解释法官

---

〔1〕 Georges Vedel,《Doctrine et jurisprudence constitutionnelles》, *RDP*, 1－1989, p. 11 et s. V. D. Rousseau, *Sur le Conseil constitutionnel. La doctrine Badinter et la démocratie*, Descartes & CIE, Paris, 1997, p. 198.

〔2〕 B. Mathieu, J.-P. Machelon, F. Mélin-Soucramanien, D. Rousseau, X. Philippe, *Les grandes délibérations du Conseil constitutionnel*, 1958－1986, Dalloz, 2e éd., 2014.

的决定和推理过程。[1] 学界与宪法委员会关系的相互影响分为两个阶段:第一个阶段是1958年至20世纪90年代初期,这个阶段学术观点具备证成宪法委员会功能和正当性的作用;第二个阶段是20世纪90年代初至今,在这个时期,宪法委员会的判决逐渐形成风格并开始影响学者。此外,当宪法委员会为了尽可能更好地履行其职责而不得不使用一些审查技术时,学界的努力也值得被确认。

(一)宪法委员会:司法性质的证成

法国宪法委员会成立的头30年左右(1958年至20世纪90年代初期),法学界在宪法委员会判例法建构中发挥了重要作用。尤其在决定有关宪法委员会的性质和作用的问题时,这种影响似乎是决定性的;正如欧洲许多宪法法院一样,法国宪法委员会成立初期遭遇对其机构性质、作用以及因此而产生的合法性的疑问。宪法委员会融入法国既有的法律体系得到了学界的支持,以证成其审查立法合宪性的身份正当性。例如,宪法委员会到底是不是专门法院,其判决的性质为何曾遭到多种质疑。而几位学者公开发表的论文证成了宪法委员会的司法性质,法沃赫1967年发表《宪法委员会:公权力机构规范活动的规制者》(*Le Conseil constitutionnel régulateur de l'activité normative des pouvoirs publics*)一文;[2]乔治·韦德尔强调了宪法委员会判决的既判力并从中推理出机构的司法性质;马塞尔·普罗特则强调了宪法委员会与其他外国法院相比的独特性,同时承认其作为法院的机构性质。同一时期,马塞尔·马利纳、勒内·卡森(René Cassin)和弗朗索瓦·卢凯尔3位法学教授均供职于宪法委员会,也对宪法委员会判例效力的形成和认可作出了重要贡献。据文献记载,1968年9月19日和10月17日,宪法委员会均开展了有关机构性质的讨论,部分成员援引了杜瓦杰的学术观点,更倾向

---

〔1〕 宪法委员会网站上每个决定(Décision)都会附加官方评论(Commentaire)。

〔2〕 L. Favoreu,《Le Conseil constitutionnel régulateur de l'activité normative des pouvoirs publics》, *RDP*, 1967, p.5 –120.

将其定性为政治机构而非司法机构。时任宪法法官的马塞尔·马利纳据理力争,“认为宪法第62条第2款规定‘宪法委员会的裁决,不得上诉,并对公权机关和所有的行政机关、司法机关具有拘束力’,实际上赋予了宪法委员会司法性质,其判决具有既判力”。此后,为了强化宪法委员会的司法性质,宪法学界开始编撰《宪法委员会重要判例选集》(*Grandes décisions du Conseil constitutionnel*)一书,马塞尔·马利纳法官在该书第1版(1975年)序言中再次详细阐述其司法性质并扬弃。[1] 宪法委员会后续的发展也证明了其力主的观点,逐渐向宪法法院过渡,同时也对立法者形成了约束。宪法委员会的角色也发生了变迁,从“公权力机构的规制者”变成了“基本权利和自由的捍卫者”。1971年7月16日“结社自由案”实现了宪法委员会角色的转变,这一时期宪法法官弗朗索瓦·卢凯尔明确援引了法沃赫和雅克·罗伯特刊登在《世界报》(*le monde*)上的文章并进行论证,[2]呼吁宪法委员会尽量与其他国家宪法法院趋同,以基本权利捍卫者为主要职能。学界也不乏质疑和反对的声音,仍有学者认为,宪法委员会主要是政治机构,负责协调公权力之间的权力配置,没有保障基本权利的正当性。[3] 但随后的1974年宪法改革促成了这一转变的加速。

(二)宪法委员会的审查技术提升

从20世纪90年代开始,宪法委员会更加致力提升合宪性审查的效率以及提高其他机构对其的接受度。因此,审查技术在某种意义上可以调和与

---

〔1〕 M. Waline,《Préface》, in L. Favoreu-L. Philip, *Les grandes décisions du Conseil constitutionnel*, Dalloz, 1e éd., 1975.

〔2〕 B. Mathieu et al., *Les grandes délibérations du conseil constitutionnel, 1958 - 1986*, Dalloz, 2e éd., 2014, p. 215.

〔3〕 V. notamment, D. Lochak,《Le Conseil constitutionnel protecteur des libertés?》, *Pouvoirs*, n° 13, 1980, p. 41 - 54; Y. Poirmeur et D. Rosemberg,《La doctrine constitutionnelle et le constitutionnalisme français》, in D. Lochak (dir.), *Les usages sociaux du droit*, Paris, Puf, 1989, p. 237 - 238; Y. Poirmeur,《Le Conseil constitutionnel protège-t-il véritablement les droits de l'homme?》, in G. Drago, B. François et N. Molfessis (dir.), *La légitimité de la jurisprudence du Conseil constitutionnel*, Économica, 1999, p. 295 - 343.

被审查规范制定机构之间的关系，以促进规范的合宪性。如保留性解释（réserves d'interprétation）、主动审查的理由（moyens et conclusions soulevés d'office）以及明显错误审查（l'erreur manifeste d'appréciation）等。对《农业指导意见法》审议的判决表明，学术界观点在这一领域发挥了作用。因此，宪法法官路易斯·格罗斯（Louis Gros）主张，对有争议的法律的所有条款进行审查，而不仅局限于提请人提请审查的条款。然而，事前审查进行全面审查的技术未能获得普遍意义上的推广。宪法委员会担忧若经常进行全面审查，实际上是对整部法律草案都进行了合宪认证，给今后法律适用中的事后审查造成了障碍，也有损宪法委员会判决的效力。

（三）法律问题的技术处理

1. 平等原则与引渡条件的适用

例如，2014 年 11 月 14 日第 2014 –427QPC 号判决禁止引渡法国国籍公民，并且为执行这项禁令需要明确取得国籍的时间。宪法委员会对立法中设计了国民与非国民的差别待遇进行了合宪性审查并判决合宪。受审的法律草案中区分平等原则的规定，即禁止引渡国民。宪法法官引用弗朗索瓦·朱利安 –拉费里埃（François Julien-Laferrière）的观点，认同以法国国籍取得的时间区分引渡的适用。[1] 这一论点得到了作为立法草案提出者的政府的赞同。根据这个论点，在法国公民之间实行区别待遇，因出生而拥有法国国籍的免予引渡，对于非因出生而取得国籍的公民来说，引渡条件视引渡行为发生时间早或晚于国籍取得而确定。早于国籍取得的，可以引渡；晚于国籍取得的，免予引渡。

2. 合同自由与法的安定性

受伯特兰·马蒂厄有关合同自由（liberté contractuelle）的评论文章的

---

〔1〕 Commentaire de la décision n° 2014 –427 QPC du 14 novembre 2014, cit., p. 8.

影响,[1]宪法委员会确认了订约自由的宪法效力,并以1789年《人权宣言》第16条法律安全原则为依据。在其文章中,伯特兰·马蒂厄批评宪法委员会在1996年12月30日的一项决定中所采取的立场。在这项决定中,宪法委员会拒绝承认合同自由的宪法价值,也未就立法干预合同自由进行违宪判断,间接肯定了立法机关可以改变仍在履行中的合同的条件。因此,宪法法院只对合同自由提供"间接和广泛的保护",将其与宪法保障的其他权利和自由联系起来。在伯特兰·马蒂厄看来,这一判例没有承认合同自由的独立宪法价值,也没有充分重视法律安定性原则。法律安定性原则要求,"第三方,不论是公共的还是私人的,都必须遵守合同的规定",[2]并以1789年《人权宣言》第16条为解释基础。几个月后,宪法委员会改变了其判例法:首先,在1998年6月10日的一项决定中,根据1789年《人权宣言》第4条承认合同自由的宪法价值。[3] 其次,宪法委员会依据1789年《人权宣言》第16条解释合同自由,这表明,其考虑了与法律安定性有关的要求。[4]

3. 立法权与社会变迁

关于同性恋婚姻合法化的问题曾经在学界引发了比较重大的争论,宪法委员会吸取了部分观点,作出了合宪判决。"违宪派"学者主张,将"婚姻是一男一女的结合"认定为"共和国法律确认的基本原则",从而赋予其宪法效力,那么自然推理出关于同性恋婚姻合法化的立法草案违宪;[5]

---

[1] B. Mathieu,《Liberté contractuelle et sécurité juridique: les oracles ambigus des sages de la rue de Montpensier (à propos de la décision n° 96 – 385 DC du Conseil constitutionnel du 30 décembre 1996)》, *LPA*, n° 29, 7 mars 1997, p. 5.

[2] Ibid.

[3] Conseil constitutionnel, déc. n° 98 – 401 DC du 10 juin 1998, cons. 29.

[4] Conseil constitutionnel, déc. n° 2002 – 465 DC du 13 janvier 2003.

[5] P. Delvolvé,《Mariage: un homme, une femme》, *Le Figaro*, 8 novembre 2012, p. 17; A.-M. Le Pourhiet,《Le sexe, le mariage, la filiation et les principes supérieurs du droit français》, *Gaz. Pal.*, n° 278, 4 oct. 2012, p. 7.

“合宪派”学者则认为，不能将其确认为“共和国法律确认的基本原则”，婚姻是社会制度，应该由立法者依据社会变迁进行确认或修正。[1] 在2013年5月17日第2013－669号决定中，宪法委员会采纳了亚历山大·维亚拉（Alexandre Viala）反对将“婚姻是一男一女结合”上升为“共和国法律确认的基本原则”的论点，[2] 此学说在该决定评论的第二部分中得以引用。[3]

通过上述例证可以窥探宪法委员会对审理中出现的问题进行技术化处理的态度和践行，在宪法委员会的身份正当性确认之余，也逐渐成为真正的宪法法院。2008年宪法修改前，参议院于2008年6月24日“一读”程序中通过修宪草案曾建议将其改名为“宪法法院”，如果参议院的议案得到通过，则“宪法委员会”之名称将被修改为“宪法法院”。正如宪法委员会前主席罗伯特·巴丹特先生在议会辩论中所强调的，1958年所采用之命名（宪法委员会）已不再合时宜，因为如今宪法委员会的权限主要集中于司法领域，其司法性因先决问题违宪审查机制的确立而得到极大的强化。而其他欧洲国家的宪法裁判机构无一不被命名为“宪法法院”或“宪法法庭”。曾经较例外的比利时，也将其宪法裁判机构——“宪法仲裁法院”（Cour d'arbitrage）改名为“宪法法院”（Cour constituionnelle）。虽然法国宪法法官在域外享有盛誉，但其现有名称却往往是隔阂与混淆的根源。显然，保守派既不关心比较法，也未考虑各种司法因素，最终导致了“换名改革”的“流产”。司法部部长也反对修改名称，其依据为：（除司法职能外）宪法委员会还行使咨询职能，是一

〔1〕 D. Rousseau, 《Le 〈mariage pour tous〉 relève bien de la compétence du législateur ordinaire》, *Gaz. Pal.*, 13 décembre 2012, p. 5. A. Viala, 《Un PFRLR contre le mariage gay? Quand la doctrine fait dire au juge le droit qu'elle veut qu'il dise》, *Revue des droits et libertés fondamentaux*, chron. n° 4, 21 janvier 2013.

〔2〕 Conseil constitutionnel, décision n° 2013 – 669 DC du 17 mai 2013, Loi ouvrant le mariage aux couples de personnes de même sexe, cons. 21.

〔3〕 Commentaire de la décision du Conseil constitutionnel n° 2013 – 669 DC du 17 mai 2013, Loi ouvrant le mariage aux couples de personnes de même sexe, p. 17.

个“独创的机构”(institution originale)。虽最终未获通过,但也在一定程度上凸显了社会共识。

三、宪法委员会判例类型

法沃赫主编的宪法学教材将宪法委员会的诉讼类型分为4种:[1]选举类、权力横向配置类、权力纵向配置类以及基本权利类。也有学者认为,宪法委员会的职权“面面俱到”,主要包含对议会立法和行政立法领域区分之审查、对立法的合宪性审查、对国家选举的监督以及提供咨询意见。[2]的确,宪法委员会职权多元对其判决类型化起到了重要的指导作用。但宪法委员会网站上对诉讼类型进行了更细致的区分:[3]

——合宪性问题优先移送决定(Question prioritaire de constitutionnalité)

——对普通立法、组织法、国际条约、国会两院规约的审查[Constitutionnalité des lois traits,des règlements des Assemblées(DC)]

——国民议会选举[Élections à l'Assemblée nationale(AN)]

——参议院选举[Elections au Sénat (SEN)]

——新喀里多尼亚地区法[Loi du pays de Nouvelle-Calédonie (LP)]

——海外领土职权[Compétence outré-mer(LOM)]

——立法与条例的分类问题[Déclassement(L)]

——议员不符合兼任资格[Incompatibilité des parlementaires(I)]

——议员不适格[Déchéance de Parlementaire(D)]

——不具有接受审查的理由[Fins de non-recevoir (FNR)]

——根据宪法第16条发布的咨询意见[Avis de l'article 16 (AR16)]

---

〔1〕 Par exemple,《celle proposée par le doyen Louis Favoreu》, in *Droit constitutionnel*, Dalloz, 18e éd., 2016, n° 327 et s.

〔2〕 李晓兵:《法国第五共和宪法与宪法委员会》,知识产权出版社2009年版,第81~88页。

〔3〕 载法国宪法委员会官网,https://www.conseil-constitutionnel.fr/les-decisions。

——总统大选监督[Elections présidentielle(PDR)]

——宪法委员会的内部运行问题[Fonctionnement du Conseil constitutionnel(ORGA)]

——全民公决问题[Référendum(REF)]

——全民公决启动权问题[Référendum d'initiative partagée(RIP)]

——其他多类选举问题[Divers élections(ELEC)]

——其他问题[Autres texts et decisions(AUTR)]

其中,选举诉讼(le contentieux électoral)数量较多,截至2021年6月30日,宪法委员会自1958年以来共作出了6019项决定,其中,大部分是立法选举争端(3836项决定)。此外,涉及规范合宪性的诉讼也占据重要位置(1649项决定),包括关于组织法和普通法、议会议事规则和国际条约的事前诉讼(749项决定),以及事后审查诉讼(578项)。必须强调的是,事前审查诉讼涵盖了1958~2019年,而事后审查诉讼仅涵盖了2010~2019年。前任主席让-路易·德布雷(Jean-Louis Debré)指出,宪法委员会在这一期间作出的决定与前50年一样多,以论证宪法委员会审理案件速度的加快。

除这些可以称为重大的诉讼类别外,还有宪法委员会其他基于职权运行所作的决定,例如,关于不属于立法事项的决定、关于取消议员资格的决定、关于议员不可兼任的决定,以及关于宪法第41条规定的拒绝接受条例性质立法的决定。自1958年以来,法国宪法委员会与最高法院、最高行政法院和上诉法院以及200年的判例法相比还是微不足道的。但统计的本质是对一种现象给出一个粗略描述,在这种情况下是司法生产过程及其定量的结果。仅从这一观点来看,必须指出选举内容的数量重要性,其决定的数量是立法争端的两倍。但是,其立法负担较轻,涉及的法律革新较少,因为它涉及重复的事实情况。任何类型都取决于所选择的观点,而最客观的观点是按照主要诉讼类别提出的。根据这一顺序,可以区分为三大类:

立法规范合宪性审查诉讼、选举诉讼和国家机构运作的诉讼。一方面，必须强调构成宪法争端核心和最崇高部分的某些争端的“规范性力量”；另一方面，某些时期和某些主题使“诉讼加速”成为可能，使宪法诉讼有了一些质的飞跃。

（一）第一大诉讼类型：立法规范合宪性审查诉讼

第一种类型的诉讼，在宪法法院的管辖范围内最常见和最重要的是立法规范合宪性审查诉讼。它涉及对法律秩序的主要法律规范即法律、国际条约和议会议事规则的合宪性审查。最初于1958年，宪法委员会似乎着力维护立法和条例各自的边界，以防止立法权侵犯行政权。但很快，实践表明这个问题不是关键，议会和政府在大多数情况下分享同一政治倾向，不存在过度侵犯的问题。虽然不聚焦条例与立法的分立，但宪法委员会开辟了新的诉讼范围，即针对“立法不作为”进行违宪判断，尤其对立法者未能实施基本权利、具体化宪法要求的立法条款进行撤销或有保留的合宪性解释。这给立法者造成了很大的压力，其不再随意授权行政权进行某立法事项的条例的细化。从这一意义上来讲，宪法委员会不再是设立初期“对准议会的一门大炮”，而是变成了保护立法范围，甚至帮助立法者扩张的助手。宪法委员会主要审理的规范诉讼是对法律是否符合宪法的审查，以及对组织法和议会议事规则的强制性审查。

1789年《人权宣言》、1946年宪法序言、“共和国法律确认的基本原则”以及2004年《环境宪章》成为宪法委员会合宪性审查的基准。正是由于对立法的审查积累，形成了法沃赫提出的部门法宪法化现象，宪法原则进入部门法领域，宪法委员会也借此契机强化了自身相对立法主体和普通法院的机构优位和规范优位。事前审查机制于1975年起开始飞速发展，在国会议员可以提请审查的改革后，宪法委员会审查立法草案实际上延长了来自政府和国会的立法辩论。这是一种真正的政治文化变革，促进了宪法实施，使国家机构运行不得不符合宪政民主的逻辑。2008年宪法改革后，合宪性问题优先移送程序开启，公民以当事人身份可以参与对法律条款合宪性的质疑过程。两大最高法院作为“过滤器”对可能提交宪法委员会的合宪性问题进行审查，从而促进了宪法委员会和法院之间的交流。这一机制大受欢迎，很快成为宪法委员会所有审查程序的主要工作，回应了公众对基本自由的诉求，涉及拘留制度、紧急状态、税务制度等。除法律审查诉讼外，还有对法国签署的国际条约的审查问题。在大多数情况下，是共和国总统要求宪法委员会消除可能影响法国参加的一项条约在宪法意义上的反对意见。宪法委员会有时会发现国际条约和宪法之间有不相容之处，因此必须修改宪法以使条约生效。对立法的合宪性审查是最重要的职权，宪法委员会正是通过这一诉讼类型建立其判例法的。此外，合宪性审查参照规范组的逐步形成，也是宪法委员会逐渐积累审查案例的结果。主要宪法基本权利和自由的定义、解释和范围都是立法审查的结果。宪法委员会成为法国宪法实施的中心，创立了一系列宪法审查的技术：审查启动要件（cas d'ouverture du contrôle）、审查立法目的（contrôle des motifs）、主动审查的要件（conclusions et moyens soulevés d'office）、双重审查（contrôle à double détente）、合宪性解释保留（réserves d'interprétation）、宪法目标的立法保障（garanties législatives des exigences constitutionnelles）。

（二）第二大诉讼类型：选举诉讼

这一诉讼类型中有许多重要的决定，包括 3 种类型的投票：共和国总统选举、立法和参议院选举以及全民公投。宪法委员会对国民议员和参议员选举的监督主要在于审查选举过程的真实性，对机构稳定运行起到监督作用，对总统大选的有关诉讼也在于对投票过程的监督和宣布全国最关注的选举结果。选举诉讼有时也会转变为提请宪法委员会审查选举程序立法条款的合宪性，或者是在事后审查中提出选举诉讼法律条款的合宪性问题。

（三）第三大诉讼类型：国家机构运行的诉讼

这种类型的诉讼主要包含宪法第16条规定的特别权力行使的审查、第7条规定的总统不能履职审查和议员资格的审查。[1] 关于共和国总统的某些特权行使，宪法委员会可以而且必须干预，特别是总统依据宪法第16条的规定行使特别权力。在总统决定使用这些特别权力时，以及在实际执行这些措施时，必须首先同宪法委员会进行协商。2008年7月23日宪法修订加强了宪法委员会的监督权力（特别权力行使30天后，宪法委员会可以依申请介入；行使60天后，宪法委员会可以主动审查）。此外，宪法委员会可根据宪法第7条的规定，确定共和国总统暂时或永久不能履行这些职责。若宣告永久不能履行职责，共和国将开启新一轮的总统大选进程。宪法委员会越来越频繁地援引1789年《人权宣言》第16条确认权力配置原则，以保护共和国总统的身份，以及通过议会自治这一原则作为实质性担保，以组织政府权力运行。宪法委员会可以对议员身份不适格和不相容作出裁决。

宪法委员会判例的类型化反映出其多项职权运行之间的比重，合宪性审查成为最重要的判决类型之后，宪法委员会对立法的影响日趋强烈，也逐渐形成了法律问题政治化的法国宪法文化。

四、宪法委员会：规范性权力的确认

宪法委员会经历了60余年的实践和发展，逐渐形成了自己的审查风格，并开始推广宪法委员会学说。这种“自成一派”的传播主要是通过宪法委员会秘书处的评论进行的。正如前述，几乎每个判决都会附加官方评论，这是理解宪法委员会的一个强有力的理论工具，在过去的几十年里，官方评论的地位越来越重要，其特点如下：其目的是阐释和补充判决中说理不足的部

---

[1] Guillaume Drago, 《Les différents types de contentieux ou 5000 décisions en 60 ans》, *Les Nouveaux Cahiers du Conseil constitutionnel*, n° 1, 2018, p. 12－14.

分;其目标读者群主要是法学研究者,之后是普通公众;由于是宪法委员会机构秘书处起草的,虽尽量做到价值中立和客观,但仍然站在捍卫判决立场来解释或评价宪法委员会的判决,使其免受可能的批评。官方评论似乎自我构建了权威性。其说服力主要取决于起草者与机构的密切关系。官方评论来自该机构本身,表达了一种观点,很难与之分离。宪法委员会官方评论的效力问题引起了学术界某些成员的批评,他们认为,这一工具的目的是宪法法官企图影响学术理论。正如马特·法丁-罗格·斯蒂芬尼(Marthe Fatin-Rouge Stephanini)所指出的,"如果这些评论被认为是官方的真理,它们可能会使法律思维僵化"。[1]

然而,不可否认的是,立法草案事前审查和合宪性问题事后审查过程中产生的具体影响慢慢地赋予了宪法委员会毫无争议的规范性权力(la puissance normative)。在宪法审查规范依据组(bloc de constitutionnalité)的形成过程中,宪法委员会需要同时解释审查基准和受审查的规范。这种双重解释的规范性权力的显著之处在于,根据所审查的法律的内容调和不同的宪法原则;同时,使一项或另一项原则在个案中适用。值得注意的是,事前立法审查诉讼的规范性力量在事后合宪性问题优先移送程序中得以进一步强化,宪法委员会可以推后判决生效的时间(les effets dans le temps),为立法者预留时间进行立法修改,以保障法律安全和事前合宪性审查的效力。

综上,宪法委员会已经转变为一个正式的宪法法院,致力尊重法律规范等级,促进宪法成为法国法律体系中有实效性的顶端规范。立法"只有在尊重宪法的情况下才是表达公共意志的法律",从而表明法国进入了典型民主国家的行列。宪法委员会通过事前、事后两类审查途径产生了规范性权力,并对立法者产生了影响。对国际条约合宪性的审查尚未产生充分的规范性

---

〔1〕 Fatin-Rouge Stefanini Marthe, France. In *Annuaire international de justice constitutionnelle*, *30 – 2014. Juges constitutionnels et doctrine-Constitutions et transitions*, Economica-PUAM, 2015, p. 345 – 380.

力量,宪法委员会在这一问题上保持谦抑。宪法委员会构成法国国家权力的独立部分,并未成为一种新型的司法权,但对法院的判决和法国国家治理的影响力呈上升趋势。

第七章
中央地方关系的宪法维度

一、主权不可分原则与地方自治如何协调

自拿破仑以降，法国逐渐形成了中央集权的传统，在这种体制下，地方没有地方事务的决定权，国家建构围绕主权的高度统一进行。而法国思想家如孟德斯鸠、托克维尔和本杰明·贡斯当（Benjamin Constant）的学说思想中均蕴含地方自治的正当性，其认为这一权力配置更能促进国家的民主发展。孟德斯鸠强调，共和国对内治理的民主与便捷，[1]而托克维尔则开始进入规范制定权配置的讨论：国会只制定全国性的主要法令，而地方负责制定法令的细则。[2] 2003 年法国宪法修改，法国作为单一制国家有了新的内涵，国家性质改为“单一制下地方分权的共和国”。自此，地方分权正式成为法国的宪法原则之一。然

---

〔1〕 孟德斯鸠认为，联邦共和国的优点在于对外可以基于联合体力量抵御外敌，对内可以由小共和国进行良好管理。参见［法］孟德斯鸠：《论法的精神》（上册），张雁深译，商务印书馆 1997 年版，第 131 页。

〔2〕 参见［法］托克维尔：《论美国的民主》（上册），董果良译，商务印书馆 2009 年版，第 182 页。

而,单一制与地方分权之间存在理论和实践的冲突。从狭义上理解,地方分权可以定义为国家将权力和决策权移交给受公法管辖的其他法人。此类法人在法律上与国家地位不同,有一定的自主权,但仍受国家的控制。从控制强度差异的角度来看,分权可以有程度上的区分,可以多配置一些权力,也可以少配置一些权力。因此,地方分权概念存在一定的模糊性,需要从实定法秩序中予以确认和厘清。宪法第十二章为地方领土单位专章,这一章实际上是 2003 年通过宪法修改重塑的,主要变革内容在于将大区正式入宪,确立了地方试验权,促进领土单位之间的合作以及授权部分海外领土可以组织公投。其中,宪法第 72 条是核心条款,从中可以窥探法国中央地方关系的宪法之维。宪法第 72 条第 1 款确立了地方组织基本制度为“市镇—省—大区”:共和国领土单位是市镇、省、大区,具有特殊地位的领土单位,以及宪法第 74 条规定的海外领土单位;其他的地方组织依据立法创建,在必要情况下,可以替代该款所规定的一个或多个单位。宪法第 72 条第 2 款确定了中央地方权力配置的基本原则——辅助性原则(principe de subsidiarité):“各地方领土单位有权作出决定,以使其全部职权在其层级内获得最好的实施。”该条第 3 款确认自由行政为地方公法人的基本权利:“在法律规定的条件下,通过选举产生的议会自由行政,享有行使职权所需的条例规定权。”该条第 4 款认定了地方试验权制度:“在组织法规定的条件下,若不涉及行使公共自由和宪法保障的权利的基本条件,且在法律或者条例预先规定的情况下,各领土单位或联盟体可以在特定的目标和时间内,对规范其行使职权的立法条文和条例进行试验性变通适用。”该条第 5 款对市镇、省、大区之间关系进行厘清,为进一步促进地方自治事项,宪法规定了互不监管原则(principe de non-tutelle):“任何领土单位不得对其他领土单位进行监管。若行使职权需要多个领土单位协助,则法律可授权其中一个领土单位或者领土单位联合体中一个负责具体组织共同行使。”该条第 6 款体现为维护国家单一制体制,需要保证国家对地方的监督:在共和国各领土单位内,国家代表作为国家利益的代表,对地方进行行政监督,并保证法律获得遵守。

在央地关系法治化的进程中,法国面对的挑战在某种意义上涉及主权不可分与地方自治如何协调的问题。坚持中央领导有助于国家权力行使效率的提高、地区之间的平等发展和资源共享,为公民提供均等的公共服务;坚持地方拥有一定的自主权,有助于社会主义民主的发展和激发地方经济活力,使营商环境得以优化。

二、单一制国家的新内涵

实行地方自治后,中央与地方的关系发生了深刻变化,从"命令—服从"型的央地关系转变为协商、合作型,国家纵向权力配置发生了较大变迁。地方分权一直伴随民主的进步而推进。奥里乌在他的《行政法》中指出,"权力下放的原因不是行政上的,而是宪法上的"。如果仅仅从行政角度来看,中央集权将比权力下放更有效、更公正、更廉洁、更经济。但现代国家不仅需要良好的管理,还需要政治自由。1946 年宪法第十章第 7 条承认地方自治单位的存在,并规定"由普选产生的议会自由行政",从而赋予它们真正的宪法效力;第 88 条确认在"派驻省的政府代表"的行政监督下;第 89 条规定了一项扩大"省和市镇自由"的方案,由组织法加以执行。事实上,第 88 条、第 89 条从未被真正实施。直到法国 1958 年宪法第十二章正式确认地方自治单位的宪法地位并通过关联的宪法第 34 条和第 72 条,才使地方自由行政成为一项基本权利。

(一)主权不可分

在单一制国家中,主权只能有一个来源。正如著名宪法学者乔治·布尔多所言:"主权是独一无二的,代表整个共同体,不考虑地方诉求或政治社会中相对次要群体的多样性。"[1] 从这个意义上说,主权不可分割的原则与

[1] G. Burdeau, *Traité de science politique*, t. 2, LGDJ, 2e éd., 1967, p. 352.

立法者给予地方自治地位相冲突，在某种程度上将导致共和国走向联邦制。如狄骥所言："共和国主权不可分割意味着地方单位不可能如同联邦制下的州能分摊部分主权权能，联邦制事实与主权性质相冲突，也违背了法国公法基本原则。"[1]为了满足主权不可分割原则的要求，法国央地权力配置作了如下处理：

首先，地方并不享有独立的规范制定权。法国立法权横向配置主要在于议会与政府之间，宪法第 21 条和第 37 条赋予总理独立的条例制定权，不以立法机关的授权为前提；而在立法权纵向配置上，则体现为中央享有统一的立法权，地方只能在立法事前授权的前提下制定规范。而无论是权力下放还是地方分权，对法国单一制国家性质的坚守首先在于地方不能有独立于中央的自主规范制定权（Pouvoir normatif autonome）。[2] 宪法委员会在 2002 年 1 月 17 日有关科西嘉地位的认定判例中确认，地方自治单位享有一定的条例制定权，但只能在立法授权下行使，不能侵害总理的条例制定权。2003 年宪法改革前，曾经有过提议，确认地方条例制定权的独立性，将其提升到如同总理条例制定权一样与国会立法权并列的地位。[3]但这一提议遭到政府的强烈反对，导致未能实现。2003 年宪法改革后，宪法第 72 条第 3 款虽然确认了地方条例制定权（pouvoir règlementaire local），但仍然没有改变单一制国家框架下中央与地方权力配置的底线。正如法沃赫强调的那样，国家机关之外不存在规范制定权的正当性基础。[4]

其次，地方不能有主权权能。宪法第 73 条第 4 款和第 74 条以列举方式

---

〔1〕 Léon Duguit, *Traité de droit constitutionnel*, t. 2, Éd. E. Broccard, 3e éd., 1928, p. 120.

〔2〕 V. not. déc. n° 85 – 195 DC du 8 août 1985; n° 90 – 274 DC du 29 mai 1990; n° 2001 – 454 DC du 17 janvier 2002.

〔3〕 V. Rapport René Garrec, Doc. Sénat, 2002 – 2003, n° 27, p. 82; Rapport Clément, Doc. Ass. nat., 2002 – 2003, n° 376, p. 20.

〔4〕 L. Favoreu,《Décentralisation et Constitution》, *RDP*, 1982, p. 1259.

明确了中央不能转移给地方的主权权能。此外，地方自治组织可以根据宪法和法律的授权决定适用法律的细则。

具体而言，地方制定规范不能涉及的事项，包括国籍、公民权利、公共自由的保障、司法组织机构、刑法、刑事程序、外交政策、国防、公共秩序和安全、货币、银行及汇兑、选举法。此类列举的禁止地方规定的事项可以视为央地事权的明确划分，组织法还可以进一步细化和补充。宪法第 34 条规定的立法专属事项也被排除在地方事项之外。在外交领域，地方公法人权利也受到严格限制。地方自治单位不是国际法的主体，只能在立法机构规定的框架内与外国地方单位建立合作关系。值得注意的是，虽然宪法不允许地方制定规范以介入上述领域，但是地方可以参与并协助国家在这些领域的实际治理。例如，可以在治安领域参与维护公共秩序和建立部分外交关系。法国海外省（Département d'outre-mer，DOM）和海外自治单位众多，部分远离法国本土，因此，2000 年 12 月 3 日法律也允许其作为法国国家的代表与邻国签订国际条约。此外，国家对地方有效地监督以捍卫主权统一，地方自治组织也需要与国家保持适当关系，不能完全不受控制，否则会影响国家的完整性。因此，为了维护国家主权统一，中央政府和地方政府之间存在监督关系。在 1982 年地方分权改革之前，中央政府与地方是直线性垂直领导关系，地方缺乏自主性。国家在行政决策、地方立法事前审批、地方规章事后撤销等方面都有优势。1982 年改革后，中央政府对地方的监督转变为柔性监督，在地方行政自由和国家主权统一之间努力实现平衡。宪法第 72 条第 6 款设立了派驻地方"国家代表"机制："在共和国的地方组织，国家代表代表政府的成员保证国家利益的实现，监督行政管理和法律的实施。"但国家代表若认为地方制定的规范违法，只能通过起诉至行政法院进行合法性审查，而不能对其进行事前干预。这也是宪法委员会在 1982 年判决中确认了的。国家代表在地方行政长官不能有效治理地方、公共服务难以持续时，可以行使替代权（pouvoir de substitution），通过援引宪法中公共服务持续性原则和合法性原则予以正当化,替代措施对地方自由行政的基本权利构成合宪限制。[1] 通常而言,替代权力不经常使用,适用的情形多见于市镇长缺位,公共治安、环境、路政交通等领域出现严重事故。

(二)地方单位设置的多样性

单一制国家并非等同中央集权国家,地区间的差异也可以在单一制下得以确认。宪法委员会还认为,考虑到地方的特殊性,可以在同一类别的地方自治单位间作出有限的差异化对待。1982 年,有关科西嘉特殊地位(1982 年 2 月 25 日第 82 - 137 号)和巴黎、里昂、马赛特殊地位(1982 年 12 月 28 日第 82 - 149 号)的决定调整了对各区域的基本体制安排。判例法经过 2003 年 3 月的宪法修订得以进一步优化,宪法允许地方单位更加多样化,尤其是在海外自治地方。立法者授权地方政府扩大权力。如宪法第 72 条第 1 款使两省或两个大区合并,也可以创建一个新的特殊地位的市镇。有的地方可以量身定做其在宪法中的地位。因此,地方领土单位的多样性愈发强化,在过去的几年中,具有特殊地位的市镇和大都市开始出现。此外,地方分权将带来法律的地方化问题,也就是法律在不同地方适用可能产生差异的问题。[2] 法国自大革命以降奉行平等理念,这一平等蕴含法律面前人人平等的意涵,在单一制国家下也就进一步要求全国统一适用法律。然而,这一原则似乎在法兰西第五共和国发生了变迁。依据宪法第 74 条的规定,海外自治单位(collectivités d'outre-mer)在一般情况下不适用立法,除非是属于国家主权领域的立法。如有关司法领域的立法或者经地方议会通过的立法。DOM 或者海外大区则可以在适用全国统一立法时进行变通。DOM 一直享有此项特权,而 2003 年宪法修改时将这一特权扩展至海外大区,对法律的具体适用在授权范围内进行变通。此外,2003 年宪法修改后,

---

〔1〕 Décis. n° 82 - 149 DC du 28 décembre 1982, Statut de Paris, Lyon, Marseille; n° 87 - 241 DC du 19 janvier 1988, Territoire de la Nouvelle-Calédonie.

〔2〕 J.-B. Auby, *La décentralisation et le droit*, LGDJ, coll. Systèmes, 2006, p. 18.

宪法第72条第4款确认了地方试验权(droit à l'expérimentation),地方可以根据法律或行政法规的规定,在特定的目标和时间内,对那些规范它们权力的法律或法规进行减损或作出试验性安排。地方试验权的确认赋予地方在以往可以变通适用中央行政法规的基础上,进一步变通适用立法的权力。当然,变通也是有界限的,2004年8月1日组织法规定了实施该项权利的具体条件。宪法层面设置了3项重要的限制,以规范地方自治单位变通适用法律的职权:第一项是涉及公共自由的立法地方不得变通;第二项是社会保障领域的立法,如住房保障、养老金等法律一般不允许地方变通适用;第三项是只有在尊重、互助和平等的条件下,国家才可以将部分职权转给地方。

三、自由行政作为地方公法人的一项基本权利

地方分权为国家行政组织原则,自由行政则是一项地方公法人拥有的宪法确认的基本权利,对立法者产生约束。地方分权是国家对地方法人权力的授予,国家仍然优于地方法人。而自由行政是一项宪法权利,地方公法人既可以此防御国家的侵犯,也可以防御其他公法人的僭越。因此,从宪法角度观测,自由行政为地方分权提供了宪法保障。宪法委员会1979年在其判例中确认了自由行政的宪法价值,[1]2008年伴随合宪性问题优先移送程序的开启,宪法委员会可以审查在个案中适用的法律涉嫌侵犯地方自由行政时产生的合宪性问题。伴随宪法案例的丰富,地方自由行政的概念逐渐具体化,主要展现在两个面向上,即制度自治、功能自治,地方自治单位之间不设层级关系。

---

〔1〕 Décision n° 79 – 104 DC du 23 mai 1979, Loi modifiant les modes d'élection de l'assemblée territoriale et du conseil de gouvernement du territoire de la Nouvelle-Calédonie et dépendances, cons. n° 9.

(一)制度自治

宪法委员会禁止立法机关要求地方议会会议公开举行,“地方议会议事规则由其自我决定细则”,从而保障了机构自治。[1] 地方议会选举与国民议会选举性质不同,应界定为“政治选举”,并产生多重影响:[2] 如宪法第 3 条第 3 款所规定的平等选举权原则,不仅适用于全国选举,而且也适用于地方选举。这意味着选区的划分必须尊重选票的平等代表性,必须“主要以人口为基础”进行,并必须定期修订,以契合最近一次人口普查的结果。然而,“人口基础”的原则并不是绝对适用的,必须考虑某些地理区域所代表的自然现实,如新喀里多尼亚地方议会选举。如何既尊重地方议会选举的特殊性,又捍卫宪法在一般意义上的平等性是一个微妙的问题,宪法委员会通过判例进行微调。宪法委员会在第 85 - 196DC 号决定中取消了新喀里多尼亚各选区之间的席位分配,因为这导致了努美阿区域(代表人数不足)和其他区域之间代表权的不平等。同样,在 2013 年 5 月 16 日第 2013 - 667DC 号决定中,宪法委员会判决巴黎地方议会 163 个席位在 20 个大区对应的 20 个省之间的分配违反了宪法平等原则。在 2014 年 6 月 20 日第 2014 - 405QPC 号判决中,宪法委员会明确,分配席位只有在明显不符合比例时才违反宪法,在一般意义上市镇议会均有根据人口分配席位的权限。

宪法委员会一方面保障地方自由行政,另一方面也确认立法可以对市镇行政首长设置履职不当的惩罚。[3] 地方自治单位的制度自治并不意味地方自治单位可以自由组织,有关地方自治单位如何设置是立法保留事项。

(二)功能自治

对宪法委员会来说,法律必须赋予地方议会“有效的权力”。宪法委员会认为,地方政府必须拥有真正的决策能力,自我管理事务,为维护其行动

[1] Décis. n° 98 - 407 DC du 14janvier 1999, *Élection des conseillers régionaux.*

[2] André Roux, *La Décentralisation*, *Droit des collectivités territoriales*, LGDJ, 2016, p. 137 et s.

[3] Décis. n° 2011 - 210 QPC du 13 janvier 2012, M. Ahmed S.

自由和充分的财政资源而拥有较大职权。

其一，地方议会的决策权。决策权首先表现为宪法第 72 条第 3 款赋予的地方条例制定权，其次表现为自由订立合同的权力，[1]最后表现为保持预算收支平衡的权力。与美国宪法不同，法国宪法没有明确列举哪些是国家的权力，哪些是地方的权力，只是明确了应当对地方自由行政进行宪法保障。

其二，地方广泛的职权范围。2003 年修订的宪法规定，地方自治单位有责任就其层级上最能实施的职权作出决定（第 72 条第 2 款）。然而，这一所谓的“辅助性”原则不太可能使宪法委员会能够有效地审查不同地方自治单位之间的权力分配。这只能是最低限度的控制，且仅限于对明显的决策错误进行审查。总而言之，没有明确的推论认为，地方自治单位具有管辖权，宪法委员会也只能惩罚明显过度侵犯自由行政的行为。例如，在 1984 年 1 月 20 日的判决中认定公务员法中的某些规定侵犯了地方自由行政，尤其是侵犯了地方自主任免地方官员的权力，并申明，自由决定人事和社区管理方面的事务是地方固有的自由行政权。此外，地方自由行政作为一项基本权利由若干部分组成，例如，地方公务员人事管理自由、订立合同自由、采取直接可执行行动的自由、地方机构组织和运作自由、征税自由和财政支出自由等。

四、大区、省、市镇之间无监管（non-tutelle）关系

一般而言，地方行政区划之间存在层级关系，如我国的省、市、县等。在法律意义上，这可以定义为一种“监督”关系，上一级地方行政单位拥有针对下级地方的批准、取消、替代、暂停、奖励等权力。然而，在法国地方自治单位的组织中，大区、省、市镇之间无监管关系成为一项原则，旨在更好地确认地方自治。1983 年 1 月 7 日关于在大区、省、市镇和国家之间分配权力的法

---

〔1〕 Décis. n° 92 – 316 DC du 20janvier 1993, *Prévention de la corruption*, cons. 55 et 57.

律第2条(第L. 1111-3条)首先规定,禁止地方自治单位之间的任何监督。这一规则最初只有简单的立法价值,其他法律仍然可以规定地方行政单位之间为行使某些权力而进行的某些形式的监督。2003年3月28日的宪法修正案在第72条第5款中规定了"任何地方领土单位不得对另一地方领土单位行使监督"的原则,将其正式上升为宪法性规范。然而,在实践中存在不少争议,需要在个案中予以确认。例如,对于上级行政单位为下级行政单位提供的财政补贴是否构成一项监督,存在不同意见。再如,最高行政法院通过判例明确,省为市镇提供供水公共服务专项补贴不是一种监督行为。[1]

五、调和方式:地方试验权的合宪性控制

"试验"(l'expérimentation)术语最早产生于医学、生物学以及物理学等自然科学领域,并非源于实定法。试验的理论由英国哲学家和科学家罗吉尔·培根(Roger Bacon)首创,强调观察和试验在科学研究中的重要性。经过后续哲人的努力,试验作为一种方法得以进入法学领域。在国家制度的改进过程中,试验的运用带来了难以想象的好处。依据学术界的研究,法国法律领域的试验可以追溯到路易十六统治时期。[2] 当时,王权统治已经出现诸多危机,为了提高行政效率,路易十六命令财政大臣内克尔(Necker)进行外省议会的创设试验。法国宪法领域出现"试验"的概念始于1993年7月28日宪法委员会的判决。2003年,试验作为一种权利得到法国宪法的确认,实际上从20世纪60年代开始,法国政府就开启了试验行动。譬如,1959年12月31日德勃雷法实行了在私立教育机构签署简便合同的试验,并很快在公立机构得到推广。随后,较有代表性的是1962~1964年就"加强省长

〔1〕 CE, Ass., 12 décembre 2003, *Département des Landes*.

〔2〕 V. J.-L. Mestre,《L'expérimentation d'assemblées provinciales sous le règne de Louis XVI》, in Les collectivités locales et l'expérimentation, *Perspectives nationales et européennes*, La documentation française, 2004, p. 119.

权威而重组国家权力下放机构”的试验，[1]其开启了法国地方分权的实践。此外，1995 年 2 月 4 日法律明确了大区内铁路运输进行制度试验的可能性；2002 年 2 月 27 日法律也规定了大区可以在限定的期限内就国家管辖权限范围内的港口、空港和文化等事务进行试验。[2] 值得注意的是，这一阶段的试验主要通过国家立法授权进行。

与此同时，行政领域通过条例途径开启的试验也大量存在，造成了大量的现行法秩序规范的例外情形。在此背景下，最高行政法院对试验行为的规制走在宪法委员会的前列，通过 1993 年 6 月 24 日判决确认了行政领域的试验需要满足下列 3 个条件：第一，条例制定领域的试验必须要具备明确的目的，即或者为了更好地实现公共利益，或者因为试验主体的特殊情况而给予差别待遇；第二，试验的进行必须在限定的时间内，通常不得超过 1 年；第三，试验采取的措施必须接受国家机构的评估。[3] 最高行政法院进行合法性审查，试验活动必须极为谨慎，只有当地方试验出于促进国家体制改良等公共利益目的时，方才具有目的的正当性。

伴随全球性民主浪潮的冲击，人民呼唤更能符合其利益、满足其行使民主权利的中央地方关系模式。1982 年，法国通过宪法改革开启了地方自治的制度建设，地方公共团体期待更多的自治权，开启地方试验的需求也越来越强烈。如何将明显有损宪法平等原则的地方试验置于合宪性框架之下成为棘手的问题。以 2003 年法国地方试验权正式入宪为时间分野点，宪法委员会的态度发生了重大转变。宪法委员会作为公权力机构关系的协调者，通过 4 个典型判决对地方试验进行了“从严苛限制到逐渐松绑”的合宪性控

---

〔1〕 1962 年法国政府通过法令在 4 个省的范围内进行国家事权下放试验，经检验有效后在 1964 年推行至全国。V. Emile Blessig, *Rapport n° 2854 de l'Assemblée nationale*, fait au nom de la Commission des lois constitutionnelles, 12 janvier 2001, p. 9.

〔2〕 Jean-François Brisson, 《Les nouvelles clefs constitutionnelles de répartition matérielle des compétences entre l'État et les collectivités locales》, *AJDA*, 24 mars 2003, p. 532.

〔3〕 Conseil d'État, Section des travaux publics, 24 juin 1993, n° 353605, Avis《tarification de la SNCF》.

制。2003 年之前,主要通过两个判例对地方试验权进行了确认。2003 年之前,受单一制国家结构的影响,宪法判例逐渐确认国家立法框架下的试验权,但拒绝承认地方立法框架下的试验权。

(一)2003 年修宪之前,宪法委员会严格限制地方试验

1. 仅确认特定主体进行试验的可能性

在宪法委员会 1993 年 7 月 28 日第 93 -322DC 号判决中,科研、文化、职业性质之公共机构被宪法委员会确定为“特许主体”,从而具有进行“试验的可能性”(possibilité d’expérience)。在该判决书第 9 段中,宪法委员会将“试验权”与“特许例外权”(droit à dérogation)相联系,明确了为特定主体作出超出其自身组织架构章程的例外行为之可能性。然而,这一可能性受到严格限制:首先,试验主体上的限制,只有科研、文化和职业性质的公共机构才具有进行试验的资格。其次,试验产生的例外行为只能违反自身的组织架构章程,而不能违背其他的上位规范。再次,试验的启动需要由立法者明确定义其性质、期限、空间范围。最后,宪法委员会规定进行试验之前,立法者必须制订评估标准,但如何对地方试验进行评估是较难的问题。制订评估标准的必要性毋庸置疑,但如何确定评估机构,以及如何进行具体评估都是棘手的问题。在 1993 年 7 月 28 日的判决中,宪法委员会仅仅明确应当由部级机构(autoritéministérielle)参与评估程序,但是没有明确参与的范围。总体来说,通过宪法委员会 1993 年的判例,地方试验的可能性在立法层面(domaine législatif)得以确认,其必须受到时间和空间的限制并接受评估。

2. 否定地方自主试验的可能性

2002 年 1 月 17 日第 2001 -454DC 号判决与科西嘉组织法相关。在该判决中,宪法委员会拒绝承认科西嘉议会有进行自主性试验的主体资格,因而否决了其进行试验的可能性。宪法委员会的具体理由为:“宪法并未授权地方公共团体可以通过地方条例僭越国家立法的事项。”米歇尔·维尔波教授对这一判决表示支持,并进一步指出,“主权只能由国民代表或通过全民

公投的方式按照宪法第3条行使。法律作为主权行使的重要形式,只能由国会投票通过”,科西嘉议会不能侵入国民议会的职权范围。但通过2002年1月17日的判决,地方试验的可能性进一步扩大,宪法委员会确认试验可以在所有规范层面(domaines normatifs)进行并受到合宪性控制。

从以上两个判决可以看出,在2003年修宪之前,法国对以试验为名的制度创新的限制十分严苛。可以进行试验的主体仅限于特定的、“根据宪法原则对其运作规则具有自我决定权并属于中央分权范围内”的公法人。依据这一严格定义,法国的试验创新最初被宪法委员会限定在传统单一制原则的框架下,地方公共团体不具备自主试验的可能性。

(二)2003年以后,宪法委员会依据宪法修正案之精神鼓励地方试验

2003年法国修改了宪法,明确承认地方公共团体的试验权。部分学者认为,此次修宪是回应宪法委员会2002年判例对地方试验过于严格的限制。新增加的宪法第72条第4款和第37条第1款规定了两种试验权。第72条第4款表明了立宪者希望鼓励地方加强地方试验的目的;第37条第1款则表明立宪者希望扩展试验的方法,将试验制度定性为促进国家改革,特别是国家行政组织改革的工具。宪法委员会在此新的宪法框架下,分别以两个新法条为基础,确认了地方自主试验权(droit à l'expérimentation)和国家为主体的试验权(droit d'expérimentation)。

1. 根据第72条第4款确认地方自主试验权

根据此次修宪过程中议会的相关报告可以明确,新增这一款具有两重目的:“一是赋予地方自主试验的权利,试验主体不再仅仅局限于国家所认定的主体;二是地方自主试验可以突破立法和条例规范,而国家发起的试验只能通过立法或条例规定予以启动。”因此,相比宪法委员会之前通过1993年与2002年判决作出的地方试验的合宪性控制而言,表明了制宪者态度的巨大转变。

在2003年宪法修改过程中,宪法委员会的态度和立场并未表明,因此,

宪法委员会在修改宪法后不久即表明了自己的立场。具体而言，在 2003 年 7 月 30 日第 2003－478 号有关对地方公共团体试验组织法的合宪性审查的判决中，宪法委员会认可议会可以"暂时性地向地方公共团体授权，允许后者以试验为目的，在其管辖范围内采取可能在更广范围内推广的具有立法性质之措施"。值得注意的是，宪法委员会对这一立法权临时性授权进行了进一步界定，即地方自主性试验必须要有事前的授权法（loi d'habilitation préalable）明确试验的目的、期限（不得多于 5 年），以及其他一些额外的条件。在通常情况下，地方试验的开启条件都要通过法令以清单列举的形式予以明确。国家派驻地方的代表有权对地方试验进行监督，最终由立法者决定是否结束、延长、修改或推广试验措施。

通过 2003 年宪法委员会的判决，试验框架在吸收原有宪法委员会判例的基础上，进行了较大的改革。地方公共团体虽然仍然要通过立法者的授权才可进行地方试验，但相比以往的严苛限制而言，可能性大大提高，极大地加强了地方自治的活力和效率。

2. 依据第 37 条第 1 款确认国家为主体的试验权

宪法第 37 条第 1 款规定，"法律和条例之条款可以为特定目标、在有限期间内，包含试验性规定"。追溯至 2003 年议会审议宪法修改草案时，时任司法部长的多米尼克·贝尔本（Dominique Perben）先生在议会辩论中反复强调，第 37 条第 1 款中提出的试验权"与地方公共团体无关"，"只有国家才是本条所规范的对象"。为了更好地实施这一条款，宪法委员会在 2004 年 8 月 12 日第 2004－503 号判决中确认了国家试验权，并指出了国家"试验权"（droit d'expérimentation）与公共地方团体享有的"要求试验权"（droit à l'expérimentation）具有较大区别：第一，启动试验的方式不同。试验权的行使可以主动进行，即通过立法作出；而要求试验权属于地方公共团体所有，通过立法者授权突破现有立法或规章规范进行试验。第二，享有的主体不同。试验权的享有主体为国家和立法者指定的公法人，即不局限于地方公共团体，也包含其他公法人；而要求试验权的主体仅仅是地方公共团体。

（三）权利行使受限程度不同

试验权的行使受限程度低于“要求试验权”。后者必须要有明确的目的、在限定的期限内进行、具有可逆性，并且要作出试验总结报告。2004 年 8 月 12 日第 2004－503 号判决主要在于将地方试验进行类型化，其区分了“重大试验”（expérimentations majeures）和“微型试验”（expérimentation mineures）。重大试验，是指“为了普及新的法律或使新的地方规章能在全国范围内适用而进行的试验”，微型试验的目的则是保障已经在先前行政改革中进行的试验之法律安全，如此可以根据不同的评估标准对不同类型的试验进行合宪性控制。综上，地方试验权的两种形态既扩展了地方权力行使的自主性，又保留了国家对不同地方进行差别管制的主动性，为法国单一制国家结构提供了多元发展机制。

（四）走向差异化的地方自治

2014 年至今，法国央地关系再次经历了三大改革：首先，立法确定“大都市”（Métropole）概念，确定巴黎、里昂、艾克斯·马赛为三大都市圈，协同治理，提升法国城市的竞争力；其次，2015 年 1 月 16 日第 2015－29 号立法提出界定大区议会和省议会的选举以及调整选举日期，以促进地方民主；最后，出台共和国领土新组织法（Loi Portant Sur La Nouvelle Organisation Territoriale De La République），强化大区和市镇地位，削弱省一级的职权，仅保留其促进社会团结和稳定的功能。在此过程中，宪法委员会一直致力调和单一制国家和地方分权之间的冲突，既保障中央对地方的有效监督，也防止监督演变为干预和控制。宪法委员会多个判例对立法中中央监管地方的条款进行了违宪判决，以保障地方自由行政的基本权利。例如，2011 年 3 月 17 日第 2010－107 QPC 号判决中，宪法委员会认为，有关政府高级专员的监督权力过大，无法充分行使自由行政，因而宣布违反宪法。2020 年年初，法国开启了新一轮地方自治改革，强调“地方分权、地方差异和权力下放”

(Décentralisation, Différenciation, Déconcentation),地方自治单位权力可以扩大至体育、文化、道路建设等领域。地方诉求伴随地方分权的深入而更加多元且细致,与中央如何配置权力存在价值上的冲突,需要宪法委员会在此后的案例中再次进行协调。

第三篇

基本权利保障

第八章
基本权利之“基本”的内涵*

一、基本权利概念在法国的产生与发展

在传统意义上,“基本权利”(droits fondamentaux)概念对法国来说是陌生的。法国宪法中的“基本权利”术语来自德国法的对应术语“Grundrechte”,但其蕴含的权利理念却有较悠久的历史。[1] 法国学界通常将人权、公共自由和基本权利作为一组概念进行对比和区分。在法学语境下,“人权”(droits de l'homme)和“公共自由”(libertés publiques)的概念长期居于主流,至20世纪末慢慢被基本权利所取代。法国作为人权母国,人权概念自出现以来即得到广泛承认,但其在法律效力层面似乎是较“虚弱”的,缺乏具体化机制和缜密的救济程序。或许也

---

* 本章原载《比较法研究》2021年第6期,原标题为《基本权利之“基本”的内涵——以法国法为中心》,在成书过程中略有删改。

〔1〕 法国学界普遍认为,米歇尔·弗罗蒙(Michel Fromont)首次在法国提出了基本权利的概念。M. Fromont,《les droits fondamentaux dans l'ordre jurdidique de la République fédérale d'Allemagne》, in *Recueil d'études en hommage à Charles Eisenmann*, Cujas, Paris, 1975, p.49－64.

正因为其效力微弱，反而推动了其他概念的发展，人权概念较顺利地过渡到"公共自由"阶段。公共自由主要体现为对行政权的消极防御，对法国近代立宪主义的发展起到了重要的推动作用。然而，公共自由的局限性也较突出，不能走出立法至上的窠臼，无力对抗立法权对公民权利的侵害。[1] 第二次世界大战后，随着合宪性审查机制的普及，基本权利开始在德国、意大利等国成为宪法实施的核心，这一浪潮也在20世纪70年代涌入法国。法国法中以基本权利作为合宪性审查基准肇始于1971年宪法委员会"结社自由案"判例，也因为这一判例，基本权利的行使成为宪法实施实效化的重要机制。[2] 此后，以基本权利保障为审查基准的判例急剧增加。1990年，宪法委员会在判决中首次使用了"具有宪法效力的基本自由与权利"（les libertés et droits fondamentaux de valeur constitutionnelle）之表述，[3] 正式确认了这一范畴。

然而，法国对德国理论并未"一揽子"照单全收，对德国法语境下表现为一种主观权的逻辑进行了部分改动，进行了更倾向客观价值秩序的逻辑构造。这一现象的形成首先来自法国学界对基本权利概念的本土化调适，更多地注重客观价值秩序面向与法律体系完整性的协调。尤其是埃克斯学派以法沃赫为代表的学者推动了基本权利在整个公法体系中的

---

〔1〕 E. Picard, 《L'émergence des droits fondamentaux en France》, in *Les droits fondamentaux: une nouvelle catégorie juridique?*, *AJDA.*, n° spécial, 1998, p. 6.

〔2〕 在过去的15年里，"基本权利和自由"一词在元法律话语中蓬勃发展，但在构成实在法的话语中，它的使用仍然是可变的和谨慎的。尽管姗姗来迟，但元法律话语中描述权利和自由的"基本"一词却迅速传播开来。20世纪80年代中期，在文章、教材或测试中还几乎看不到"基本权利"这一术语，只用"人权""公共自由"等表述。而20世纪80年代末至20世纪90年代中期，"基本权利"术语的传播速度加快。有几个因素可以说明这一趋势。首先，20世纪末大学课程中传统的"公共自由"被"基本自由"所取代，相应地，律师职业考试中开始出现"基本自由"术语；其次，著名的法学期刊中也出现了"基本权利"术语；最后，众多博士学位论文开始以基本权利为题。这些对基本权利和自由的引用是多种多样的。

〔3〕 Décision n° 89—269 DC du Conseil Constitutionnel du 22 Janvier 1990.

研究进程。[1] 此外,在基本权利从理念到实证法的演变过程中,宪法委员会也扮演了关键角色,相关判例逐渐成为宪法研究的重要资源。[2] 基本权利的内容由宪法委员会逐案决定。例如,在1982年1月16日关于国有化的第81-132号决定中,宪法委员会首次确认了“财产权的基本性质”;1984年10月10日和11日宪法委员会第84-181号决定中,思想自由获得“基本自由”的定义;1994年7月29日第94-345 DC号决定中,宪法委员会也给“表达自由”贴上了“基本”的标签。自此,宪法委员会逐渐建立了一个单独的类别,以“基本权利”为依托,增强对立法者的制约,不得在立法中降低对此类别权利之保障水平。[3] 同时,“基本权利”体系一直处于开放状态,充分吸收欧盟法和邻国比较法的资源,尤其是欧洲人权法院判例及德国、意大利、西班牙等国的宪法学说和宪法案例,不断在个案中精细化基本权利的实质内容和保护范围。但在国家与社会转型期,固有权利的内涵发生急剧变迁,新型权利不断涌现,因而辐射到理论层面,法国学界对基本权利之“基本”内涵的探讨存在多种维度,如价值维度、形式维度、结构维度和共性维度。[4] 通过多维度探讨,可以探寻基本权利概念在法国如何入宪、如何行使、如何在基本权利实质保障和程序保障机制的统合下促进体系化建构。在这一过程中,基本权利的特征在法国法律话语中也逐渐变得清晰起来。[5]

在我国宪法学研究中,基本权利概念的体系化在最近30年获得了长足发展,但仍存有待进一步厘清的问题:首先,在对以我国《宪法》第33条为核

---

〔1〕 L. Favoreu et alii., *Droit des libertés fondamentales*, Dalloz, 7ᵉ éd., Paris, 2015, p. 12. 有关法沃赫开创的新实证主义宪法学在整个宪法学方法体系中的坐标,参见王蔚:《法国宪法学研究方法之嬗变——从“意识形态化”到“新实证主义”?》,载《财经法学》2017年第5期。

〔2〕 参见王建学:《法国宪法基本权利的概念与借鉴》,载《北方法学》2010年第5期。

〔3〕 J. Favre et B. Tardivel, 《Recherches sur la catégorie jurisprudentielle de “libertés et droits fondamentaux de valeur constitutionnelle”》, *RDP.*, n° 5, 2000, p. 1420.

〔4〕 V. Champeil-Desplats, 《La notion de droit fondamental et le droit constitutionnel français》, *Recueil Dalloz*, n° 42, 1995, p. 323 et s.

〔5〕 R. Goguel, 《Objet et portée de la protection des droits fondamentaux》, *Cours constitutionnelles et droits fondamentaux*, Aix-Marseille, Economica, 1982, p. 236.

心的条文进行基本权利教义构造的基础上,如何进一步明确权利主体、国家义务、功能体系,以及如何持续保持体系的开放性。[1] 其次,在国家与社会急剧转型的背景下,法律对多项新型权利缺乏明确规定,诸多学者开始期待"权利入宪"成为权利保护的规范基础;然而,并非所有权利均可"入宪",权利入宪存在路径寻觅与如何保障的问题。最后,基本权利如何在我国合宪性审查和合法性审查机制中实现内在衔接?在备案审查显著实效化的当下,需要深入研究审查依据规范,并与普通诉讼一起进行抽象和具体的权利交互保障。鉴于此,本章将对法国基本权利之"基本"内涵进行多维度的考察和论证。

二、形式维度:权利入宪的多元路径

基本权利规范的产生具有不可忽视的自然法背景,权利和自由的"基本"内涵与自然法及人权的正义理念息息相关,但理念的落地,需要在现实的宪法制度安排中得以具体化。[2] 正如有学者所言,自然法的主观主义色彩被宪法实践客观化了。对基本权利实质理性下的形式理性进行探讨成为基本权利研究的内在需要。[3] 这一形式理性客观化的过程也可以视为权利入宪的必要路径,需要根据权利在规范等级中的地位予以具体确定,主要通过现行宪法序言对 1789 年《人权宣言》、1946 年宪法序言以及 2004 年《环境宪章》中的条文进行宪法效力确认与规范构造。

(一)宪法序言作为"权利之源"

法国宪法有一较"吊诡"的现象,自 1875 年宪法开始,历部宪法正文中都未设置有关权利的专门章节。2008 年宪法修改之前在宪法文本中难寻

---

〔1〕 参见张翔:《基本权利的体系思维》,载《清华法学》2012 年第 4 期。

〔2〕 参见季卫东:《宪政新论:全球化时代的法与社会变迁》(第 2 版),北京大学出版社 2005 年版,第 136 页。

〔3〕 参见赵宏:《实质理性下的形式理性:〈德国基本法〉中基本权的规范模式》,载《比较法研究》2007 年第 2 期。

“基本权利”的踪影。在实践中,权利具体实效化的过程在法律文件中均与1789年《人权宣言》,特别是1946年宪法序言的概念密切相关。在司法裁判中也时常会出现某条款因构成对“序言”的违反而被判定侵犯某项基本权利,宪法序言俨然成为“权利之源”(les sources des droits fondamentaux)。具体而言,法国宪法中关于基本权利的文本依据由三大部分构成:其一,1789年《人权宣言》中对公民自由权的宣告,主要包括言论自由、人身自由、财产权等;其二,1946年宪法序言中对公民社会权的确认,在一定意义上补充了上述自由权的范畴,如男女平等权、受教育权、罢工权等;其三,2004年《环境宪章》中对环境相关权利的宣告。其中,《环境宪章》序言部分主要规定了生态平衡、可持续发展、生物多样性等一般意义上的环保原则;正文部分则对个人的环境权利和义务进行了细致规定、确认了国家的环保职责。[1] 有学者以法国宪法委员会近15年来援引《环境宪章》的案例为分析对象,发现了其中的一个较明显的发展趋势:《环境宪章》中所载的环境权最初更多是作为“客观价值秩序”,之后逐渐过渡到“主观权利”面向,可诉性逐步增强。[2]

此外,“共和国法律确认的基本原则”作为法国独特的理论,也为新型权利入宪开辟了诸多可能的路径。具体而言,被认定为此项原则需要具备3个条件:首先,要成为“基本”的原则,则该原则必须为具备重要性的规则,即需要具有足够程度的普遍性,也要与国家政治或社会生活至关重要的领域相关;其次,“共和国法律确认的基本原则”在1946年以前存续的前3个法兰西共和国颁布的法律文本中需要有规范基础;最后,“共和国法律确认的基本原则”必须得到持续的应用,法兰西第四共和国之前不能有任何法律对此

---

〔1〕 例如,环境人权既包括实体权利,即“人人有权在一个平衡的和不妨害健康的环境里生活”(第1条),也包括程序权利,即“在法律规定的条件和限制下,每一个人都有权获得由公权机关掌握的与环境相关的信息,并参加会对环境产生影响的公共决定的制定”(第7条)。参见王建学:《法国的环境保护宪法化及其启示——以环境公益与环境人权的关系为主线》,载《暨南学报(哲学社会科学版)》2018年第5期。

〔2〕 相关典型案例,参见李琴:《论法国宪法委员会对〈环境宪章〉的进阶应用——兼论宪法环境权的可诉性》,载《交大法学》2020年第1期。

原则造成减损。有学者将其与美国式未列举权利理论相类比。法国宪法委员会虽然通过确认"共和国法律确认的基本原则"对某些未明确的基本权利进行了确认，但无意朝向美国模式方向发展，这显得相对保守。"共和国法律确认的基本原则"包括12项基本权利和自由（详见表8－1）。值得注意的是，法国式确认新型权利的方法也存在抽象解释后逐渐明确的趋势，其中，有4项基本权利在后续的宪法委员会判例中获得了成文宪法规范的确认。因此，此后的判决需要援引相关宪法依据时，对个人自由的保护可直接引用宪法第66条；[1]对思想自由的保护直接引用1789年《人权宣言》第10条，[2]或者1946年宪法序言第5条；[3]对辩护权的尊重依据1789年《人权宣言》第16条。[4] 换言之，"共和国法律确认的基本原则"可以成为过渡性阶梯，将权利的诉求首先吸纳进宪法效力规范中，再与具体宪法条文相挂靠。

表8－1 "共和国法律确认的基本原则"与相关判例

"共和国法律确认的基本原则"	判例编号
结社自由（La liberté d'association）	Cons. const. 16 juill. 1971, n° 71－44 DC
辩护权（Le respect des droits de défense）	Cons. const. déc. 1976, n° 76－70 DC
个人自由（La liberté individuelle）	Cons. const. 12 janv. 1977, n° 76－75 DC § 2－3
思想自由（La liberté de conscience）	Cons. const. 23 nov. 1977, n° 77－87 DC
教学自由（La liberté de l'enseignement）	Cons. const. 23 nov. 1977, n° 77－87 DC
行政法院之独立地位（L'indépendance de la juridiction administrative）	Cons. const. 22 juill. 1980, n° 80－119 DC § 6

〔1〕 Cons. const. 29 déc. 1983, n° 83－164 DC § 25.

〔2〕 Cons. Const. 27 juin. 2001, n° 2001－446 DC § 13.

〔3〕 Cons. const. 27 juin. 2001, n° 2001－446 DC § 13 s.

〔4〕 Cons. const. 30 Mars. 2006, n° 2006－535 DC § 24.

续表

"共和国法律确认的基本原则"	判例编号
大学教师之独立性保障(La garantie de l'indépendance des professeurs de l'université)	Cons. const. 20 janv. 1984, n° 83 – 165 DC
行政法院撤销公权力机构行为之专属职权(La compétence exclusive des juridicitions administratives pour l'annulation des actes de la puissance publique)	Cons. const. 23 janv. 1987, n° 86 – 224 DC § 15
司法机构保障私人动产之职权(La compétence de l'autorité judiciaire en matière de protection de propriété immobilière privée)	Cons. const. 25 juill. 1989, n° 89 – 256 DC § 23
对犯罪儿童的教育和道德提升采取适当措施(La recherche du relèvement éducatif et moral des enfants délinquants par des mesures adaptés)	Cons. const. 29 août 2002, n° 2002 – 461 DC § 26
维持阿尔萨斯和摩泽尔省的立法(在其被取代之前)(Le maintien de la législation des départements d'Alsace et de Moselle tant quelle n'est pas remplacée)	Cons. const. 5 août. 2011, Sté Somodia, n° 2011 – 157 QPC § 4
国家应拒绝出于政治目的而引渡外国公民(l'État doit refuser d'extrader un étranger dans un but politique)	CE, Ass., 3 juill. 1996, Koné

（二）新实证主义宪法学底色下学界对基本权利的演绎与体系化努力

除通过上述途径入宪外，学界的努力也成为基本权利入宪间接且重要的路径。已故知名法国宪法学家法沃赫及其所带领的艾克斯－马赛大学宪法司法教学科研团队对基本权利理论进行了持续研究。自1981年开始，每年举办关于基本权利和自由的国际圆桌会议；每届圆桌会议的记录均定期在《国际宪法司法年鉴》(*Annuaire Internationale de Justice Constitutionnelle*)上发表。[1]《法国宪法学杂志》(*Revue Française de Droit Constitutionnel*)在其刊发的文章和定期案例综述中广泛讨论比较法意义上的基本权利。这种长期的学术整理工作逐步推动法国形成了符合比较法教义又带有本国特色的基本权利体系。目前，法国主流教材将基本权利和自由分为以下5个类别：第一类为“自由权”(droits-libertés)，主要包含人的尊严权、隐私权、结社自由、言论自由、通信自由、财产权、营业自由、避难权等；第二类为“参与权”(droits-participation)，主要包含选举权与被选举权；第三类为有权要求国家采取积极行动，其往往体现为要求国家提供福利和保障权利，因而也被称为“受益权”(droits-créances)，主要包含健康受保障权、社会保障权、受教育权、文化权、就业权等；第四类为具有救济功能的权利(droits-garanties)，如辩护权、受公正审判权；第五类为平等权，其既是权利也是原则，成为保障人们平等享有所有权利的核心规范。[2]

---

〔1〕例如，1986～2000年，埃克斯学派举办的有关基本权利的研讨会的主题包括：“自愿终止妊娠”(1986年)、“平等和选举”(1989年)、“法不溯及既往原则”(1990年)、“外国人的宪法权利”(1994年)、“法官和检察官的宪法地位”(1995年)、“宪法和媒体”(1995年)、“学校、宗教和宪法”(1996年)、“宪法和选举”(1996年)、“反向歧视”(1997年)、“比较宪法与劳动法”(1997年)、“非法居留外国人的权利和自由”(1998年)、“宪法与生物伦理学”(1998年)、“宪法、共同体法和欧洲法”(1999年)、“宪法宗教自由”(2000年)、“宪法和法律确定性”(2000年)、“隐私权”(2000年)等。

〔2〕Louis Favoreu et alii, *Droit des libertés fondamentales*, Dalloz, 4e éd., 2007, p. 171－365.

三、价值维度：基本权利的效力与限制

基本权利的价值维度（La dimension axiologique）之证成源于近代人权观念的兴起，将权利置于人类固有的价值之中进行判断，从而获得将一项权利或自由定义为“基本”的源泉。[1] 在法国法中，比较有特色的是博爱、平等与自由价值。无论权利主体是本国公民还是外国公民，法国基本权利的价值维度更重视所有人平等受益，即权利法益尽可能地属于“所有人”。照此逻辑，虽然基本权利时常被理解为自然权利的法定化，但仍存在既是实证法又是自然法的悖论。[2]

（一）权利主体广泛：博爱价值的注入

一般而言，宪法基本权利理论中的权利主体包括法人与自然人，既包括本国公民也包含外国公民，但随着全球化与科技的发展，权利主体的范围仍然存在一些争议。首先，在于胚胎是否具有权利主体资格。胚胎作为“潜在的人”可否具有权利主体资格一直饱受质疑，不同国家也有不同的认定方式。法国宪法委员会在 1994 年 7 月 27 日有关生物伦理法的决定（RJC I－592）中确认“所有人从生命开始就获尊重的原则”不适用于体外受精的胚胎。换言之，法国宪法委员会未将体外受精的胚胎确认为基本权利的权利主体。其次，在外国公民是否为基本权利主体的问题上也存在诸多争议，法国宪法委员会于 1990 年 1 月 22 日的判决中确认外国公民也是基本权利主体，且与法国公民一样平等行使其享有的权利，但在具体享有的个别权利类别上有所区分：其一，避难权属于外国公民专属，法国公民不享有；其二，外国公民原则上不享有选举权等政治参与权，只有欧盟公民可以在法国地方选举中享有。最后，在法人是否能被视为基本权利主体的问题上，法国宪法

---

〔1〕 参见化国宇：《人权需要统一根基吗——〈世界人权宣言〉起草过程中的宗教和哲学论争》，载《政法论坛》2020 年第 5 期。

〔2〕 参见李海平：《基本权利客观价值秩序理论的反思与重构》，载《中外法学》2020 年第 4 期。

条文中没有明确规定，法国宪法委员会通过判例确认，立法应该尊重法人作为基本权利主体的资格，如工会、企业、基金会、私立学校等私法人主体，政党、地方自治单位以及公立大学等公法人主体。[1]

(二)平等价值：公权力机构均有义务保障基本权利

在对德国基本权利一般理论进行借鉴的背景下，法国学界普遍认同基本权利的双重性质。基本权利客观法价值秩序中的义务主体一般是指国家公权力机构，但在特殊情况下，私人也可被视为义务主体。[2] 与德国不同，法国宪法条文中没有直接明确的依据。1949 年德国《基本法》第 1 条第 3 款规定："下述基本权利为直接有效地约束立法、行政和司法的法则……"法国宪法中虽没有直接明确这一点，但通过汇聚不同的宪法条文进行体系解释，可以证成立法、行政和司法此 3 类权力机构在法国也受到宪法基本权利的约束，尤其是可以对 1789 年《人权宣言》的序言部分、法国 1958 年宪法正文第 1 条和第 62 条进行体系解释。1789 年《人权宣言》的序言规定："……以使本宣言可以经常地展示给社会团体的各个成员，以不断地提醒他们的权利和义务。"此外，法国 1958 年宪法第 1 条规定："……公民不分籍贯、种族、宗教信仰，在法律面前一律平等。"而法国 1958 年宪法第 62 条则强调："宪法委员会的判决对公权力机构和所有行政和司法机构具有约束力。"上述条文结合起来可以被解释为，法兰西共和国的所有机构都有义务确保基本权利

[1] Louis Favoreu et alii, *Droit des libertés fondamentales*, Dalloz, 4e éd. ,2007, p. 360.

[2] 与德国基本权利第三人效力引发的种种争论不同，法国法对宪法基本权利的第三人效力研究得较少，学术上争论不多，但在实践中却难以得到普遍接受。与德国法基本权利存在水平效力的间接适用不同，法国学说认可个人作为宪法保护的基本权利的义务主体，强调基本权利水平效力上的直接适用(l'effet horizontal direct)：宪法原则不仅适用于立法、行政、司法机构，也当然适用于个人。在法国普通诉讼中，当事人也可以援引宪法作为对基本权利保障的依据。在这一路径中，私法规范是宪法基本权利规范进入私法领域的承接规范，宪法基本权利规范在具体个案事实中发挥的是辐射性或间接影响的作用，以调整私人之间的关系。此外，立法规定公权力机构和个人均须尊重基本权利。例如，1972 年 7 月 1 日有关反对种族主义的法律规定："不得因民族、种族或宗教行为等理由拒绝雇用或解雇某人，违反此规范的人将接受刑事制裁。"该法中概括性术语"人"，兼指自然人和法人，其都必须遵守宪法平等和不歧视的原则。

和自由得到尊重。

《环境宪章》所规定的每一项基本权利的权利主体均是“每个人”。例如,《环境宪章》第2条规定:“每个人都有责任参与保护和改善环境。”[1]通过文义解释可知,“每个人”均为环境权利的权利主体,基本权利得到平等保障。但也有值得争论的情形,《环境宪章》第5条似乎是受到了利益集团尤其是大型石油和制药集团的干预。[2] 其中,风险预防原则的宪法要求只适用于“国家公权力机构”,排除了大型石油和制药集团等私主体作为环境权的义务主体。

(三)自由价值:基本权利本质内容保障

虽然基本权利有主、客观双重面向,也存在自由权、社会权等不同类型,但是基本权利的“自由”价值仍然是其“内核”。尤其是在一直崇尚立法至上的法国,评判立法权是否过度限制基本权利是价值维度证立的一大核心问题。第二次世界大战后,德国联邦宪法法院宣布基本权利的“核心内容”应高于立法者能力的范围,其目的在于约束立法权,并由宪法法院捍卫宪法的实施,德国《基本法》第19条第2款规定了“本质内容保障”,要求对基本权利的限制不得损害该权利的本质。[3] 这一理念得到了欧洲其他国家的认同

---

[1] 《环境宪章》序言主要宣告了生态平衡、可持续发展、生物多样性等具有普适性的当代环保理念。正文宣告了个人的环境权利和义务,并涉及国家的环保职责。具体而言,环境人权既包括实体权利,即“人人有权在一个平衡的和不妨害健康的环境里生活”(第1条),也包括程序权利,即“在法律规定的条件和限制下,每一个人都有权获得由公权机关掌握的与环境相关的信息,并参加会对环境产生影响的公共决定的制定”(第7条);环境义务包括人人负有义务参与环境的维护和改善(第2条),“在法律规定的条件下,都应当预防其自身可能对环境造成的损害,或者,如果未能预防时,应当限制损害的后果”(第3条),以及“根据法律规定的条件为其自身对环境造成的损害分担赔偿”(第4条)。国家的环保职责,包括公权机关应遵循风险预防原则(第5条)、公共政策应促进可持续发展(第6条)和国家应在国际层面采取相应行动(第10条)。此外,第8条和第9条规定了环境教育、培训和研究。前述内容并非凭空产生,它源于法国环境法、欧盟和国际环境法的既有环保准则。参见王建学:《法国的环境保护宪法化及其启示——以环境公益与环境人权的关系为主线》,载《暨南学报(哲学社会科学版)》2018年第5期。

[2] V. Michel Prieur, 《La constitutionnalisation du droit de l'environnement》, in Bertrand Mathieu (dir.), 1958 – 2008 *Cinquantième anniversaire de la Constitution française*, Dalloz, 2008. p. 491.

[3] 参见赵宏:《限制的限制:德国基本权利限制模式的内在机理》,载《法学家》2011年第2期。

和发展，如 1978 年西班牙《宪法》第 53 条规定，关于行使基本权利的立法必须尊重“其基本内容”；1999 年瑞士《宪法》第 36 条规定，基本权利的“实质”不可侵犯。但“基本内容”似乎是一个不确定的法律概念，[1] 西班牙宪法法院对此作出了一定程度的概念化努力，获得了法国学界的关注和吸收，并延续了“平等”价值的注入与论证。西班牙宪法法院在 1981 年 4 月 8 日第 11/1981 号决定中规定，“权利内核”概念可以有两种含义：其一，“核心要素”需要学术界和法官对该项权利的结构、范围达成共识。如果立法者不能依据此共识准确定义核心要素，则相关立法可能会侵蚀权利的基本内容，存在违宪风险。其二，对基本权利的核心要素进行界定，意味着要考虑该项权利保护的核心法益。若立法架空了核心内容，或者阻碍了该项权利的有效实施，即构成过度限制。[2] 法国法上，基本权利核心内容不受侵犯的术语表达为基本权利“不得被改变性质”（non-dénaturation）。立法权受到宪法委员会的监督和制约，立法者在对基本权利进行具体化的过程中不可改变基本权利的性质，否则该立法违宪。但在实践中，立法者具有一定的立法裁量权，可以在基本权利和宪法原则之间进行合宪性协调。[3] 宪法委员会通过判决确定权利内核概念的轮廓，以确保宪法基本权利的内核不被侵蚀。在司法实践中，“本质内容保障”经常出现在与财产权或罢工权有关的案例中。在罢工权领域，宪法委员会在 1979 年 7 月 25 日的判决中认为，公务连续性原则（continuité du service public）过度限制了罢工权的权利内核，从而对其造成了侵害，因此判定其违宪。在财产权领域，宪法委员会在 1998 年 7 月 29 日的决定中确认，自 1789 年以来，财产权遭受了许多限制，但其实质不应受到

---

〔1〕 G. Peces-Barba Martinez, *Théorie générale des droits fondamentaux*, LGDJ, Coll. Droit et société, Paris, 2004, p. 597.

〔2〕 P. Muzny, 《Essai critique sur la notion de noyau intangible d'un droit. La jurisprudence du Tribunal fédéral suisse et de la CEDH》, *RDP*, n° 4, 2006, p. 977 – 1005.

〔3〕 罢工权与公共服务连续性的协调：Décision 79 – 105 DC du 25 juillet 1979, Droit de grève à la radiotélévision；个人自由与公共秩序的协调：Décision 85 – 187 DC du 25 janvier 1985, État d'urgence en Nouvelle Calédonie。

影响。诸项立法对财产权的限制,即使是为了符合宪法价值的目标,也不能歪曲财产权的意义和范围。财产权的保障机制也适用于营业自由,宪法委员会多次认为,“尽管受诉法律中有争议的条款构成了某些限制,但不会限制经济主体的经营自由,未达到使其保护范围受到歪曲的程度”。[1] 至今,基本权利“不得被改变性质”仍主要针对国家公权力机构,通过在案例中进行积累和发展,基本权利的主观与客观面向不断得以协调。

四、结构维度:基本权利实施从立法具体化中转向

基本权利证立的结构主义维度(La dimension structurelle),是指如果没有某类基本权利,那么一个法律体系、一个子系统或该体系的一个组成部分将失去实质意义,法律秩序的一致性或运作方式也将受到损坏。基本权利的结构维度与价值维度有密切联系,但这两个维度也可以相互分离。一方面,无法用单一价值来描述或评估一项权利的基本结构,整个基本权利的体系结构可作为一个系统或一个有组织的整体来评估,其具有多重价值并可能存在内在冲突;另一方面,基本权利的结构维度很可能与价值维度所支持的普遍性要求相冲突,例如,某一项基本权利的实现可能需要限制其他权利主体的基本权利。但不同主体之间的基本权利并非不可调和。基本权利之“基本”的内涵在结构维度上更多地体现在与其他国家权力配置和运行产生的密切关系中,如基本权利与普通司法诉讼的关系、基本权利与立法权行使的界限。随着基本权利理论的发展,从立法具体化基本权利开始转向更多地通过宪法司法进行基本权利的实现。

(一)基本权利与立法权运行

“立法保留”(La réserve de loi)作为基本权利有效保障机制的理念起源于古典思想,如约翰·洛克(Jean Locke)认为,个人在社会中结合的目的在

---

〔1〕 Décis. n° 93 – 316 DC, 20 janv. 1993, Prévention de la corruption, consid. 30.

于保护自由和财产,因此,任何影响个人自由或者财产权利的行为规范都需要社会契约主体通过立法予以同意。在德意志帝国时期,奥托·迈耶也曾试图定义立法保留领域,并规定在此领域中,行政规制只能在立法者授权的情况下进行。在法国宪法实施语境中,立法保留成为有力的基本权利保障机制,在尊重宪法基本权利的同时,也应注重不能限制立法者的裁量空间。

一方面,法国宪法第34条明确规定了立法保留事项,奠定了立法保留的基本框架,以防止行政权的过度侵入;另一方面,宪法委员会将"立法不作为"作为违宪判决的理由之一,防止因为怠于行使立法权而导致基本权利的实施受阻。立法保留在基本权利领域得到了强有力的适用,法国宪法为立法者和其他国家机构的职权范围划定了界限。法国2005年修改后的宪法进一步加强了基本权利领域的立法保留:第34条增加了一款,确认由立法者规定有关环境保护的基本原则,扩大了立法权限。此外,《环境宪章》第3条、第4条和第7条中也存在"关于协助修复环境损害的义务"和"关于环境的知情权和参与权"的规定,要求必须在法律规定的条件或范围内行使,由此也扩大了环境立法的权限。普通法院在直接适用宪法的过程中,也注重尊重立法保留事项。如最高法院认为,罢工的预先通知期限只能由立法者予以规定,而不能由集体协议进行规定。最高行政法院在2002年4月29日"Ulmann案"的判决中指出,获取行政文件的权利是行使自由的一项基本保障,但只能由立法规定。宪法赋予议会行使保障公民自由的权力,从而确立了关于基本权利的一般法律保留。立法保留原则要求立法者调和不同基本权利之间的冲突,缓解基本权利与公共利益目标之间的紧张关系。[1] 例如,在烟酒类产品销售法案的合宪性审查中调和健康受保护权、财产权和营业

〔1〕 宪法委员会在1984年10月10~11日有关新闻公司的判决中确认:对于基本自由,立法只能促进其更有效地实现,以及调和其他有宪法价值的规则或原则与其产生的冲突。有关法国法律保留理论,参见J. Tremeau, *La réserve de loi*, Economica-PUAM, 1997, p.414。

自由之间的冲突。[1] 此外,法国宪法中也存在一种对立法裁量权进行控制的机制,即“具有宪法效力的目标”(Objectifs de valeur constitutionnelle)之设定。法国宪法机制下的“具有宪法效力的目标”,是指立法者在立法过程中需要遵循的宪法原则,其主要包括保障社会文化言论的多元表达、保障公民获得体面的住宅等。由此,基本权利的法律保留得以强化。

上文对立法保留的认同不等同认为有关基本权利的立法权限不受控制,在法律秩序中不意味着赋予立法者完全的自由裁量权。立法者也需要在结构意义上与基本权利的实质内核保持一致,即必须遵守宪法原则。宪法原则可以赋予议会追求特定目标的权力,而立法者必须按照宪法规定的方式予以立法。立法保留以清单列举的方式对基本权利进行了积极保护,宪法委员会还设置了重要的补充机制,对“立法不作为”的消极行为进行违宪责任追究。例如,在1984年7月26日第173 DC号判决中,宪法委员会判定某立法条款违宪,理由是该立法授权行政条例对有限广播服务进行了限制,这一授权实际上是立法权怠于立法,应被视为一种“立法不作为”且侵犯了通信自由。此外,宪法委员会还通过判例确认立法在规制个人自由和行动自由方面的作用,立法需要确认行使学术自由的条件,以及立法需要明确尊重隐私权的要求。[2]

(二)阻碍与建构:基本权利规范能否成为审查行政条例合法性的基准

1.阻碍:“立法屏障理论”(La théorie de la loi-écran)切割宪法与条例合法性的关系

长久以来,依据立法制定的条例不接受合宪性或合公约性审查,“立法屏障理论”作为一项行政诉讼的基础理论,对此问题作出以下注解:行政法

〔1〕 Cons. consti. 90 - 283 DC du 8 janv. 1991, Lutte contre le tabagisme et l'alcoolisme.

〔2〕 有关个人自由的案例:Décision 352 DC du 18 janvier 1995, RJC I - 612; Décision 389 DC du 22 avril 1997, RJC I - 707;有关学术自由的案例:Décision 329 DC du 13 janvier 1994, Loi Falloux, RJC I - 562;有关隐私权的案例:Décision 05 - 532 DC du 19 janvier 2006。

院在处理、评估根据某项立法制定的行政行为之合法性时，若法律与具有更高价值的规范相冲突，则立法在条例和立法之上的规范之间形成"屏障"。若条例的内容因为适用立法而造成对基本权利的侵犯，立法屏障理论则构成一种限制，即立法者可以授权行政机构制定条例以限制基本权利而不用担责。正因如此，法国法官曾被指责在审查条例合法性时削弱了基本权利的效力。例如，对于一项执行某个法律的条例不能根据国际条约或宪法的规定加以审查。换言之，立法屏障理论就是用来处理"条例—立法—更高位阶法规范"三者关系的一个分析框架：对条例进行审查时，若发现条例与宪法或国际条约相抵触，必然延展至判断条例所依据的立法是否与宪法或国际条约相抵触。而在法国传统的法官角色概念中，法官不能以任何方式质疑立法者的意愿，普通法官也不得审查立法是否违宪。

2. 建构：宪法作为审查行政条例合法性的基准

随着实践的变迁，立法屏障理论对基本权利的直接适用不再构成阻碍。首先，1989 年最高行政法院"Nicolo 案"判例之后，国际条约成为条例的审查基准，尤其是其中与基本权利相关联的部分。[1] 其次，法官开始在实践中经常打破立法屏障理论，直接援引宪法作为审查行政条例的基准。例如，最高行政法院 1991 年 5 月 17 日作出的"Quintin 案"判决对《城市化法典》条例部分第 R111 - 14 - 1 条进行了合法性审查，该条规定："若一项工程建设不利于城市化聚居，则行政机关可以拒绝发放施工许可证。"原告认为，这一条款涉嫌违反宪法：宪法第 34 条规定，财产权属于立法保留范畴，不由条例进行规定。同时，《城市化法典》立法部分第 L111 - 1 条授权行政机关制定相关条例，以制定"适用于农业生产以外的土地用途的一般规则，特别是有关建筑物的位置、功能和设计的规则"。这一授权似乎为条例的正当化提供了依据。因此，该案关涉宪法、立法和条例之间的关系。若根据立法屏障理论，

[1] L'arrêt du 20 octobre 1989, Nicolo, n° 108243, *Recueil Lebon*. p. 190.

虽然条例涉嫌违反宪法，但立法授权行政机关规制财产权，条例受审查的基准应该是该立法条款而非宪法。然而，在该案中，最高行政法院打破了立法屏障理论，允许法官依据宪法第 34 条审查该案所涉条例是否造成了对财产权的过度限制。最后，正如法沃赫教授所言：“立法屏障理论远非规则，而是例外。”[1] 立法屏障理论的效力逐渐衰退，宪法规范的直接适用力不再构成障碍。

（三）基本权利的直接适用：从立法具体化路径中转向

在审查一项条例的合法性时，是将基本权利的价值渗透进立法之中，还是将基本权利直接作为审查依据？法国在基本权利效力问题上经历了由间接适用到直接适用的发展过程。究其原因，一方面，某些基本权利的措辞不明确，必须经由立法具体化方可明确实施具体权利的条件；另一方面，某些基本权利条文的规范性饱受质疑，更多地被视为针对公权力机构的行动准则和政治宣言。正如乔治·韦德尔和皮埃尔·德沃尔维（Pierre Delvolvé）在 1979 年发表的文章中所指出的，“在某些情况下，宪法权利只能通过立法才能得到适用”。[2] 这个问题主要关涉 1946 年 10 月 27 日宪法序言的效力问题：1946 年宪法序言部分某些规定的不精确性十分突出，宪法委员会因此在具体裁判中给立法者预留了较大的裁量空间，由立法者对 1946 年宪法序言中的基本权利的实施进行了具体化。然而，转折点出现在宪法委员会 1975 年第 74－54 号有关自愿终止妊娠的判决中，宪法委员会在该判决中直接适用了“国家保障儿童健康”条款，并确认了 1946 年宪法序言规定的实体法价值。自此，宪法委员会多次在判决中强调，行政机构和司法机构需要直接适用宪法规范，具体包括：1789 年《人权宣言》、1946 年宪法序言以及“共和国法律确认的基本原则”等。正如有学者所指出的，“宪法法官认为宪法条款的不

---

[1] Louis Favoreu,《Les règlements autonomes n'existent pas》, *RFDA*, 1987, p. 871.

[2] G. Vedel et P. Delvolvé,《La Constitution comme base du système juridique》, *RIDC*, n°spécial, Vol. 1, 1979, p. 132.

精确并不会一定导致其规范性消失”，[1]不能由此导致公法上的拒绝裁判。

五、共性维度：求同存异的程序保障机制

基本权利的共性维度（La dimension commune）体现为在国内法律体系与涉外法律体系中找寻理论和实践的支撑，以获得更多的法律渊源和案例的滋养。当下，法国基本权利的程序保障机制可以分为宪法程序保障机制和普通司法程序保障机制。合宪性审查已经成为最重要的基本权利程序保障机制之一。2008 年之前，法国宪法司法保障权利模式一直被定义为事前的抽象模式，立法生效后对基本权利的损害无法得到有效救济，这已然成为法国宪法实施中的一大弊病。普通法官和公民更习惯于援引国际法规范进行权利救济，宪法对基本权利的保障在与《欧洲人权公约》的对比中黯然失色。为了捍卫宪法的权威，法国开启了多轮改革，在事后保障程序的创建中吸收了德国、西班牙等国的经验，在具体程序设计中，在启动要件、过滤机制等问题上有所选择。[2] 早在 1989 年 7 月 14 日《人权宣言》诞生 200 周年纪念之际，密特朗即开始提议法国需要实现保护基本自由的一大步跨越，通过修改宪法建立“合宪性问题抗辩审查程序”：允许所有公民向宪法委员会提请审查任何侵犯其基本权利的法律。由于两院无法以同样的条件通过这项修正案草案，政府撤回了该项草案。1993 年经韦德尔（Vedel）委员会重新拟订后再次提出宪法修改草案，但仍然没有获得成功。直到 2008 年宪法改革，

---

[1] O. Dord，《La loi OGM devant le Conseil constitutionnel ou la dissémination de la jurisprudence AC!》，*AJDA*，n° 2，2008，p. 1614.

[2] 在比较法意义上，宪法司法特别保障机制，主要是指个人可以向宪法法官提出基本权利受侵害的救济之诉。其中，德国、西班牙、奥地利、比利时、瑞士、匈牙利均是较典型的先发国家，例如，德国允许个人对涉嫌侵害基本权利的立法、行政行为或司法判决提起宪法诉愿，西班牙则只能针对行政行为和司法判决提出，奥地利、比利时可以针对立法直接提出，瑞士则规定可以针对地方立法或地方行政规范提出，匈牙利则对所有立法、行政行为或司法判决均可提起诉愿。特别值得重视的是，监察专员（ombudsman）制度也是特别保障之一。西班牙的“人民捍卫者”和葡萄牙的“监察专员”可以基本权利受侵犯为由向宪法法院提起诉讼。

巴拉迪尔委员会才最终将“合宪性问题优先移送程序”成功纳入宪法第61条第1款：“如果在法庭诉讼过程中，有人主张立法规定侵犯了其宪法保障的权利和自由，该合宪性问题可以由最高行政法院或最高法院提交给宪法委员会在确定的时间内决定。本条适用的条件应由组织法决定。”

通过事前程序和事后程序的交叉保护，基本权利的共性塑造源于3个面向：第一，宪法委员会与行政法官和司法法官的横向调适；第二，宪法审查主体与欧洲人权法院的纵向调适；第三，在事后保障程序的设计过程中与德国、意大利、西班牙等邻国求同存异。通过共性维度，法国对基本权利的保障获得了稳步推进。具体而言，法国在开启基本权利保障的事后审查程序时，积极关注几个具体的程序标准。例如，原审法院的过滤作用，特别是解释将问题提交宪法法院的标准，事后判断法律是否符合宪法的方法，宪法法院在事后审查范围内的决定的效力，事后合宪性审查与欧盟法律的联系。

（一）宪法委员会吸纳普通司法的权利确认

在寻求国内司法共性的历程中，首先应该关注行政法官与司法法官趋同保护基本权利的过程。按照宪法的规定，对个人自由的保障职权一直是赋予司法法官的，行政法官与之存在竞争关系。后来，由于行政权的膨胀，越来越多的权利救济诉求呈现主观公权力色彩，行政法官随之扮演越来越重要的权利保障者的角色。在司法实践中，司法法官与行政法官的角色更加平衡，在具体权利如何保障的内核认定和程序设置中逐渐趋同。作为历时性的后来者，宪法委员会一直关注两类法院对权利保障的实践，若两者发生冲突，则宪法委员会的判决为保护权利和自由的一致性提供载体。2008年引入合宪性问题优先审查程序后，宪法委员会与两个最高法院之间的关系一度紧张，最高法院不愿意移送一些在宪法委员会看来可能存在违宪的问题，由此开启了新一轮法官之间的对话和求同存异的过程。

法国普通法院一般不对法律进行合宪性审查，但可以通过两种路径参与基本权利的保障：其一，适用宪法委员会判例中对基本权利条款的解释；

其二,直接适用宪法委员会尚未解释的现有宪法规范。例如,最高行政法院援引宪法委员会在 1984 年通过的“共和国法律确认的基本原则”确认大学教学自由。法国司法保障特别程序一直在进行基本权利本土化适用的努力。基于历史原因,法国的司法法院系统更多地充当了公民基本自由保护人的角色。行政相对人即使受到行政机关一般职权行为的侵犯,也只能寻求司法法院的救济,致使司法法院的负担过重,部分司法法院针对行政机关下达的强制令也违反了管辖权分立的原则。[1] 2000 年 6 月 30 日第 2000 - 597 号立法制定了行政司法程序中的特别保护机制,旨在平衡普通司法与行政司法的功能。这一程序被称为“自由紧急审”(Le référé-liberté)。《行政司法法典》立法部分第 521 条第 2 款规定:“如果公法人或者承担公共服务管理职能的私法组织在其行使职权时有可能对某项基本权利构成重大且显著违法的侵害,受理临时处分申请的法官在判断存在紧急情形后,得裁定采取各种必要的措施以保障该项基本权利;裁定应当在 48 小时内作出。”最近 10 余年,“自由紧急审”制度稳步发展。2001 年 1 月 1 日以来,无论是自然人还是法人,也无论其国籍,若其基本自由受到严重且明显非法的侵害,均可在很短时间内要求行政法官制裁此类侵害行为,但立法者未定义“基本自由”的概念,以致在实践中诉讼请求的范围比较广泛。从具体判例来看,在这一制度设置之初,当事人与最高行政法院就对“基本自由”进行了非常开放的解释。此后,迁徙自由和个体自由、意见自由、选举自由、言论自由和多元思想自由、自主支配自己财产的自由、营业自由、集会自由、诊疗方案知情同意权等都被纳入其中;[2]外国公民权利也得到确认,如要求正常家庭生活权、要求庇护或申请避难权。在行政诉讼实践中,当事人大多自发援引基本

---

〔1〕 参见陈天昊:《公正、效率与传统理念——21 世纪法国行政诉讼的改革之路》,载《清华法学》2013 年第 4 期。

〔2〕 L. Favoreu, *La notion de liberté fondamentale devant le juge administratif des référés*, Dalloz, n° 22, chron., 2001, p. 1739.

权利进行笼统的指控，但这一审理程序的其他启动条件很难得以满足，绝大多数的指控都被拒绝了。设置严格的启动要件主要是基于法官权力谨慎运用的考量。2008 年之后，“自由紧急审”所保障的“基本自由”与合宪性问题优先审查机制中规定的“宪法保障的权利与自由”(les droits et libertés que la constitution garantit)这两个概念的外延相互靠拢。[1] 这既体现了“自由紧急审”对人权的保障更加全面，也提出了“自由紧急审”与合宪性问题优先审查程序之间如何协调的问题。[2]

(二)宪法委员会吸纳欧洲人权法院、欧盟法院的判例

2008 年法国宪法修改的一个起因就是宪法受到了《欧洲人权公约》的极大挑战，但在此后的实践中，虽然合宪性问题优先于合公约性问题得到审查，但两者的界限越来越模糊。[3] 首先，在新权利入宪层面，法国宪法中诸多权利源于 1789 年《人权宣言》，内容较陈旧，需要通过《欧洲人权公约》进行补充。例如，《欧洲人权公约》第 8 条所保障的隐私权在获得法国宪法委员会 1999 年 7 月 23 日第 99 - 416 DC 号判决确认后，成为 1789 年《人权宣言》第 2 条保障的个人自由的组成部分。《欧洲人权公约》第 12 条保障的婚姻自由，也对 1789 年《人权宣言》第 2 条和第 4 条所保护的个人自由进行了补充，成为个人自由权内涵的新组成部分。其次，法国宪法委员会从 1946 年宪法序言中推导出人的尊严原则源于言论自由，后者为 1789 年《人权宣言》中确认的“人类最宝贵的权利之一”。然而，言论自由在现代信息社会中产生了新的保障需求，其不仅是表达意见的自由和禁止审查的自由，还意味着获取信息来源多元化的权利，欧洲人权法院 1976 年 12 月 7 日的“Handyside v. The United kingdom 案”判决作为确认言论自由崇高价值的代表性案例，

---

[1] X. Domino et A. Bretonneau, 《Dix ans d'urgences》, *AJDA*, n° 29, 2011, p. 1370 - 1371.

[2] 参见陈天昊：《公正、效率与传统理念——21 世纪法国行政诉讼的改革之路》，载《清华法学》2013 年第 4 期。

[3] C. Grewe, 《Contrôle de conventionnalité et contrôle de constitutionnalité: à la recherche d'une frontière introuvable》, *RFDC*, n° 4, 2014, p. 961 et suiv.

其判决要旨明确体现了言论多元精神，特别提出现代法治国家需要容忍冒犯、惊扰公权力机构或人群的“信息”和“观念”。法国宪法委员会对此判决进行了吸纳，明确了言论自由需要保护言论多元的理念。此外，辩护权教义内涵的完善也得益于《欧洲人权公约》的贡献。法国宪法委员会在1989年7月28日第89－260 DC号判决中指出，1789年《人权宣言》第16条是辩护权受尊重的重要规范依据：“特别是在刑事案件中，存在一个公平和公平的程序，以保证当事人权利的平衡。”[1]辩护权的内涵受《欧洲人权公约》第6条的影响较大，其直接促进了法国公正程序权的有效性，并推动了公正程序权进入刑事诉讼领域，对求刑权进行合宪性控制以促进司法审判的公正。[2]

虽然宪法委员会明确拒绝审查法律是否符合《欧洲人权公约》，但在许多实践情况下，基本权利的证成、内容的补充和厘清仍然在寻求共性的支持并直接受到欧洲人权法院判例法的启发。目前，宪法委员会根据《欧洲人权公约》所保障的基本权利来解释宪法原则，但拒绝将其审查的参考标准扩大到《欧洲人权公约》之整体。可以说，宪法委员会在对宪法序言的解释过程中，实际上参考《欧洲人权公约》形成了现代意义上的基本权利教义体系。

（三）宪法委员会对其他国家基本权利教义的吸纳

西班牙、意大利、德国的法律制度对法国基本权利的体系化构建有较强的参照作用。法国宪法委员会在比较法经验与本土资源之间的调适较明显，尤其是合宪性问题优先移送具体程序设计中的过滤机制问题。德国《基本法》第93条设置了宪法诉愿程序，构成了基本权利特别程序保障机制。宪法诉愿可针对行政行为、司法判决，甚至立法。这一特别保障机制获得了巨大成功：德国公民已经提出了10多万项诉愿，近年来平均每年提出3000

[1] Décision n° 89－260 DC du 28 juillet 1989, *Recueil*, p. 71.

[2] Décision n° 99－416 DC du 23 juillet 1999, *Recueil*, p. 100.

多项。然而,由宪法法院3名成员组成的委员会对诉愿进行了严格的“过滤”,几乎97%的诉愿被驳回。从理论上讲,公民虽然可以对一项立法的合宪性提出质疑,但事实上,成功通过“过滤”机制的可能性很小,所以几乎所有的上诉都是针对普通法院的判决,宪法诉愿机制似乎更像是一种超级上诉机制,宪法法院成为高于最高法院的第四级法院。在西班牙也存在类似情形,如果违反其《宪法》第14条至第30条所列的自由权规范,则个人、人民捍卫者和司法部都可以成为提请审查的主体。然而,西班牙宪法诉愿制度(Amparo)只审查行政行为或司法判决是否侵犯公民的基本权利,对法律合宪性的审查请求通常被排除在外。但同德国一样,西班牙宪法诉讼在国家治理中保护权利的功能较突出,但诉讼“爆炸”的情形迫使西班牙宪法法院设置严格的过滤机制。平均而言,每年有大约5000件诉愿需要审理,在某种程度上也影响了宪法法院的其他功能。总之,以德国和西班牙为代表的宪法诉愿制度强化了一个国家对基本权利的保护,但是该制度也遭到一定的批评与质疑:宪法法院逐渐强化保障基本权利的同时,也对传统司法法院体系造成了影响,并逐渐成为法院体系中的另一个“最高法院”。

法国在设置过滤机制时充分考虑了德国和西班牙的情况,规定法官无权直接向宪法委员会提出合宪性问题审查的诉求。原审法官必须根据其所属的法院系统,将合宪性问题提交最高行政法院或最高法院,最高行政法院和最高法院在2009年关于适用宪法第61条第1款组织法(loi organique relative à l'application de l'article 61 - 1 de la Constitution)规定的期限内,过滤合宪性问题,并只将密切关联的合宪性问题提交宪法委员会。该法规定,普通法官不得主动提出合宪性问题。诉讼当事人一方必须以独立的、说理清晰的书面形式提出要求。合宪性问题可以在一审、上诉或撤销之诉中首次提出。在刑事预审程序中提出的,应当向二级预审法院提出,不能在重罪法庭一审中提出,但可以在对重罪法庭的判决提出上诉时以书面形式附加合宪性问题。

原审法院将合宪性问题提交最高行政法院或上诉法院有 3 个条件:首先,有争议的立法条文必须适用于具体的争议案件,或构成该诉讼的基础。评估这一条件是否达到是最高行政法院或最高法院的专属职权。若法院认为受诉法条并不是案件审理的依据,则不予移送。其次,受诉法条此前未经宪法委员会判决说理部分或判决主文确认合宪;否则,除非情势变更才可再次提交审查,如宪法修改等情况。最后,提出的合宪性问题应具有严肃性,原审法官对此有一定的裁量空间。为了避免当事人将提出合宪性问题作为诉讼拖延的策略,法官若拒绝移送合宪性问题,则当事人只能在对解决全部或部分争端的决定提起上诉时提出异议。

此外,在程序设计中,对最高行政法院和最高法院的审查也有期限限制。最高行政法院和最高法院一旦收到下级法院移送的合宪性问题,就需要在 3 个月的期限内审查是否符合前述诉讼的基础条件以及未经确认合宪的条件。2010 年 2 月 4 日宪法委员会有关合宪性问题优先移送程序的内部规则颁布,对 2009 年关于适用宪法第 61 条第 1 款的组织法中比较粗略的条款进行了细化。[1] 总体来说,合宪性问题优先移送程序于 2010 年 3 月 1 日开始实施,并取得了巨大成功。截至 2019 年 12 月 31 日,宪法委员会已经接受了 388 项最高行政法院移送的问题和 451 项最高法院移送的问题。违宪的法条主要涉及刑法和刑事诉讼法,之后是环境法或税法。

六、走在基本权利移植与本土化之间

一直以来,诸多比较宪法学者希望将法国宪法保障模式和德国、美国的宪法审查模式进行区分,认为法国模式下宪法委员会合宪性审查的主要功能在于维护客观法律秩序,而美国、德国等的宪法审查模式更聚焦对基本权

---

〔1〕 M. Guillaume, 《L'autorité des décisions du Conseil constitutionnel: vers de nouveaux équilibres?》, *Nouveaux Cahiers du Conseil constitutionnel*, n° 30, janvier 2011, p. 55.

利主观面向的保障。然而,这一论断也遭到实践的质疑。通过 1971 年以来判例的积累和 2008 年的宪法改革,立法具体化不再是法国权利保障的唯一途径,普通法官也可以直接适用宪法中的权利条款。法国对基本权利的移植无疑是较成功的,而成功的关键除学界的努力外,还有比较法资源的引入,以及来自法国司法实践中法官对公民权利捍卫的判例的积累。

第九章
言论自由与诽谤罪的界限*

言论自由是1789年《人权宣言》以降最重要的基本权利之一。本章主要对法国宪法委员会第2011－131QPC号判决官方评论进行编译与整理,从中窥探法国宪法实施中的基本权利审查框架,并以此为例,理解言论自由内涵如何获得确认与发展。

一、案情与争点

2010年12月17日,特雷莎(Térésa C.)女士向巴黎轻罪法庭提出诉求,要求审查法国1881年7月29日《新闻自由法》(Loi du 29 juillet 1881 sur la liberté de la presse)第35条第5款是否违宪。依该条款之规定,"如果指控事实发生于10年之前,则被告不得证明该事实的真实性"。案件的争点在于:该规定与1789年《人权宣言》第11条所保障的言论自由、第16条所保

---

* 本章原载莫于川、秦前红主编:《审判独立与权利救济》,法律出版社2016年版,第227～234页,原标题为《"诽谤罪"与"言论自由"之边界——评法国宪法委员会2011—131QPC判决》。

障的正当程序权和辩护权是否存在冲突?

依法国宪法第61条第1款之规定,该条款的合宪性问题须进行逐级移送:从巴黎轻罪法庭到巴黎上诉法院,再到最高法院和宪法委员会。2011年3月21日,法国宪法委员会受理了对这一“合宪性先决问题”的裁决请求。[1] 2011年5月20日,宪法委员会以“表达自由”为依据进行合宪性判断,对诽谤罪“真实抗辩”(Exception de Vérité)中的时效限制是否侵犯言论自由作出了裁判。[2]

二、判决主文

1. 1881年《新闻自由法》第35条第5款与宪法相抵触。

2. 在判决理由第7段所规定的条件下,违宪宣告自判决公布之日起生效。

3. 判决将在法国《政府公报》(*Journal officiel de la République française*)上刊登,并依1958年11月7日有关宪法委员会组织法(第58-1067号法令)第23条第11款所规定之条件通知。

三、评析

从法律意义而论,诽谤罪对公众滥用言论自由设置了刑事界限。因此,该罪构成与否和宪法所保障的公民言论自由权有极大关联。该判决中被审查的条款——法国1881年《新闻自由法》第35条主要规定了诽谤罪的犯罪嫌疑人可以在哪些情形下通过举证证明言论的真实性而免除刑事责任,同时该条第3款至第6款则规定了相关言论的真实性证明不被采信的3种情况:(1)追责涉及个人的私生活;(2)追责涉及10年以上年限发生的事实;

---

[1] 参见法国最高法院刑事庭2011年3月15日第1707号判决(Cour de cassation, chambre criminelle, arrêt n° 1707 du 15 mars 2011)。

[2] 宪法委员会对正当程序权和辩护权部分未作出判决。

(3)追责涉及的事实是已被赦免的或诉讼时效已过的违法行为,或是曾被定罪但又被撤销或改判的事实。这些例外情形降低了犯罪嫌疑人因言论真实而脱罪的可能性,构成了对其表达自由的限制。但限制是否正当,需要根据限制设立的目的是否妥当、限制的手段是否必要以及限制的目的与手段之间是否合乎比例来判定。因此,下文首先回溯被诉法条的立法背景及立法目的,其次根据宪法法官的逻辑、借用合宪性判断的方法衡量目的与手段之间的关系,最后试评述该判决产生的法律后果及后续影响。

(一)立法的历史背景及目的

法国1881年《新闻自由法》是世界上第一部完善的新闻成文法,对新闻出版的权益作出了详细规定。在19世纪的历史背景下,该法堪称1789年法国大革命以来对抗行政专制权力的一场胜利。[1] 1870年法兰西第三共和国成立之后,共和党人一直与保皇党人作斗争,最终在1879年以弗朗索瓦·保罗·儒勒·格雷维(Francois Paul Jules Greco)当选总统确认了共和党人的政治胜利。此后,共和党人在1881~1884年颁布了多部法律以践行其政治主张,[2]1881年7月29日法律就是在这样的背景下颁布的。该法一方面,确认任何人都有办报自由,报纸的编排、制作、发行和管理都可自由进行,取消了对出版的事前审查和提交保证金等限制措施,规定事后受惩罚的罪行只能依据刑法原则予以确定,且应符合罪刑法定的规定。另一方面,共和党人也认为自由是有界限的。依据1789年《人权宣言》第4条及第11条的规定,1881年《新闻自由法》也对滥用言论自由的行为进行处罚,可能受到处罚的行为不仅是出版作品,还包括所有公开发布的观点。具体就立法的结构而言,1881年《新闻自由法》前三章均与新闻媒体机构有关:第一章规定了出版社与书店,第二章规定了期刊,第三章规定了布告、书贩和通过公共

---

〔1〕 E. Derieux,《La loi du 29 juillet 1881》,*RDP*, 1981, p. 1501.

〔2〕 例如,1881年6月颁布的《集会自由法》(loi sur la liberté de la réunion),1884年3月颁布的《工会法》(loi sur les syndicats)等。

渠道(voie publique)出版等相关内容。尤其值得注意的是,该法第一章的完整名称为“印刷厂与书店都是自由的”。根据1880年对该法律草案进行审查的议员报告,“虽然法律正文中没有明确宣告自由主义原则,然而第一章的名称象征了立法者秉承的自由主义哲学”。[1] 此外,基于防止言论自由滥用的考虑,第四章确定了可能因为出版或发行渠道而产生的重罪和轻罪,第五章则规定了与轻罪有关的程序问题。在该案中,被质疑的条款(第35条)其实是经由1944年的法令加入的,构成了对诽谤罪作“真实抗辩”的举证限制。在秉承19世纪80年代立法者的自由主义基本立场的基础上,20世纪40年代的立法者以保障“社会和平”(paix sociale)以及“被遗忘权”(droit à l'oubli)两项法益为基础,证明了限制的正当性。[2] 具体而言,立法者将社会和平和被遗忘权都纳入了公共秩序的内涵中,不对年代久远(10年以上)的事实进行回溯从而避免影响当下的社会生活。因此,仅从历史维度考察立法目的,这部被审查的法律未有违宪之虞,宪法法官需要进入实质性的合宪性审查过程,并进行技术性的衡量、判断。

但需要注意的是,宪法委员会在1988年的一则判决中认为被遗忘权虽然符合对公共利益的保障,但不具备宪法价值。[3] 该判决并未清楚界定被遗忘权的性质,故如何协调言论自由与被遗忘权这两项权利在个案中的冲突仍然是法国宪法实践中的棘手问题之一。[4]

(二)合宪性判断过程

在进行合宪性判断之前,宪法委员会还确认了被审查对象的适格性:被提交审查的法律条款具有法律效力,且之前没有在宪法委员会的任何判决

---

[1] Rapport fait au nom de la commission chargée d'examiner les diverses propositions de loi relatives à la liberté de la presse, par M. Lisbonne, député. Chambre des députés, séance du 5 juillet 1880.

[2] J.-P. Doucet,《Note sous TC Saint-Denis de la Réunion, 15 mai 1984》, *Gazette du palais*, 1984, jurisp. 472.

[3] Décision n° 88-244 DC du 20 juillet 1988, cons. 24.9.

[4] 宪法委员会的判决(Décision n° 2013-319 QPC du 7 juin 2013)中依然反映了这一矛盾。

的正文(le dispositif)或判决理由中被确认合宪。

根据判决书的内容,大致而言,宪法法官通过三阶段论证得出了违宪结论。

第一阶段,宪法法官对言论自由原理进行重申。如前所述,最高法院向宪法委员会移送的合宪性先决问题为:1881 年《新闻自由法》第 35 条第 5 款“禁止诽谤罪被告在真实抗辩中提出 10 年之前的事实”之规定是否与 1789 年《人权宣言》第 11 条有关言论自由的规定、第 16 条所保障的正当程序权和辩护权的规定相冲突。但宪法委员会在 2011 年 5 月 22 日的判决中仅以言论自由为依据。在此前提下,宪法法官援引了 1789 年《人权宣言》第 11 条对言论自由是宪法所保障的权利进行确认,“自由交流思想和意见是人的最宝贵的权利之一。因此,每一个公民都可以享有言论、写作和出版的自由,但应该依法对滥用这种自由承担责任”。此外,在该判决书第 3 段,宪法法官依据 2009 年作出的判决强调,表达自由既是一项基本自由,也是“民主运行和其他权利与自由得到保障的条件之一”,[1]“对表达自由的限制必须是相对于其所追求的目的而言是必要的、适当的和合乎比例的”。[2] 通过这一阶段对原理的回顾,宪法法官认为,言论自由应当得到充分发挥,只在界限十分明确的情况下受到限制。

第二阶段,宪法法官开始针对该案的受审查对象(法国 1881 年《新闻自由法》第 35 条第 3 段 b 款)进行分析,对立法手段(举证时效限制)的正当性进行考量。宪法委员会认为,在诉讼过程中出示与诽谤事实相关的抗辩证明可以视为法庭为诽谤罪嫌疑人提供了另一个公开诽谤的机会:因为,一方面,被告人在举证中可以转化为控告人;另一方面,在诽谤罪有关的庭审中,有些新的诽谤观点可通过庭审获得更广泛的传播。因此,如果不对诽谤事

---

〔1〕 参见宪法委员会第 2011 - 131 QPC 号判决理由第 3 点。

〔2〕 这一论断来自宪法委员会 2009 年 6 月 10 日第 2009 - 580 DC 号判决(Décision n° 2009 - 580 DC du 10 juin 2009, Loi favorisant la diffusion et la protection de la création sur internet, cons. 15)。

实的举证进行一定的限制,那么将很可能给被诽谤人造成新一轮的伤害。这种潜在的危险还会阻碍被诽谤人通过司法途径捍卫个人尊严,从而间接损害司法公信力。此外,在司法实践中,这一对"真实抗辩"的举证限制在法国司法实践中也为最高法院的判例所确认,"十年期限的起算从援引的事实发生日起算,法官与当事人都不得违反这一禁止规定"。[1] 法官在必要情形下,甚至可以"依职权"适用此规定。[2] 宪法委员会援引且确认最高法院的判例也体现了其一如既往的"谦抑"态度。

第三阶段,宪法法官对目的与手段之间的比例关系进行衡量。言论自由的保护虽然受制于公共利益的范畴,但也有一定的审查标准。言论自由界限的标准应以比例原则为基准,但如何判断立法的限制与实现立法目的之间是合乎比例的,是一个十分微妙的问题。根据法国 1881 年《新闻自由法》第 35 条第 5 款之规定,被追诉诽谤罪之人可以证明诽谤事实的真实性以脱罪,但被指责的言论不得涉及 10 年以上年限的事实。宪法委员会指出,这一禁止举证撤销诽谤事实的规定适用于所有 10 年以上年限的指控,可以无区别地适用于所有依据历史或科学工作得出的谈话或书面记录,以及在公共辩论事件中所发表的指责言论。在司法实践中,法院对该规定的适用常常并不妥当,譬如,巴黎轻罪法庭在 1985 年 6 月 26 日的一则判例中便是如此。[3] 在该案中,历史学家肖维(Chauvy)在他的著作《奥布哈克,里昂 1943》(*Aubrac*, *Lyon* 1943)中将法国民族英雄、抵抗组织领导人让·穆兰(Jean Moulin)之死部分归因于奥布哈克夫妇的背叛,引起了法国舆论的关注。奥布哈克夫妇遂提起诉讼,控告肖维诽谤。这场诉讼导致了历史见证人与历史学家研究之间的冲突。在该案的审理过程中,由于被告人肖维不

〔1〕 Cour de cassation, chambre criminelle, 24 novembre 1960, n° 92 – 79059, Bulletin n° 551; 4 novembre 1972, n° 71 – 91448; 19 novembre 1985, n° 84 – 95202.

〔2〕 Cour de cassation, chambre criminelle, 19 novembre 1985, n° 84 – 95502, Bulletin crim. n° 363.

〔3〕 Tribunal correctionnel de Paris, 26 juin 1985, Gazette du palais 1985, 2, 586, note J. -P. Doucet.

能直接援引超过10年的事实进行真实抗辩，法院对此作了一些变通以降低适用中的严格性：同意诽谤罪嫌疑人进行善意(bonne foi)抗辩，且只能进行善意抗辩。但这种规避方式不能弥补被告人不能进行真实抗辩的缺陷：因为被告人如能证明所诽谤之事为真实的，则构成绝对免责之事由。

因此，宪法委员会认为，禁止援引“10年以上年限发生的事实”的立法目的在于寻求社会平稳以及保障公共利益，防止他人通过行使言论自由提及过往事实侵犯言论指向人的名誉。从这一点来看，限制的目的并无不妥。然而，这一禁止条款对10年以上的言论和书面材料进行毫无例外的对待：无论是科学工作还是历史、材料，抑或是涉及公共利益的公共辩论言论一律都不得作为证据使用。〔1〕这种绝对的、普遍的限制对表达自由造成了与目的不成比例的侵害。因此，这一条款侵犯了1789年《人权宣言》第11条的规定，应作违宪判罚。〔2〕

(三)法律后果及后续影响

通常而论，宪法法官作出的违宪判决总是比合宪判决更具有社会影响力。该案由于涉及言论自由这一民主社会中极为重要的基本权利，宪法委员会判决的价值显得尤其重要。在现代民主社会中，国家通过政治及法律手段保护言论自由的实现，刑法手段亦是其中必不可少的重要途径。从根本而论，刑法与宪法所追求的价值是一致的。因此，该案的直接法律后果便是剔除了对言论自由的过度限制，肯定了欧洲人权法院的判决，实现了法国国内法秩序与《欧洲人权公约》的统一。后续影响主要体现在两个方面：其一，在价值保障上加强了对言论自由的保障；其二，在程序机制上确定了合宪性先决问题审查机制的实用性。

1. 加强对言论自由的保障

言论自由是一项重要的宪法权利。宪法权利必须实现刑法保护，刑法

---

〔1〕 2011-131 QPC, 20 mai 2011, cons. 6.

〔2〕 2011-131 QPC, 20 mai 2011, cons. 4 à 6.

对宪法权利的保护存在直接保护与通过限制基本权利滥用而进行间接保护两种方式。然而,限制基本权利滥用的刑法规范也可能因为过度限制而侵害被保护的权利。因此,从基本权利限制之原理角度探讨,必须要对权利"限制的限制"(limites on limites)进行清晰界定,以区分诽谤罪与言论自由之界限。按照国际通说,言论自由界限的标准应以比例原则为基准,通过判例实践不断予以完善。而法国在这一领域的发展得益于合宪性先决问题审查程序的启动,诽谤罪的原意是为保护私人名誉权而对言论自由进行限制。然而,此种限制必须合乎比例从而不侵犯言论自由。该案就是通过重新审查有关诽谤罪定罪法制之合宪性,以比例原则为基准,剔除了其中与诽谤罪设置目的不合乎比例的限制,从而完善了对言论自由的保障。

(1)废除举证时间限制

法国1881年《新闻自由法》中的相关刑罚规定在现今的法国新闻法制中依然是对新闻媒体自由进行限制的主要规范依据,[1]但与现代社会的言论自由保障需求发生了一些抵触。废除举证的期限限制是合宪性审查制度"祛毒"(vider le venin)功能的一次体现。其既保持了现有法律秩序的安定,又排除了其中违反宪法,特别是有损基本权利的法律规范。此外,废除期限限制后,不仅在历史和科学研究中少了很多"禁区",而且在公共讨论中可使用的已知资源将更加丰富,以帮助对现实事物进行更深入的理解。

(2)加速了诽谤罪去刑罚化

在2010年法国合宪性先决问题审查程序正式运作后,1881年《新闻自由法》中有关的惩罚性条款成为被提交审查的"热门"条款,包括该案中所涉及的第35条在内的多个法条都被判决违宪。法国学术界将这一现象描述为"新闻法的去刑罚化"趋势。的确,为保护言论自由和新闻自由,诽谤罪去刑

〔1〕 除1881年《新闻自由法》外,法国《民法典》(第9条及第9-1条有关人格权和无罪推定的规定)、《刑法典》(第223-13条、第227-18条、第227-19条、第227-20条、第227-21条、第431-6条)也构成对新闻媒体自由的法律限制。

罚化已是国际潮流。对媒体报道和评论中的失实行为,通常以民事的诽谤(名誉侵权)法律来限制。法国2008年甘查尔委员会(Commission Guinchard)所作的关于"平静司法理性规划"(l'ambition raisonnée d'une justice apaisée)报告[1]中,便提出了65个建议,其中,第12个建议就是将诽谤罪和侮辱罪去刑罚化(有关种族或性别歧视的诽谤或侮辱除外),而转为在大审法院中就诽谤和侮辱的民事责任进行追究。

2. 对合宪性先决问题审查机制有用性的确认

(1)促进立法回应法律规范的变动

第一,对被审查规范内容"绝对性"的变动。

一如前述,被审查的法律规范呈现了极强的绝对性,不加区分地禁止举证超过10年的事实。但1998年6月17日第98-468号法律已经对其进行了一定程度的例外规定。例如,诽谤罪嫌疑人之言论若涉及未成年人实施的性犯罪(强奸、性暴力等)等事实,则不受10年期限的举证限制。换言之,在未成年人性犯罪案件中,被遗忘权之法益不再属于被诽谤人,限制了诽谤嫌疑人的举证。这一例外说明,在严重的犯罪中,该法律规范所强调的被遗忘权应让位于"真实"的价值考量,前述被审查规范的"绝对性"已然遭受挑战。如果同一法律体系中的规范存在冲突,则需要从上位法律规范的角度加以审查。而合宪性先决问题审查程序正是通过事后的违宪审查以捍卫统一法律秩序的功能。

第二,回应普通法院判例法的变动。

在司法实践中,普通法院对这一禁止性规定实际上已进行了变通以降低适用中的严格性,如同意诽谤罪嫌疑人进行善意(bonne foi)抗辩。最高法院的判例从总体而论,亦是十分保护"善意抗辩"以规避法律对"真实抗辩"的限制。特别是在与历史研究或有关的案件中,最高法院多次重申了

---

〔1〕 Rapport de la Commission sur la répartition des contentieux, 《l'ambition raisonnée d'une justice apaisée》, 2008, [presse. justice. gouv. fr]. Consulté le 20 Mars 2015.

"善意抗辩"的可能性。被告人可以在间接证明"善意"的过程中证明事实的真实性。例如,上文所提及的在巴黎轻罪法庭1985年6月26日有关历史学家肖维的判决中,被告人进行的"善意"抗辩。然而,这种规避方式并不能弥补被控告人因不能进行真实抗辩而免除全责的缺陷。因为从根本意义上讲,只要被告能证明其言词是真实的,就可全面抗辩原告的诉讼请求,即使被告主观上存在恶意,亦不构成诽谤罪。因此,宪法委员会对时效限制进行违宪宣告的判决成功地回应了普通法院判例的变动,为宪法规范进一步渗透至司法秩序中作出了较大的贡献。

第三,回应欧洲人权法院之判决要求。

在以往判决中,欧洲人权法院多次援引《欧洲人权公约》第10条有关言论自由的规定,对法国有关诽谤罪的立法进行谴责。较典型的案例如2006年11月7日"马昧尔诉法国案"的判决。[1] 在该案中,法国法院认为,原告所提交的多份证据证明,当时法国多个相关的公权力机构都涉嫌隐瞒辐射云进入法国的事实,但因相关材料超出了10年的期限而未予以采信。在国内诉讼途径穷尽的情况下,诺埃尔·马昧尔(Noël Mamère)援引《欧洲人权公约》第10条有关言论自由的规定,向欧洲人权法院提起诉讼。2006年11月7日,欧洲人权法院认为,诺埃尔·马昧尔的言论虽然"夸大了状况",但仍在许可的限度内。欧洲人权法院认为,"毋庸讳言,通常而论,对援引以前的事实作出时间限制是由于时间久远事件的真实性难以确认。但如果是涉

---

[1] 1999年10月23日,在法国公共2台(France 2)的一档名为《大家开讲》(Tout le monde en parle)的电视节目中,法国记者及政治人物诺埃尔·马昧尔直言斥责皮埃尔·贝勒翰(Pierre Pellerin)为"险恶的人",后者曾在1986年切尔诺贝利事件发生时担任法国中央电离辐射防护局(Service central de protection contre les rayonnements ionisants)主席。诺埃尔·马昧尔指称,皮埃尔·贝勒翰"多次谎称辐射云没有穿越(法国)边境"。针对这一指称,皮埃尔·贝勒翰对诺埃尔·马昧尔和法国2台台长提起诉讼。2000年10月11日,巴黎轻罪法院判决诺埃尔·马昧尔和法国2台犯有针对公务员的公共诽谤罪。两名被告不服,向巴黎上诉法院提起上诉,然而依然败诉了。两名被告因此向最高法院提出撤销之诉,但诉讼请求被驳回(CEDH, deuxième section, 7 novembre 2006, Mamère c. France, n° 12697/03)。

及历史或者科学研究的事件，则秉承相反逻辑：随着时间的推移，对当时事件的理解应当更接近事实。在切尔诺贝利事件对环境以及公共健康的影响这一问题上就是如此”。[1] 因此，欧洲人权法院的法官一致认为，法国法院的判决侵犯了《欧洲人权公约》第 10 条的规定，“对马昧尔的定罪在民主社会中对于保障第三人权利或声誉并不是必要的”。[2] 在欧洲人权法院判决此限制违背了《欧洲人权公约》之后，巴黎大审法院在 2007 年 5 月 21 日的一纸判决中排除适用此条款。但在司法实践中，还有不少案件都因为此举证限制而使被告不能被免除刑罚，欧洲人权法院的判决并未实质性地进入法国的国内法律秩序中。在该案判决的几个月后，欧洲委员会的议会会议于 2007 年 6 月 27 日批准了法律问题和人权委员会的“诽谤罪的去刑罚化”报告，明确要求法国修订或者废除 1881 年《新闻自由法》第 35 条。[3] 从这个意义上讲，宪法委员会于 2011 年废除举证限制的判决便是对欧洲人权法院 2006 年 11 月 7 日第 12697/03 号判决的确认，在实质意义上执行了欧洲人权法院的判决，回应了判例的变动。

(2)凸显合宪性先决问题审查机制的优越性

该案是在欧洲人权法院已经作出相关判决的情况下提出的，体现了合宪性先决问题审查程序相较合公约性审查（contrôle de conventionnalité）的优越性，因为违反公约的法条仅仅在个案中排除适用，而违宪法条则直接被剔除出了法律秩序。

在合宪性先决问题审查机制尚未施行之时，学界有关合宪性先决问题与合公约性审查机制之间的讨论就十分激烈。所谓的合公约性审查机制，是指行政法院系统或司法法院系统的法官均可在当事人的请求下，对其所

[1] CEDH, deuxième section, 7 novembre 2006, Mamère c. France, n° 12697/03, § 24.

[2] CEDH, deuxième section, 7 novembre 2006, Mamère c. France, n° 12697/03.

[3] Conseil de l'Europe, Commission des questions juridiques et des droits de l'homme, Vers une dépénalisation de la diffamation, 25 juin 2007, n° 11305, § 17.7.

适用的法律是否符合国际公约的相关规定进行审查。如果法官经审查认为,法律不符合国际公约的规定,则可排除适用该法律。[1] 可见,这一机制和2008年新法所规定的事后违宪审查机制有相当的相似性,且在适用范围上存在竞争关系。相比而言,当事人及律师更青睐合公约性审查机制,而非合宪性审查。因为国际公约及欧盟人权公约中规定的基本权利比法国宪法中规定的基本权利更具体、更明确,且在程序上便捷许多——普通法官便可直接作出决定,而无须提交至最高行政法院、最高法院,甚至是宪法委员会。法国学者担心,在这种情况下,违宪审查机制极易成为一种"装饰品",而没有太多的实用价值。自2010年合宪性审查程序启动以来,两套机制之间一直存在较微妙的关系。法国普通法院的法官在心理上更倾向自己占主动地位的合公约性审查。然而,竞争不一定总是产生分歧,也会导向一致或趋同。该案判决证明了合宪性先决问题审查机制的优越性,尤其是相较欧洲人权法院判决而言具有优势。[2] 通过此案,我们也有理由相信,合宪性先决问题审查程序将在法国立法及司法实践中逐渐展现出更明显的效用以保障公民基本权利。

总之,言论自由当然是有边界的,恶意造谣、诽谤他人等违法行为都应当被禁止。但如何认定"诽谤",往往与保障公民正当行使宪法所赋予的言论自由权有极大关联。如果边界不清,扩大打击面,则难说未有"窒息"言论自由之虞。法国宪法委员会在这一判决中表明了立场:尽量缩小"因言获罪"的可能性。这也是民主国家一致的发展趋势。

四、相关宪法条文

1789年《人权宣言》第11条规定,自由交流思想和意见是人最宝贵的权

---

〔1〕 参见王蔚:《权力制衡与宪政转型——以法国最新宪改为指向》,载莫纪宏、谢维雁主编:《宪法研究》第10卷,四川大学出版社2009年版,第350~356页。

〔2〕 Jean-Baptiste Perrier, 《Liberté d'expression et prescription de l'exception de vérité》, *Actualité Juridique-Pénal*, n° 9, septembre 2011, p. 414 – 416.

利之一。

法国 1958 年宪法第 61 条第 1 款规定："法院审理案件中，一方当事人认为案件涉及的法律条款侵犯了宪法所保障的公民权利和自由时，宪法委员会可以受理最高行政法院或者最高法院移送的合宪性问题并在一定期间内进行判决。"

第十章

“健康权”的期待与悖论*

法国1946年宪法序言第11款明确规定,“国家保护所有人(tous)的健康”。法国政府有义务依据财政状况逐步覆盖对公民健康的基本保障体系。法兰西第五共和国成立后,1946年宪法的序言经过宪法委员会确认成为宪法性文件,纳入了宪法审查规范依据(bloc de constitutionnalité)。宪法委员会根据这一依据对所有涉及公共卫生领域的立法、条例及规章进行合宪性审查,构建以全民健康保护为目标的公共卫生法律体系。尤其是在1990年1月22日的判决中,宪法委员会将健康作为宪法价值目标(objectif de la valeur constitutionnelle),允许国家在保护健康的价值指引下对其他宪法权利进行合理限制。值得注意的是,健康权虽然是宪法意义上的基本权利,但通说认为,这是不完整的基本权利,因为宪法委员会更强调其客观面向,即作为法秩序的统摄功能,但当事人无法在具体的诉讼中援引健康权

* 本章第四、第五部分原载《中国法律评论》2022年第1期,原标题为《走向“超人”:“完美健康权”的期待与悖论》。

以防御国家的侵犯或要求国家给付。[1] 然而，基本权利的完整性及实效性最终需要释放其主观面向。10 余年来，法国宪法委员会也保持谨慎的开放态度，通过援引人的尊严、自由、平等等宪法规范逐步开放健康权的主观面向，确认保障个人的健康法益。

如果从历时性的角度来看，我们大体可将近代法国的"健康权"发展分为 3 个阶段：宣示性的健康权、作为宪法目标的健康权以及主观面向逐渐强化的健康权。随着疾疫蔓延所带来的严峻挑战，中国的"健康权"保护从第一阶段到第二阶段，且在条件具备时走向第三阶段，似乎也是必由之路。

一、1946 年宪法序言：宣示性权利

从 1789 年至今，法国《人权宣言》及其后的宪法性文件规定，国家成立之初就有责任为贫苦人和残疾人提供保护和救助，有义务关心所有公民的健康。[2] 伴随社会发展，这个要求逐步扩大：不再仅仅是疾病和需要预防及制止的社会灾难，而是所有有可能将人类尊严置于险地的情况都需要得到国家的保护。换言之，健康概念扩大了，国家责任亦扩大了。

（一）1789 年大革命——1946 年宪法序言

第一阶段：大革命时期的文本重在保障弱势群体，而 1789 年《人权宣言》并未提及健康权，主要基于政治公民的抽象视角。1791 年 9 月 3 日的宪法以间接方式进行社会救助："应设立一个公共救助的总机构，以便养育弃儿、接济贫苦残疾人，并为无法维持生计的健壮贫困人提供工作。"该条文中的举措都旨在保护健康。[3] 1973 年宪法的权利宣言第 21 条虽并未实施，但强调共和国的社会责任："公共救助是一项神圣的义务。社会对不幸公民的生存负有责

---

〔1〕 Louis Favoreu et alii, *Droit des libertés fondamentales*, Dalloz, 4e éd., 2007, p. 293 – 296.

〔2〕 Didier Truchet, *Droit de la santé publique*, Dalloz, 2016, p. 2 – 10.

〔3〕 参见解志勇主编：《卫生法学通论》，中国政法大学出版社 2019 年版，第 351 页。

任,或是为他们谋得工作,或是保障无劳动能力者之生计。”而在1795年8月22日的宪法文本中,“健康”首次作为立法目标出现在宪法第356条中:“法律对与公共道德、安全和公民健康相关的职业进行特别监管。”[1]

第二阶段:1848年宪法。该部宪法的序言阐释了当时的意识形态,与国家的实践相一致。其中第8条规定:“共和国应通过兄弟般的援助来保障贫苦公民的生存,或是在自身资源限度内为贫苦公民谋得工作,或是为没有家庭且无劳动能力的人提供救济。”而第13条规定:“(社会)为其家人无能力救济的弃儿、残疾人和无收入老人提供救助。”宪法文本重申了大革命时期宪法在社会方面的内容,国家在必要时应代替近亲帮助处于弱势的公民。

第三阶段:1946年宪法。1946年宪法序言在今天仍具有宪法价值,根据第10款和第11款的规定,国家保障个人和家庭必要的发展条件,保障所有人,尤其是儿童、孕妇、年老工人的健康、物质安全、休息和娱乐。所有人,无论其年龄、身体和精神状况、经济处境,在无劳动能力的情况下,均有权从集体获得维持生计的补贴。该条款体现出平等价值注入了权利主体的范畴中。

(二)法国1958年宪法和宪法委员会判例

在法国,宪法判例于某种意义上也逐渐进入了法律渊源的范畴。法国1958年宪法文本中不包含权利宣言,但宪法委员会将1789年《人权宣言》、1946年宪法序言、“共和国法律确认的基本原则”(实际上是法兰西第三共和国法律)、公共服务的连续性(法律的一般原则)纳入宪法规范,除宪法目标外,我们通常称为“合宪性审查参照规范组”。其中,许多规范直接或间接地涉及健康。

健康无论是在事实层面还是在政治计划领域,都属于宪法客体,因为健康是为了促进社会正义而开启某项政治行动的正当话语。[2] 其既旨在实现

---

〔1〕 参见解志勇主编:《卫生法学通论》,中国政法大学出版社2019年版,第351页。
〔2〕 R. Masse, Entrée ,《santé》, in M. Marzano (Dir.), *Dictionnaire du corps*, PUF, 2007, p. 842.

个体健康计划，也为促进公共卫生之政治计划。由于健康为敏感话题，立法较多，但宪法委员会在此领域却较谨慎，并未产生太多判例。在2008年宪法改革之前，由于宪法委员会只能事前审查与健康相关的法律草案的合宪性，而提请权的主体——总统、总理、两院议长或60名议员基于政治考量，达成某种妥协而未提请合宪性审查。例如，2002年3月4日与病人权利和健康体系质量相关的法律（“库什内法”）或2011年7月第814号与生物伦理学相关的法律。这两部法律并未被提交给宪法委员会。此外，公共健康领域的法令（ordonnances）自公布时即具有规章制度的性质，且只有经议会批准才能取得立法性质，因此，为了规避宪法委员会的审查，大量健康立法以宪法第38条规定的法令作出。直到2008年7月23日宪法改革在宪法中引入了“合宪性优先审查机制”（新增第61－1条）才有所改变。宪法委员会审查的对象和审查的程序都发生了变化，可以对所有涉及“宪法保障的权利和自由”（les droits et libertés garantis par la Constituion）的立法经移送进行事后合宪性审查。换言之，非健康领域的立法也可能基于健康权被提请到宪法委员会。但迄今为止，除因强制收容住院引发的几个判决外，合宪性优先审查机制极少涉及健康方面且并未打乱规则［如通过2010年6月11日第2号判决判定反佩鲁契法（loi anti-Perruche）合宪，[1] 2012年5月16日第248号关于匿名分娩的判决的主文］。此外，宪法委员会对审查技术的运用十分谨慎，局限于对明显错误的审查：由此，2014年3月20日第457号判决判定接种疫苗义务合宪。

即使健康方面的判例并不丰富，宪法委员会的判例对健康权也具有重大影响。例如，1975年1月15日第54号关于授权自动终止妊娠法的判决，该法正是基于上述1946年宪法序言的条文被提交审查。宪法法官通过确认第11款表述的原则，规定国家保障儿童的健康是一条宪法原则，该法被判定为合宪。此外，健康领域较有代表性的宪法判决如下：

---

〔1〕 佩鲁契（Perruche）为一名先天性麻疹患者，因医师未在其母亲产前检查时发现而将其生下来。反佩鲁契法的主要内容为否决先天性异常患者对医生的求偿权。

——1980 年 7 月 22 日第 117 号关于“保护核物质”(protection des matières nucléaires)的判决。该判决确认,对于个人的健康与安全及财产的保护具有宪法价值的性质。

——1990 年第 283 号关于“抵制烟酒”的判决。该判决强调,保护公共健康的要求具有宪法价值。

——1993 年 8 月 13 日第 325 号关于“控制移民”的判决。给予外国人的社会和医疗救助取决于其是否在法国常规居住以及具体的居住年限,但限制条件应在特殊情况下予以变通,在紧急状况下也应保护所有外国人的健康权,以最大限度地符合 1946 年宪法序言第 11 条的要求。

——1994 年 7 月 27 日第 343 号和第 344 号关于“生物伦理学”的判决。确认人自出生起就被尊重,人的身体具有不可侵犯性、完整性且非财产性质,此类立法原则作为致力保障人格尊严的宪法原则受到尊重。

——2004 年 8 月 12 日第 504 号关于“医疗保险”的判决提出,社会保障财政平衡是一项宪法要求。

宪法委员会不愿承认与“合宪性范围”准则无直接关联的原则或规则具有宪法性质,如病人自由选择医生或医生开药方的自由。这并不意味着这些原则在法律中不存在,而是立法者在承认宪法的前提下能够制定或废除这些原则(只要不违反真正的宪法规则,如自由平等原则)。

应该说,1946 年宪法序言构成了分界点,在此之前多是强调对弱者的保护,此后更多地强调对健康权的平等保护,从而进一步约束立法者。从法国上述宪法文本的发展来看,我们可以得出以下几个简短的结论:“健康”在很长一段时间内都只是以间接方式出现在宪法讨论中的,即通过法律条文对先天或因病而丧失劳动能力者给予物质帮助,而后开始明确出现在宪法讨论中且这一讨论很快就达成了共识,即国家有必要保障健康。在 1946 年宪法序言中,对健康的保障进入现代化语境,对劳动卫生、预防义务都有规定。但是用语太过宽泛,没有规范效力。1946 年宪法序言在法国宪法史上具有重要意义:承前,对此前150多年的政治社会斗争作了确认;启后,为后续立法者的保护健康的责任奠定了基础,法兰西第五共和国宪法委员会通过判例确认1946年宪法序言成为合宪性审查的依据后,健康权的宪法地位进一步得以确认。

因此,法国宪法学者认为,从宪法观点来看,健康权包含两个方面:一个是作为个人基本权利的个人和主观方面,另一个是社会和客观方面,即为了社会的利益保护健康。无论对健康的定义有什么限制,一旦承认健康的权利是一种福利的权利,则一些问题仍然悬而未决。特别是“我们必须做所有技术上可能的事情吗”。这一问题实际上涉及健康权所面临的限制,特别是经济限制,我们将在后文讨论这些限制。此外,健康概念的全球性和可能成为医疗干预对象的新领域,使人们对治疗概念本身产生了疑问。

二、法兰西第五共和国:作为宪法目标的“健康权”

健康保障权在1946年宪法序言第11条中被提出,“国家保障所有人,特别是儿童、妇女、年老工人的健康、生活保障、休息和休闲”。得益于宪法委员会1979年有关自动终止妊娠的判决,序言第11条由简单的宣示性条文进入实定法体系以确认其宪法价值,并在其后1978年的判例中作为审查依据,审查受审法律是否符合宪法。此后,宪法委员会在众多判决中适用健康权规范。除确认1946年宪法序言第11条作为保护健康的宪法规范依据外,宪法委员会还通过社会保障、[1]平等、尊严、个人自由、公务的

---

[1] 从数量上看,宪法委员会在有关社会保障的判决中提及最多的是健康权。在这一领域,宪法委员会也审理与医疗责任法相关的诉讼。宪法委员会希望最大限度地承担被保险人出现的健康问题。在2010年6月18日的判决中,宪法委员会依据责任要求和公民获得有效救济的权利确认劳动事故赔偿金制度的合宪性。

持续性、[1]环境保护、[2]科研自由[3]等相关宪法规范解释健康应受到保护,展现了健康领域合宪性审查规范依据的开放性。作为普遍的客观价值,“健康应受保护”作为一项基本权利对于立法权来说不再是“宣示”和“纲领”,而是能够实际约束立法者的客观规范,通过法国宪法委员会的审查,确认健康受保护的实定法之功能。换言之,健康受保护权是可以直接约束公权力运作的“客观规范”或者“客观法”。

(一)“所有人”的意涵:个体健康与集体健康的双重保护

1946 年宪法序言第 11 款旨在促进的“健康”是将每个人均纳为国家保护的对象。通过这一条,制宪者不仅希望保障个体的健康法益,更希望保护集体面向的健康。因此,健康权(le droit à la santé)是很难实现的。从健康领域立法权限的配置来看,在宪法委员会网站刊登的 2014 年 4 月 4 日判决附加的官方评论中确认,公共健康虽然没有在宪法第 34 条中明示属于立法保留领域,但与第 34 条规定由法律制定的“社会保障的基本原则”“公民权利以及公民行使自由的基本保障(患者权利和卫生系统使用权)”“公共机构的设置(公共卫生机构的地位)”“民事与商事的义务(如医生执业条件及医疗责任)”“刑事诉讼(健康领域的犯罪问题)”等紧密联系,也应该是立法保留事项。

---

〔1〕 2009 年法国议会通过《医院、患者、健康和领土法》(Hôpital, patients, santé et territoires),赋予私立医疗机构与公立医院同等从业的资格,宪法委员会基于公共服务持续性和平等原则审查该法,并要求私立医疗机构应当保证患者平等地接受有质量的治疗服务。《公共卫生法典》第 L. 6112 -3 条对此要求进行了具体化。至此,保护公共健康目的借由公务持续性原则得以实效化,私立医疗机构工作人员的罢工权因公务持续性受到限制,并受大区卫生机构的监督管理。

〔2〕 宪法委员会通过援引《环境宪章》中的“干净环境”,将健康与环境联系在一起,每个人均有权生活在健康受保障的环境里,预防环境受损原则也应受到立法者的尊重。例如,通过抗噪声而实现健康。若有立法与《环境宪章》第 1 条存在相抵触的情况,可作为合宪性先决问题移送请求之依据。

〔3〕 对健康的保障与研究自由也存在一定的关联。特别是在胚胎、基因等研究领域,健康可以成为“双刃剑”,一方面基于保障健康而促进研究,另一方面限制研究(基因链)。

1. 对个体健康的保护范畴

健康受保护权不仅针对人,而且是针对所有人,包括雇员、[1]年轻人、外国人,[2]立法者针对外国人制定了一些特殊条款。因此,个体健康中的权利客体,主要是指儿童、妇女、劳动者的健康。此类条款受双重限制:国际条约和所有居住在共和国领土上的人所享有的基本权利。[3] "胚胎"并不包含在1946年宪法序言中的"所有人"(tous)的范围之内,按照利奥·哈蒙(Léo Hamon)教授的解释,健康的概念只能适用于与母亲健康概念相分离的"个体"(être)。这一解释获得最高法院、[4]最高行政法院和宪法委员会判例[5]的认可和适用,未出生的人不被视为此处的健康权主体。此外,宪法委员会首次接受60名国民议员或60名参议员提请的诉求后,在审查自愿终止妊娠合法化的法律是否合宪时,其确认:一方面,每个人自一出生开始就应获得尊重;另一方面,将自愿终止妊娠的使用限制于遇险情况或治疗上的原因,不与序言中的任何内容相抵触,尤其是"保证对儿童的健康予以保护"。[6]

同样,宪法委员会确认健康受保护的原则应该与1789年《人权宣言》第2条规定的妇女的自由相联系,强调对妇女健康的保障。值得注意的是,个体健康的实现与医疗机构、执业医生等医疗资源以及社会经济条件密切相关,宪法委员会在此将对个体法益的保护作技术性处理,由立法者依据国家财政和社会保障等制度进行调和,宪法委员会只对立法中明显违反宪法的

---

[1] Cons. const., décision n° 77 – 92 DC du 18 janv. 1978, Contre-visite médicale, Rec., p. 21.

[2] Cons. const., décision n° 89 – 269 DC du 22 janv. 1990, Loi portant diverses dispositions relatives à la sécurité sociale et à la santé, Rec., p. 33.

[3] X. Prétot, 《L'application du principe d'égalité à l'étranger résidant en France》, *RDSS*, 1990, p. 437; B. Genevois, 《Du dédoublement de la convention nationale des médecins aux droits des étrangers》, *RFDA*, 1990, p. 406.

[4] Cass. ass. plén. 29 juin 2001, Bull. civ. n° 8 note A. Lamboley.

[5] Cons. const. 15 janv. 1975, D. 1975. Jur. 529, note L. Hamon.

[6] Cons. const. 15 Jan 1975, n° 74 – 54 DC.

条款进行违宪判断。

2. 对集体意义上健康的保护

宪法委员会通过保护集体健康法益来证明对其他基本权利构成一定限制的正当性,如罢工权、营业自由、财产权。此外,还有与公共健康密切相关的社会保险体系。宪法委员会审查国家财政法是否有足够的款项拨付以符合公共健康的全覆盖标准。最高行政法院一直在进行公共健康领域的合法性审查,虽然健康方面的判例并不丰富,但宪法委员会的判例对健康权具有重大影响。

(二)宪法价值目标的厘定与实施

在法国宪法委员会的事前审查中,受制于健康概念的复杂性,宪法委员会将其设置为一项宪法价值目标。依据这一目标,宪法委员会对健康领域的立法有数量不多的审查判例,其中涉及立法草案部分违宪。具体而言,宪法价值目标意味着健康不能成为请求权的直接依据,不调整私人之间的法律关系。宪法价值目标的实现要求:其一,立法和行政主要负责具体化,并对立法和行政法规中与健康目标无关或阻碍健康目标实现的规范进行违宪判断。其二,在制定规范过程中,与其他宪法权利进行调和。既保护个人健康,也出于保护公共健康的目的,适当地限制其他基本权利。其三,尤其值得关注的是社会保障与财政平衡调和(l'équilibre financier de la sécurité sociale),以逐步实现国家保护健康的宪法价值目标。

1. 立法与行政权的实现义务

从宪法层面审视,公民的健康权利被理解为一项宪法价值目标,宪法委员会将目标的实现义务交给立法者和行政机关:“立法者和行政机关都有责任根据各自的权力,根据1946年宪法序言部分第11条所规定的原则,确定适用健康权的具体程序;特别是制定适当的规则,以实现序言部分所规定的目标。”最高行政法院进一步明确,“健康权的宪法原则要求将医疗支出的预测目标定在符合人民医疗需要的水平”。

宪法价值目标的首要功能在于给立法者提供价值指引。首先是在议会立法和行政立法之间找到横向平衡;宪法第 34 条立法权限保留事项中没有明确将健康事项放入,但这并不意味着排斥了立法者权限,立法者可以通过以下方式在健康领域立法:第一,严格的立法保留领域,议会立法者专属领域。有关公民公共自由行使的领域,属于仅能由立法者制定规则、行政机构严格执行的领域。这是比较敏感的领域,如对人体的干预必须与人体完整性不受侵犯的原则相协调。因此,强制接种疫苗只能由立法者规定。行政立法只能尊重议会立法,或者在后者授权的情况下采取适用法律所必需的措施,行政法院负责对此进行合法性审查。此外,宪法委员会按照宪法第 34 条和 1946 年宪法序言第 11 条有关健康权的规定,对立法不作为进行合宪性审查。如在强制医疗相关立法中,宪法委员会认为立法者在法条中对可以不经患者同意便强制收院的条件规定得不充分,违反了宪法对健康权的保障目标。第二,议会立法确定社会保险法领域的基本原则,预留了较大空间给行政条例以补充完善立法。多数是在医疗保险领域。例如,只能由立法者制定规则以提高就医费用,而行政立法权仅仅能在立法制定的规则下调整具体金额。1996 年宪法改革后,社会保险资助法属于议会立法保留范围。因此,议会负责制定医疗保险支出的国家目标,确定健康预算。第三,行政立法创制性权限呈现扩张趋势。除制宪者赋予立法者的专属权限或与行政立法分享的权限外,还存在行政立法者的自治权限,特别是基于维护公共秩序的理由。从法兰西第三共和国开始,总统或总理就拥有了此类权限,如在公共卫生领域颁布公共场所禁烟的法令。

其次是纵向权力配置。宪法第 72 条规定得不清晰,仅规定地方可以在法律规定的条件下自由行政。在法国历史上,地方比国家更早介入健康领域,但国家扮演了更重要的角色,在地方的参与下制定卫生政策。[1] 2004

---

〔1〕 J.-M. de Forges, *Le droit de la santé*, *Coll. Que sais-je?*, PUF, 2010, p. 63.

年《公共健康法》出台后，国家更是强化了这一政策制定权，《公共卫生法典》第 L. 1411 -1 条和第 L. 1411 -2 条规定，国家根据规划制定健康政策，公共健康政策目标每5 年通过立法形式制定一次。因此，目前在法国健康领域纵向权力的配置中，地方享有的是剩余职权。例如，在大区一级建立了大区健康机构，由卫生部直接管辖，成为真正的大区一级的卫生行政部门，以调解地区间健康条件不平等的现状，还负责将国家的健康政策进行地方层面的调整适用。

2. 对其他基本权利限制的正当性依据

健康作为合宪性审查请求依据，也成为对其他权利和自由进行限制的理由。从 1975 年 1 月 15 日的自愿终止妊娠第 1 号(IVG I) 判决开始，健康成为立法者必须与其他权利协调的价值之一。判例法发展到今天，在公共健康目标有效保障的前提下，立法者掌握调整健康领域预算的主动权，并基于健康保障的理由对其他权利进行限制。

第一，限制财产权。

宪法委员会在 1991 年有关埃万(Evin)法的合宪判决第 8 段中指出，财产权可以在特定条件下受到公共利益的限制，知识产权的绝对性受到健康权的限制，许可证(licences d'office)自动颁发受到公共健康的影响。[1] 立法者规定了药品上市许可的获得条件以及药品使用方法。与此同时，立法者必须考虑协调药品知识产权与健康目标的协调性，健康权在一定程度上成为限制个人知识产权的依据。

第二，限制缔约自由、营业自由、医疗机构的自主权。

通过援引健康保障之目标——限制营业自由(la liberté d'entreprendre)。宪法委员会 1991 年 1 月 8 日判决审查限制吸烟和饮酒法之合宪性，保障青少年身体健康的目标为立法者提供了限制烟酒售卖的正当性依据。此外，

---

[1] Décision n° 2012 -659 DC, 13 déc. 2012, cons. 55, *Rec.*, p. 680.

在2013年1月25日的判决中，宪法委员会对立法进行了有限审查，对立法授权地方行政单位对烟草进行最低定价的条款进行了合宪性判断，认为定价权虽然影响了企业营业自由，但其是基于公共健康的考虑，这一授权并未超出限度，依然在合宪框架之内。

有关医疗机构的自主权领域，涉及公立和私立医疗机构的诊费定价问题。法国所有的公立医疗机构和大多数私立医疗机构都参加国家公共医疗系统，它们同意按照与政府协定的价格提供医疗服务，这些机构被称为协议医疗机构(conventionée)，[1]少部分私人医疗机构对医疗服务自行定价，不受政府限制，这些机构被称为非协议医疗机构(non-conventionée)。在非协议医疗机构看病的费用往往不能由社会医疗保险报销，只有在协议医疗机构内看病的医疗费用才可以在社会医疗保险局报销。这一制度，可能涉及对非协议医疗机构营业自由的损害，在一定程度上阻碍了患者选择非协议医疗机构的医疗服务。但是基于公共健康的目的，对医疗机构诊疗价格进行规制的立法符合宪法。

第三，限制就业权、罢工权。

宪法委员会对医学文凭取得的条件进行审查，以满足健康保障的要求。就业权也需要同与健康相关的职业资质相协调，如看护小孩的专业人士需要获得一定的健康执业资质。与工作条件相关的集体协议(conventions collectives)虽含有意思自治，但不得损害劳动者健康，因此，立法可以确定法定工作时间以防止过度疲劳。就罢工权与健康的冲突而言，宪法委员会也进行了协调：在与人体健康、财产安全密切相关的工作领域，罢工权受到必要限制，特别是核能生产工作岗位。

---

[1] Décision n° 89-269 DC, 22 janv. 1990, cons. 20, Rec., p. 33; décision n° 91-296 DC, 29 juill. 1991, cons. 25 à 27, Rec., p. 102. 一般而言，大多数私立医疗机构就诊疗检查价格与政府签约，由行政机构通过协议达成。协议价达成后成为签约医疗机构，患者诊疗后由法国社会医疗保险局报销。

第四,限制言论自由、隐私权。

青少年健康受到国家优先的保障,所以国家立法对烟、酒广告进行限制,创设了这一领域的广告审批制度。诚然,这一规定因为对广播电视平台自由播放广告进行限制从而存在损害言论自由、媒体自由之虞,但是基于健康目标予以协调,证成了限制之正当性与合宪性。2001 年,宪法委员会在自愿终止妊娠第 2 号(IVG Ⅱ)判决中,认同自愿终止妊娠法第 8 条合乎宪法,该条删除了此前立法授予公立医疗机构负责人的对自愿终止妊娠手术的否决权。换言之,公立医疗机构不能过度侵入个体私领域,而应尊重个体隐私权。当然,健康也有可能成为对个人自由进行正当性限制的依据。在自愿终止妊娠第 2 号(IVG Ⅱ)判决中,宪法委员会认为,自愿终止妊娠法一方面保护了医疗数据信息的公共流通性,另一方面保障了个人自主权,特别是自愿接受治疗的权利。在医疗信息保障方面,宪法健康保障目标授权立法者通过创设个人电子健康卡,储存有紧急救治需要的个人信息以及继续治疗的材料。但对于匿名的健康信息,立法者授权医疗机构之间可以共享。因此,在尊重隐私权的前提下,创建健康信息数据库获得了正当性。

3. 社会保障与财政平衡

法国宪法委员会基于对 1946 年宪法序言第 10 款和第 11 款的解释,明确指出,立法者需要在财政预算中保障低收入人群等弱势群体。法国宪法委员会也对立法进行了基于健康保护和预算收支平衡原则的合宪性审查。那么,如何调和客观经济条件与有效保护健康之间的冲突,也是合宪性审查的一个重要问题。健康的宪法之维在于立法者不能随意将保护健康的宪法要求让位于对经济效益的追求,而只能在保护健康的目标下作出适当调整。这二者存在立法目的的差异。例如,意大利立法中曾经允许不予报销私立机构的就医费用,宪法法院判决该条款违宪,因为该私立机构是在某特定医疗领域唯一的医疗机构,患者事实上没有选择权,只能到此机构就医。如果不允许报销就医费用,将造成对患者接受治疗权的不平等保障。法国《普惠制医疗保险法案》2000 年 1 月实施后，在法国居住的人可以得到公共医疗保险的保障，尤其关注低收入群体。宪法委员会确认了普惠制医疗保险体系，并要求政府调整《普惠制医疗保险法案》下的医疗保险体系，确保不能承担医疗费用的人群能进入该体系从而平等接受治疗。同时，要求医生的诊疗费需要在服务、安全与效率之间达到平衡。从比较法视角观测，意大利在宪法中规定，立法者需要确定与经济发展相适应的医疗补助(prestations)。健康的保护力度在很大程度上与财政支出有关，其关系治疗和药品费用的报销问题、是否可以选择医生的问题、医疗机构的组织问题以及是否允许外国人接受治疗的问题。因此，在意大利宪法法院的判决中，确认了"健康权不可克减的内核"(noyau irréductible du droit à la santé)，其中包括了"宪法意义上必要的卫生拨款"(prestations sanitaires constitutionnellement financière)，立法者只能在预算制定中符合宪法。

三、作为主观权利的"健康权"：实然与应然

德国基本权利理论的概念在 20 世纪 70 年代传入法国，并很快获得法国学界和宪法委员会实践的认可。宪法委员会首先着力审查立法是否尊重基本权利的客观价值秩序面向所对应的国家保护义务，但伴随个人健康诉求的多元化，基本权利主观权面向的防御权(消极)和受益权(国家给付)也在宪法委员会判例中得以出现。值得注意的是，国家给付需要寻求与公民的请求权相对应的机制，并非所有的积极义务都属于给付义务的范围，只有赋予人民以直接请求权，国家给付义务才能确认。例如，医疗保险制度是国家积极保障公民健康的表现，但公民只有在国家建立制度之后，才能直接请求给付医疗保险金。

宪法意义上的健康权因受制于多重因素，很难被解释为主观权。但是，它与尊严、平等、自由权利和原则的关系紧密，当个人尊严在健康领域或个人要求健康受平等保障未能实现时，可以要求获得赔偿。健康受保护的主

观权面向多元,多伴随具体的治疗或诊疗费报销要求,也体现在外国人在其他国家可以要求接受紧急救助,并且不因患病被遣返。这一主观性权利的实施在意大利、南非、西班牙等国宪法案例中得到了保障。例如,意大利宪法法院确认的“最低”健康权,可以认为这实际上是一项主观权利。根据这一决定的逻辑,在主观诉讼的框架内,病人可以要求使用其认为对自身有利的治疗方法。这种权利的主观性在其他情况下也很明显。同样在意大利,上诉法院认为,“鉴于公民的健康状况极为严重,而且不可能获得与公共机构匹配的福利,那么要求报销就是一种主观权利行使的体现”。同样,南非《宪法》第27-3条规定了“不得拒绝对任何人进行紧急治疗”的原则。在这种情况下,病人有获得这种治疗的主观权利。法律的主观性质也可以其他含蓄的方式予以表现。例如,有关人士可直接援引健康权提起诉讼,以终止对健康权的侵犯。比如,西班牙宪法法院裁定,当一名患有严重且无法治愈疾病的囚犯的健康状况恶化时,应给予附条件的释放。在法国,立法规定在特定情况下,国家无条件地向所有外国人提供家庭医疗援助,因此,有关人员有获得这种援助的主观权利。法国最高行政法院因此判决,因外国人健康受到损害而将其遣返的做法违法。虽然宪法委员会没有确认健康权为一项主观权利,但是通过与其他宪法基本权利和原则的关联解释释放健康权的主观面向,凸显了国家的具体给付义务。[1]

(一)健康权与人的尊严

宪法委员会在1994年7月27日判决中确认了人的尊严应受尊重是宪法价值,健康职业工作应遵循此原则,应当特别尊重“人的至上性”(la primauté de la personne humaine),从人的生命伊始尊重人,尊重人体的不可侵犯性、非财产性。这一原则对医患关系产生了影响,正如在2001年的判决中,最高法院将患者知情同意与人的尊严紧密相连。此外,最高行政法院也

---

〔1〕 Xavier Bioy,《Le traitement contentieux de la santé en droit constitutionnel》, *RDSS*, 2013, p. 45.

早在 1993 年就将尊重人作为医学伦理的基本原则。但是，宪法委员会拒绝认可职业自由为一项具有宪法价值的自由，尤其是医生的独立治疗权和患者的选择自由。人的尊严原则是普通法、国内法和国际法所承认的一项基本权利原则，即人不能被当作一种客体来对待。它的主要任务是管理两个领域，即保护个人不因生物医学活动受到损害，以及适用于危害人类罪行的规则。此外，这些界定尊严原则范围的领域并不具有排他性。尊严原则也被用来作为社会权利的基础，宪法委员会正是在这一基础上，连同 1946 年宪法序言部分第 10 款和第 11 款所载原则，确定了享有体面住房权利的宪法价值目标的存在。尊严原则不能脱离保护某些社会权利，特别是健康权。健康与保护人的尊严相联系，可以体现在主观权利中，即获得确保生存或至少是拥有生存手段的权利。在意大利宪法法院的裁决中，对健康权的最低限度内容的概念的引用可以与这一概念联系起来。当病人面临迫切的治疗需要，生存受到威胁，患者要求不得因经济原因而被拒绝接受治疗时，健康权和通过尊重生命获得尊严的权利之间存在必要联系。在同样情况下，印度最高法院也利用解释生命权来确认健康权的主观面向："国有公立医院和医护人员有义务提供医疗援助以挽救生命。"公立医院若不遵守及时向有需要的人提供医疗服务的义务，将违反印度《宪法》第 21 条规定的保障生命权。然而，南非宪法法院在同样情形下认为，从生命权中不能解释出国家积极义务，因此未援引生命权，而是坚持在健康权和尊严原则之间建立联系。由此可见，基于同样的治疗请求权，有的国家在合宪性审查中依据生命权解释出健康权的主观面向，有的则依据尊严权解释出健康权的主观面向。换言之，在具体的合宪性审查中，如果可以将人的尊严与人的健康结合起来，那么个人有权要求具体的健康法益受到保护。

（二）健康权与个人自由

健康与个人自由的关系十分紧密，尤其体现在以下几个方面：患者知情同意诊疗方案、对患者隐私的保护、保护健康中对个人自由的限制措施不能过度。最大争论点在于,患者能否自主选择诊疗方案。国家不仅要保护个人健康免受他人侵害,在一定程度上也要保护个人健康免受自我侵害。个人选择的药品有可能会造成不可预期的健康损害,因此,健康在个人自由领域的主观权面向不包含个人可以自由选择诊疗方案。保障健康的原则不包含病人选择医生的自由及医生的处方自由。受制于客观医疗资源配置的情况,宪法委员会始终保留此问题。[1] 最高行政法院将这两类自由定性为法律一般原则。[2]

(三)健康权与平等原则

平等权在健康领域主要是希望立法者可以促进患者接受平等治疗、公立私立机构平等、医疗信息平等获得等。自2008年合宪性先决问题审查程序启动后,平等保护接受治疗权成为新的热点。立法是否符合形式平等在合宪性审查程序中比较容易确定,然而如何在法条适用中符合平等要求是宪法审查的难点。在宪法层面,通过宪法诉讼对权利进行保障是传统的主观权利面向。1946年宪法序言第11条既是健康客观受保护的基础,也是健康权作为主观权利受保护的基础:通过从平等原则引申出的论据来证明病患之间的平等、卫生机构的平等、医生地位的平等、缴纳医疗保险的平等。平等接受治疗成为健康权主观权能的最重要表现之一。形式平等的审查基准较好掌握,而如何实现实质平等则是审查难点。如在具体案件中,若在相同疾病的患者之间采取不同的治疗方案,则需要论证是否存在事实上的地位差别。这一领域的价值取舍非常复杂,例如,是否应该鼓励慢性病患者延长寿命,是应该提倡使用已经过验证的治疗方法,还是应该致力试验创新的治疗方法?这些都是与健康有关的难解问题。再如,在本次新冠肺炎疫情救助机制下,在呼吸机数量有限的情况下,病患要求治疗的权利如何获得平等保障?是按照身体状况良好与否排序,还是根据年龄排序,抑或是根据享

[1] Décis. n° 89 – 269 DC. ;n° 90 – 287 DC du 16 janv. 1991; n° 2004 – 504 DC du 12 août 2004.

[2] CE 18 févr. 1998, Setion locale du Pacifique sud de l'ordre des médecins.

有的医疗补贴金或国籍差别进行排序?事实上,公共卫生政策的选择与健康能否受平等保障最相关。卫生政策必须在有限的资源系统中作出,其将个人的健康权置于公共健康之后。为了避免或纠正卫生政策超过合理范围,合宪性审查机构需要利用平等原则规范介入健康领域,在保护公共健康的大目标之下,以促进个人健康法益的实现。

总体来说,健康保障权首先表现为受益权:接受治疗的权利,获得社会保险补助金的权利及此类权利的平等行使。因此,法国构建了普遍医疗保险制度之上的补充保险制度。立法者旨在保障最贫困人口也能平等有效地接受治疗。[1] 鉴于在此方面规定权力的重要性,宪法委员会经常就健康保障权作出保留解释,以便解释享有医疗保险福利的权利。换言之,宪法委员会对健康的保障伴随合宪性先决问题审查程序的开启,更凸显了主观化趋势,以介入个案进行不同法益之间的协调。[2]

四、集体、代际的人类增强健康权之逐渐确认

虽然各国立法对技术的规制展现出了不同价值,在法律安定性与社会诉求的适用之间徘徊,但也逐渐达成了共识:我们人类的进步不能完全沉溺在生物保守主义之中阻却技术的发展。可以从健康权集体面向出发,通过社会连带代际权利支撑人类共同健康的提升,从而在法律层面实现完美健康诉求与技术的发展、人类增强之间的协调。

(一)立法价值:协调法律安定与社会实效

基因提升技术带来的挑战大致分为技术、道德和伦理 3 个维度,包括法学家在内的人文社科学者在后两种挑战中更能发挥其建议功能。“贺某奎

---

〔1〕 Décis. n° 99 – 416 DC du 23 juill. 1999, CMU.

〔2〕 B. Mathieu, 《Les avatars du droit à la santé: éléments d'analyse à partir du droit constitutionnel français》, in s. d. A Aouij Mrad, M. H. Douchez, B. Feuillet, Santé, *argent et éthique: une indispensable conciliation? étude française et tunisienne*, L'Harmattan, 2005.

案”的终局判决并未使该事件就此尘埃落定，我国法学界不同学科领域就该案展开了一系列的争论。在刑法学界，学者分别从非法行医罪、医疗事故罪等不同罪名入手对贺某奎团队行为的入罪问题进行了深入探讨；也有学者认为，应恪守罪刑法定主义，不宜以风险刑法理论作为入罪的论据。[1] 行政法学界的学者则将目光投向了如何将人的生殖基因编辑纳入行政监管的范围，试图平衡科研自由、社会风险和法律规制之间的利益考量。诚然，在对待“基因编辑婴儿”等类似事件时，生命伦理学、医事法学、卫生法学以及生命法学各自的视角与关注的面向是存在极大差异的。[2] 法学界需要为科研人员提供可预期的法律界限，同时协调法律安定性与社会实效之诉求。正如2016 年 10 月在一项人体临床试验中，研究人员首次使用遗传工具 CRISPR-Cas9 基因编辑技术试图根除肺癌。[3] 这种工具被称为“基因剪刀”，可以切割、替换、修改或灭活一个基因，在小鼠的一项实验中用来去除艾滋病病毒。CRISPR-Cas9 基因编辑技术的另一个潜在应用是生产人体器官，鉴于捐赠者的缺口仍然巨大，此技术有广阔的发展前景，立法者需要正视公民健康需要，协调法律安定与社会演进的诉求。立法协调的关键点在于找到基因工程的可能界限：既要允许一定限度内的科研自由活动，同时又要充分尊重和保障潜在者可主张的“开放性未来之权利”，让其自主地规划和主宰自己的可能生活。[4] 尤其值得关注的是，在刑事立法领域，正如有学者指出的，存在不同法益保护的可能，也容易造成立法内部的混乱。基因编

---

〔1〕 参见姜涛：《基因编辑之刑法规制及其限度》，载《东方法学》2021 年第 2 期。

〔2〕 参见刘长秋：《“基因编辑婴儿事件”与生命法学之证成》，载《东方法学》2019 年第 1 期。

〔3〕 “基因编辑技术”并不是一个新名词，已经被专家广泛用于艾滋病治疗，并取得了惊人效果。新的 CRISPR 技术更加实用，科学家将从病人的血液中提取 T 细胞（一种免疫细胞），然后使用 CRISPR-Cas9 技术来敲除细胞中的一个基因。CRISPR-Cas9 技术结合了一个识别染色体上特定基因序列的分子模板，以及一种在该特定序列位置切割染色体的酶。该基因的敲除编码是一种名为 PD－1 的蛋白质，它通常是细胞免疫反应中的一个检查点，防止免疫细胞攻击健康细胞。然而，任何事情都有双面性，CRISPR 技术有可能在错误的地方改变基因组，对患者造成身体伤害，有时还会造成新的癌症。

〔4〕 参见孙海波：《基因编辑的法哲学辨思》，载《比较法研究》2019 年第 6 期。

辑行为侵害的法益可能是人性尊严,从根本上改变了人的出生是一个偶然事实;也可能是医疗秩序,如“贺某奎案”中基因编辑婴儿行为被认定为非法行医罪;还包括人类遗传安全,基因编辑可能污染人类基因库。[1] 此外,外部社会和政治环境也会改变技术运用的正当性,老龄化社会在全球成为一个新现象,生育率持续走低,关涉整体人口的改善策略主要强调公共卫生和人口再生产。但随着生命科学技术的发展,政府不再把上述行为作为自己独有的责任和义务,转而更加强调个体对自身健康、生命方式的责任承担,技术进步本身即使是善的,也需要社会伦理规范的校准。

(二)“人类”健康权的集体诉求

在基本权利的基础上,特别是在凝聚社会正义的平等原则的基础之上,以及在有关损害赔偿的现有法律框架的基础上,正如有学者所言,有两种进路可以进一步反思对改良医学提出的问题,协调人类对健康权的期待与技术发展的界限:[2]一方面,“人”应该被放置于环境中被考虑,从探讨人权转化为探讨“人类”的权利;另一方面,通过提炼集体健康、代际健康等社会连带诉求,转化为立法努力实现对现有技术的规制。

1.“人类”的权利之主体厘定

“人”权可以放置于“人类”的权利中进行重塑。根据包括世界动物卫生组织在内的国际组织所倡导的“一个健康”战略,[3]这一方法考虑到人类健康(在个人和集体层面)、动物健康和生态系统健康之间的相互依存关系,考虑到开发和使用超人类主义生物技术的法律界限。人权与“人类”权利的特

---

[1] 参见姜涛:《基因编辑之刑法规制及其限度》,载《东方法学》2021 年第 2 期。

[2] Catherine Le Bris,《Transhumanisme et droits de l'homme: l'identité humaine et la protection de l'humanité》, Groupe de travail relatifàl'élaboration d'une déclaration universelle sur lepost/trans-humanisme(Working paper), Comité d'éthique des sciences de la Commission française pour l'UNESCO sous la présidence de Christian Byk, Avril 2018.

[3] 2017 年 9 月 21 日,世界动物卫生组织提出“同一个世界,同一个健康”口号,载世界卫生组织官网,https://www.who.int/fr/news-room/q-a-detail/one-health,最后访问日期:2021 年 11 月 1 日。

点不同。前者旨在保护个人自由,后者旨在保障人类的基本利益,如发展权、共同遗产权、和平权、环境权等。但两者都服从于一个独特的时间性:人权是在现在实现的,而人类的权利则是面向未来的。这里对人类健康的理解是广义的,世界动物卫生组织在 1994 年赫尔辛基会议中确定的概念接近于世界卫生组织定义的环境健康:"环境健康包括人类健康的多方面,包括生活质量,这些方面由我们环境中的物理、化学、生物、社会、心理和美学因素决定。它还关注管理、减少、控制和预防可能影响今世和后代健康的环境因素的政策和实践。"人类的权利有两个主要特点:其一,集体的和代际的。人类的权利是"集体的",意味着它们不能被简化为个人权利的补充。其二,人类的权利涉及所有人,不专属于任何一个人。[1] 由于人类权利是集体的,其不属于任何个人。由于几代人是交织在一起的,而且一代人在历史舞台上并不"独立",所谓的"后代人的权利"只是人类权利的一个方面,并没有自己的自主性。[2] 代际平等下的代际信托论也是有力的论据之一,其主张每代人"既是受托人又是受益人",作为受托人,不仅是为了邻近各代的利益,而且是为了未来各代的利益。因此,在个人选择之外,对在胚胎上进行的基因组干预,应具有集体利益的考虑。[3]

2. 社会连带健康的要求

人类的权利也被称为"团结的权利",而团结蕴含社会连带的要求:既表现在空间上,也表现在历代人之间。一般而言,在国际人权文本中,出生是充分享受此类权利的决定性时刻。根据《世界人权宣言》第 1 条的规定,"人人生而自由,在尊严和权利上一律平等",时间的光谱应该无限延伸,不仅停留在出生时刻。超人类主义的价值远远不能够提升到重塑整个科学工业体

---

〔1〕 P. M. Dupuy,《Humanité, communauté et efficacité du droit》, in *mélanges René-Jean Dupuy*, *Humanité et droitinternational*, Pedone, Paris, 1991, p. 137.

〔2〕 Catherine Le Bris,《Transhumanisme et Droits de l'homme: la protection de l'humanité et de l'identité humaine》, *Droit*, *Santé et Société*, n° 3 - 4, 2020, p. 22.

〔3〕 Ibid., p. 25.

系的意义上。公共健康、代际诉求应被作为防止侵犯平等权的内在限制加以促进。[1] 正如《世界人类基因组与人权宣言》第 1 条所指出的，“人类基因组是人类大家庭团结的基础”，当代人有责任引导科技进步，以保护人类和其他物种的健康，科学和技术进步必须符合“人类的利益”。

五、健康利益的整体演进

（一）法国立法修改吸纳社会选择：逐步放松对生物技术的限制

社会连带健康形成客观法，成为正当化国家对科学技术规制权的基础。其约束力不是来自政府意愿，而是来自实证法对社会连带的尊重：立法者必须遵守客观法，人民作为主权者监督立法者将社会规范准确地转化为实证法。[2] 法国立法者根据社会选择，逐步放松对技术发展的禁令，通过对《生物伦理法》的定期修订，最大限度地鼓励和利用科学和医学的技术改良前景，实现更深层次的平等。值得注意的是，例如，就对胚胎和胚胎干细胞的研究而言，法国法律已经从严格禁止转为允许有控制地开展技术研发：根据法国国家伦理咨询委员会（Comité Consultatif National d’Éthique，CCNE）2010 年 10 月 21 日的第 112 号意见，需要对人类胚胎来源的细胞研究进行伦理思考，并支持对人类体外胚胎的研究。法国适用于胚胎干细胞的法规逐渐放松了禁令，肯定胚胎干细胞在提供人体细胞的能力方面给予了人类诸多治愈疫病的希望。回溯历史，最开始在法国法律原则上禁止对胚胎和胚胎干细胞进行研究。[3] 宪法委员会在 1994 年的相关判决中指出，从人的生命开始就得到尊重的原则不适用于体外人类胚胎。[4] 随后，法国法律进

---

〔1〕 G. Nicolas,《La Fraternité ou la recherche du socle de la cohésion sociale face aux avancées transhumanistes》, *RGDM*, n° 75, 2020, p. 217 – 232.

〔2〕 参见王蔚：《“法律限制国家如何可能”：莱昂·狄骥法学思想的理论脉络与方法变迁》，载《政法论坛》2021 年第 5 期。

〔3〕 例如，法国 1994 年 7 月 29 日关于尊重人体的第 94 – 653 号法律，以及关于捐赠和使用人体元素和产品、关于生育医疗援助和产前诊断的第 94 – 654 号法律。

〔4〕 CC n° 94 – 343/344DC 27 Juillet 1994.

行了区分,对体内胚胎和体外胚胎进行了不同定性,指出体外胚胎可能是也可能不是“父母计划”的对象,这一法律标准对体外胚胎的研究进行了特殊保护。[1] 2004年《生物伦理法》引入了在某些条件下突破这一原则严格性的可能,[2]相关立法规定得到了2011年《生物伦理法》的确认与重申。[3] 2013年通过一部具体的法律开启了有条件的、授权的新型法律制度。[4] 2021年《生物伦理法》则更进一步,彻底将适用于胚胎研究的法律制度与适用于胚胎干细胞研究的法律制度区分开来:前者须遵守授权制度,而后者现在“只需作出声明即可”。这些法律变化逐渐促进了对胚胎干细胞的研究,体现了对人类健康利益的确认,推进其整体演进。这或许是未来法治的一个大趋势,没有理由拒绝更安全、更便利、更少疾病的生命体验。即便是在一个受基因遗传“乐透彩”支配的社会中,社会仍然有义务采取措施去提升自然禀赋的一般水平,并尽可能防止严重生理缺陷的扩散。[5]

(二)作为集体、代际之健康权的再主观化

健康的主观性与客观性,个体利益、集体性和社会连带等多重特质并存使健康权的内涵难以真正界定。目前,世界上很少有国家将健康权确认为一般意义上的主观权利,主要是因为健康的实现受制于多种因素,难以直接要求国家给付。但这并不意味着国家在公共卫生领域无所作为,恰恰相反,各国宪法普遍设有国家保护国民健康的义务,在客观法秩序层面统摄健康

---

〔1〕 C. Neirinck,《L'embryon humain: une catégorie juridique à dimension variable?》, *Recueil Dalloz*, 2003, p. 841.

〔2〕 Loi n° 2004 – 800 du 6 août 2004 relative à la bioéthique, JORF n° 182 du 7 août 2004, Texte n° 1.

〔3〕 Loi n° 2011 – 814 du 7 juillet 2011 relative à la bioéthique, JORF n° 0157 du 8 juillet 2011, Texte n° 1.

〔4〕 Loi n° 2013 – 715 du 6 août 2013 tendant à modifier la loi n° 2011 – 814 du 7 juillet relative à la bioéthique en autorisant sous certaines conditions la recherche sur l'embryon et les cellules souches embryonnaires, JORF n° 0182 du 7 août 2013, Texte n° 1; X. Bioy et E. Rial-Sebbag, 《L'autorisation de la recherche sur l'embryon: évolution ou révolution?》, *AJDA*, 2013, n°38, p. 2204 – 2208.

〔5〕 John Rawls, *A Theory of Justice*, Harvard University Press, 1971, p. 107 – 108.

权的宪法意涵，从而促进在立法层面建构完整的公共卫生规范体系，在行政权运行层面明晰中央和地方在公共卫生保护方面的权责关系，而对于司法机构来说，尤其需要重视如何有效保护健康权。一般而言，无论是健康权的个体面向还是集体面向，都致力实现真正的可诉性。虽然法官普遍承认健康权的宪法价值，但受制于政治、经济等外部条件的差异，一般难以赋予个体健康权明确的保护范围。然而，在集体层面，法官则可以更好地保障公共健康这一普遍利益的组成部分置于特殊利益之上。

第四篇

走向未来的宪法实施

第十一章
部门法的宪法化*

宪法与部门法关系主要呈现三重秩序，两者的关系呈现了从泾渭分明到交织影响的状况。法国法“宪法化”的现象晚于德国产生，在近50年的发展中，法国宪法与部门法之间展现了规范双向流动的特征：宪法相对部门法的“下沉”以及部门法相对宪法的“上移”。“下沉”主要体现在宪法对立法权限的设定、立法合宪性解释中宪法价值的辐射以及对法律草案进行事前合宪性审查的过程中；而“上移”则表现为部门法原则经由宪法判例确认入宪以及伴随事后合宪性审查程序的发展，司法机构对宪法的适用和解释后来者居上。普通法院逐渐边缘化宪法委员会在宪法化进程中的领导角色。由此，宪法化作为一般意义上的法律现象，其内在的悖论开始凸显：例如，宪法的法律性遮蔽政治性、公法与私法界限的模糊以及宪法审查机构在宪法实施中的定位。由此，宪法实施进程中需要动态评估部门法的宪法

---

* 本章原载《法学评论》2022年第4期，原标题为《部门法宪法化的双向流动——以法国法为例》，在成书过程中有所删改。

化现象,在宪法实施的适度留白与宪法原则作为法律人思考原点之中努力实现平衡,逐渐形成法治思维的“宪法反射”。

在宪法实施过程中,国家公权力运行和公民基本权利是否忠实宪法基础价值成为本书第二部分和第三部分的重要研究范畴。立法具体化似乎成为部门法与宪法联系的重要渠道。[1] 党的十九大以后,伴随我国合宪性审查的推进,“依法治国首先是依宪治国”“使每一项立法都体现宪法精神”“加强人权的司法保障”等价值理念强化了所有公权力机构和普通公民对宪法实施必要性的共识。在《民法典》编纂、《刑法》频修、立法修法工作不断强化的大背景下,宪法作为最高法成为部门法规范的正当性基准,客观法秩序的统一需要不断接受合宪性的调适,由此出现了“部门法的宪法化”趋势。[2] 诸多宪法学者开始进入宪法与部门法对话的领域。例如,有学者处理宪法与民法的关系;有学者对宪法与部门法关系作了总括性梳理,概括了3种类型的关系:“法律对宪法的具体化”“法律的合宪性解释”“法律的合宪性审查”,[3]并就刑事诉讼法和宪法关系开启了对话;[4]还有学者从法解释角度研究宪法与刑法的关系。[5] 然而,在各部门法的发展和解决实际问题的过程中,宪法规范却难以真正对其进行价值渗透与指引。部门法中的宪法争议愈演愈烈,刑事诉讼法中的证人作证豁免、民法中的“离婚冷静期”、行政法中的限行限号等条款和措施都向宪法寻求解答。[6] 法律草案中出现违宪疑义、司法裁判中援引宪法等情况还真实地存在。我们法治理念中出现的这些情况不能不被看作对法治实践的回应。我国现行宪法规定,宪法

〔1〕 参见郑贤君:《宪法虚伪主义与部门法批判》,载《中国法律评论》2016年第1期。

〔2〕 参见张翔:《部门法的宪法化:理由、路径和边界》,载《中国法律评论》2019年第1期。

〔3〕 参见张翔:《宪法与部门法的三重关系》,载《中国法律评论》2019年第1期。

〔4〕 参见张翔:《“近亲属证人免于强制出庭”之合宪性限缩》,载《华东政法大学学报》2016年第1期。

〔5〕 参见杜强强:《论宪法规范与刑法规范之诠释循环——以入户抢劫与住宅自由概念为例》,载《法学家》2015年第2期。

〔6〕 参见张翔:《部门法的宪法化:理由、路径和边界》,载《中国法律评论》2019年第1期。

和法律委员会“负责”推进合宪性审查,全国人大及其常委会协助其开展合宪性审查等工作。在这一契机下,宪法价值的渗透和辐射有了更多的制度空间,应当在统一审议法律草案、规范性文件备案审查、协助开展执法检查等监督工作,以及选举、宪法解释等工作中体现出来。总体来说,宪法和法律委员会的成立、备案审查制度的实效性发展,为部门法议题的宪法化提供了新动力。[1]

法国法上的“宪法化”(constitutionnalisation)自 20 世纪 80 年代从德国法中传入法国,经由法国埃克斯学派的创始人之一法沃赫的助推,宪法开始对整个部门法体系进行渐进“染色”。[2] 伴随宪法实施的深入,其已经成为学界普遍认同的宪法规范与部门法规范的互动现象。宪法对法律各部门的浸渍、灌溉、一体化,甚至辐射,已经成为法国法中较明显的现象。行政法、选举法、民法、[3]刑法、民事诉讼法、财税法、劳动法或者环境法[4]都出现了宪法化趋势。但如何定义宪法化却是难题,此概念本身就是一个多义的概念。其一,宪法化意味着宪法原则或基本权利适用于某一法律部门的某些规则或原则。其二,宪法化也可以是将某些法律一般原则上升为具有宪法价值的原则。例如,要求正常家庭生活的权利即是从家庭法中上升为宪法基本权利。其三,宪法委员会的判例法逐渐进入宪法渊源,促使宪法条文的内容发展,当事人在自己利益受损时开始自觉援引宪法进行说理,对宪法判例的尊重成为非常明显的宪法化特征。

宪法化作为宪法实施的重要表征也存在积极和消极双重悖论:积极层

---

〔1〕 参见于文豪:《宪法和法律委员会合宪性审查职责的展开》,载《中国法学》2018 年第 6 期。

〔2〕 L. Favoreu, 《L'influence de la jurisprudence du Conseil constitutionnel sur les diverses branches du droit》, in *Mélanges Léo Hamon*, Economica, Paris, 1982, p. 235, spéc. p. 244. L. Favoreu, 《L'apport du Conseil constitutionnel au droit public》, *Pouvoirs*, n°13, 1980, p. 17.

〔3〕 参见李玲:《论法国民法典的宪法化》,载《北方法学》2013 年第 6 期。

〔4〕 国内学者对法国环境法的宪法化研究比其他部门法更详细,参见王建学:《法国的环境保护宪法化及其启示——以环境公益与环境人权的关系为主线》,载《暨南学报(哲学社会科学版)》2018 年第 5 期。

面在于，促进法律的安定性和立法价值，促进部门法之间就重要原则达成共识。宪法作为上位法与下位法一同使整个法秩序更加融贯。公、私法之间的固有差异逐渐消融，形成了以宪法为核心的统一的法秩序，对宪法作为母法的地位进行了真正的重塑和落实。消极层面在于，“宪法化”现象可能建造所谓的“宪法帝国”，造成对其他部门法功能的侵蚀。

一、宪法对部门法的辐射和法秩序融贯

宪法化理念与宪法规范的扩张效应有关，由于扩张效应，宪法规范性的力量在整个法律体系中传播。宪法的原则和价值观、公共权力行使的目的与行为是所有次宪法法律规范的有效性条件。宪法从上至下影响立法、行政、司法的行动，包括宪法与个人的关系，甚至影响个人之间的关系。就立法权而言，宪法化限制了其在制定一般法律方面的自由裁量权或自由，规定了其为实现宪法权利而采取行动的若干义务。关于公共行政，除限制其自由裁量权、规定行为义务外，还为直接适用宪法的行为提供了有效依据，不需要普通立法者的干预。就司法机构而言，宪法是司法权必须行使的合宪性审查的要素，也是对系统的所有规则的解释进行调节的基础。此外，对个人来说，宪法在合同自由或私人财产的使用等方面对意志的自主性构成了限制，使其服从于宪法价值和对基本权利的尊重。可以说，法国宪法规范对整个法秩序的整饬既源于宪法理念与原则的变迁，也归因于合宪性审查技术层面的进步，尤其需要关注“立法至上”理念的式微、基本权利条款之辐射价值以及宪法司法机制的逐渐完善等因素。

（一）部门法宪法化的理论研究

第一次比较明确指出在法国存在“部门法的宪法化”现象的学术讨论可以追溯至1980年在巴黎东郊圣莫尔法学院召开的法国宪法学会会议。[1]

---

〔1〕 L. Favoreu,《La constitutionnalisation du droit》, in Mélanges Drago, *L'unité du droit*, Economica, Paris, 1996, p. 25 sq.

合宪性审查参照规范组的创立与逐渐扩张，伴随宪法提请主体的扩大过程，宪法可以直接适用，宪法成为真正的法律。[1] 在对不同领域部门法草案进行合宪性审查的过程中，议员提请的理由和宪法委员会的判决中都要涉及论证宪法与部门法的关系。伴随提请数量的增加，宪法化现象越来越突出。从理论层面理解，凯尔森的金字塔理论为其提供了最重要的支撑，宪法委员会判决成为宪法对部门法施加影响最重要的途径。[2]

从比较法层面观测，在“宪法化”现象产生和发展过程中，德国作为起源地成为一大共识。在1949年德国《基本法》诞生之后，联邦宪法法院进行了基本权利理论的促进，保护基本权利主观面向的同时也致力建立统一的客观法秩序。换言之，不仅是为了个人或多人的利益，也是为了捍卫社会的整体公共利益。此类宪法规则约束对所有部门法的解释，既包含公法，也囊括私法。1958年1月15日的“吕特案”成为分界点。从“吕特案”起，德国联邦宪法法院根据《基本法》所列基本权利类别，促成了一场真正的“宪法化革命”。[3] 在随后的几年中，联邦宪法法院判决部分民事立法规范违宪，以宪法中男女平等原则为审查基准，对婚姻制度以及离婚后前配偶的权利等制度进行了合宪性改革。此外，对同性恋婚姻和合同法等问题进行宪法化。与德国类似，第二次世界大战后的意大利宪法于1948年1月1日生效，于1956年成为宪法法院进行法律宪法化的起点并在20世纪70年代得以完善。在此之前，立法的合宪性是由普通法院通过过渡宪法来进行审查的，意大利宪法中的基本权利条款在宪法颁布后第一个10年里几乎没有实效性。在这一时期，意大利最高法院区分宪法中的“强制性规范”和“政策性规范”。

---

〔1〕 L. Favoreu, 《L'applicabilité directe et l'effet direct des normes constitutionnelles》, *RFDA*, 1984, p. 174.

〔2〕 L. Favoreu, 《L'influence de la jurisprudence du Conseil constitutionnel sur les diverses branches du droit》, in *Mélanges Léo Hamon*, Economica, Paris, 1982, p. 244.

〔3〕 Sabine Corneloup, 《Table ronde: Le cas de l'Allemagne》, in Michel Verpeaux, *Code civil et constitution(s)*, Economica-PUAM, 2005, p. 85.

对于强制性规范，法院可以直接援引并适用，而政策性规范只能约束立法者而不能进入司法领域。[1] 只有在意大利宪法法院成立之后，基本权利的宪法规范才开始在没有立法者具体化的间接路径下得以直接适用。

在法国，法律宪法化进程的起步较晚。1958 年宪法委员会成立之初并不旨在促进基本权利对其他部门法的约束。直到 1971 年 7 月 16 日的"结社自由案"判例，宪法化的进程才真正拉开序幕。[2] 1974 年 10 月 29 日的宪法改革进一步拓宽了提请权主体，议员成为最主要的合宪性审查提请者。合宪性解释方法的运用强化了宪法条款的规范效力，法秩序开始逐步浸润（l'imprégnation）在宪法规范之下。[3] 法国民法学者让·加蓬尼埃（Jean Carbonnier）也在宪法与部门法关系层面对宪法化现象进行评述：宪法的渗透可能和民法规范产生合作关系，但也要警惕二者之间的竞争和冲突。[4] 此外，在国家权力配置层面，合宪性审查机制不能取代立法者的权力，后者是宪制权的重要组成部分，源于主权的授予。[5] 司法机构早于宪法委员会诞生，宪法化也可能影响司法权威：这种法律宪法化的进程将涉嫌侵犯最高行政法院和最高司法法院的独立审判权。[6]

（二）立法至上理念的衰败

第二次世界大战后，"立法不会犯错"的卢梭理论思潮破灭。全球性的政治和道德变迁使人们认识到法律也可能是"恶法"，也可能成为为政权服

---

[1] Therry Di Manno,《Code Civil et Constitution en Italie》, in Michel Verpeaux (org.), *Code Civil et Constitution(s)*, Economica-PUAM, 2005, p. 126.

[2] V. Léo Hamon, *Contrôle de constitutionnalité et protection des droits individuels*, Dalloz, 1974, p. 83 – 90.

[3] V. Louis Favoreu,《La constitutionnalisation du droit》, in Bertrand Mathieu et Michel Verpeaux, *La constitutionnalisation des branches du droit*, Economica-PUAM, 1998, p. 190.

[4] J. Carbonnier, *Droit et passion du droit sous la Vème République*, Flammarion, coll. Champs Essais, 1996, p. 47 – 48.

[5] CC, 74 – 54 DC du 15 janvier 1975,《IVG》, *GDCC*, n° 9, Dalloz, coll. *Grandes décisions*, 2011, p. 84 sq.

[6] Guillaume Drago, Bastien François et Nicolas Molfessis (org.), *La légitimité de la jurisprudence du Conseil Constitutionnel*, Economica, 1999, p. 409.

务的政治工具。卢梭倡导的法律中心主义和议会绝对主义的神话也随之瓦解。诸多国家重新制宪,纷纷确立对立法权的制衡机制。欧洲各国宪法条款的数量较之以往也显著增加,宪法条款不能过于简短或模糊,也不能仅局限于调整国家制度。宪法作为最高法,必须详细规定和保护个人的基本权利,从而间接地为法律部门的宪法化提供基础。宪法化最典型的国家是德国、意大利,继而是葡萄牙(1976 年)、西班牙(1978 年)和巴西(1988 年)。最初,法国 1958 年宪法没有延续这一制宪脉络,戴高乐主导下的制宪过程只生成了一个非常简短的序言,必须迅速确立新宪法机构以缓解法国的困境。直到 1971 年宪法才通过激活 1789 年《人权宣言》、1946 年宪法序言等宪法性文件以趋同上述国家。

对于立法至上的破除还体现在新宪法的具体规定中,议会受到了内部制衡与外部削弱。[1] 具体而言,其一,议会两院制的设立,在保证国民议会立法主导权的同时,由参议院扮演"制动器"角色;其二,通过限制立法范围、承认行政机关自主立法权以及规定由议会和政府分享法律创制权等措施以削弱立法权的至上性;其三,议会议事规程必须提交宪法委员会审查,行政主导议会的议事日程。

(三)基本权利的实施

"基本权利"的概念几乎是在立法至上衰败的同一时期,在宪法和公约层面发展起来的。德国法律有助于传播基本权利的概念,而意大利使用了和德国稍微不同的词汇——"基本原则",并在宪法第 1 条至第 12 条中予以确认。同时,《欧洲人权公约》于 1950 年 11 月 4 日在欧洲理事会主持下于罗马签署。基本权利成为整个欧洲关注的重要话题,既涉及公权力机构和普通公民之间的关系,也涉及私人之间的关系。法国学者米歇尔·弗罗蒙通过 1974 年发表的《德国法秩序中的基本权利》一文,同时将"基本权利"和

---

[1] 参见方建中:《超越主权理论的宪法审查:以法国为中心的考察》,法律出版社 2010 年版,第 78~86 页。

“宪法化”概念引入了法国。[1]

(四)宪法司法的发展

宪法条文对基本权利的确认经历了从仅具有宣示性效力到立法具体化,再到由宪法审查机构予以实施的过程。在此过程中,法国宪法委员会和其他欧洲国家的专门审查机构发挥了很重要的作用。宪法司法在欧洲以一种与当时美国截然不同的模式蓬勃发展,法国宪法中延续的议会制精神和共和国传统都不允许司法机构审查法律是否合宪。最初宪法创设的宪法委员会是作为一种反对议会制度偏离轨道的“扳道工”,随后,宪法委员会的性质和功能逐渐发生转变,依据宪法规范对立法进行审查并对整个法律秩序产生了重大影响。此外,宪法委员会还确认了“共和国法律确认的基本原则”以及条文中隐含的部分不成文原则,如在1979年5月23日第79-104 DC号判决中确认关于地方政府的行政自由原则。正是法沃赫通过其学说影响、传播了宪法委员会的判例,和其在法律秩序中的宪法规范地位。[2] 法沃赫认为,判例的积累将在某种程度上重新定义了法国1958年宪法,丰富其内容并明确其规范轮廓。例如,人们认为,1971年7月16日的决定承认新的结社自由,1976年12月11日第76-70 DC号判决确认了辩护权,公共服务的连续性原则在1979年第79-105 DC号判决中得以确认。对于大部分法国人来说,通过宪法判例才开始真正了解本国宪法。在宪法委员会的判决中所发出的“保留性意见”(reserves)对宪法化是最有力的,普通法院进入宪法诉讼和执行宪法委员会判决都或多或少地深入探究了保留性意见背后的考量。值得注意的是,在2008年以前,绝大部分法国的法学职业共同体人

[1] M. Fromont, 《Les droits fondamentaux dans l'ordre juridique de la République fédérale d'Allemagne》, *Recueil d'études en hommage à Charles Eisenmann*, Cujas, Paris, 1975, p. 49-64.

[2] L. Favoreu, *L'influence de la jurisprudence du Conseil constitutionnel sur les diverses branches du droit*, *Itinéraires: études en l'honneur de Léo Hamon*, Economica, 1982, p. 235-244, et La constitutionnalisation du droit, *L'unité du droit, Mélanges en hommage à Roland Drago*, Economica, 1999, p. 25-42.

员只熟悉最高法院和最高行政法院的判例法，而从事后审查开始，其将不得不习惯宪法委员会这一“新成员”。法律人的推理习惯遭遇巨大改变。这个范式的变化必然会使宪法这一长期以来被许多人视为没有实效性，甚至不是法律的规范，逐渐变迁为规范宪法并成为其他部门法的法源。1975年《宪法委员会重要判例选集》首次出版，时任宪法委员会成员的马塞尔·马利纳教授在序言中写道：宪法委员会并非取代两个最高法院，[1]只是出现了一个法律人还不习惯的宪法法院。宪法主义者可以被认为是真正的法律人，而他们在此之前通常被认为是友好的时事评论员，并与政客进行争论。从那时起，宪法学授课和研究的新方法出现了。凯尔森金字塔理论在消失多年后重新回到了法国大众的视野。

二、部门法宪法化之差异以及法院间的商谈

部门法宪法化的另一个规范流动层面在于，宪法将某些原则吸纳到宪法领域（规范上升的流动）以及将部门法中规定的权利上升为“在宪法范围内的权利”。例如，享有正常家庭生活的权利之前是一项法律原则，之后上升为宪法原则。[2] 例如，隐私权的入宪过程也体现出，宪法对私人生活受保障权的宪法价值的认识是逐步形成的。[3] 正如乔治·韦德尔1987年就提出，宪法化为反向进行，基本概念并不在宪法中，宪法化更多是宪法确认预先存在的基本概念。[4] 宪法委员会仅简单地执行一个“反射机制”，确认和批准在部门法中获得的解决方案，以使其成为自己的解释方案。此外，他认

---

[1] L. Favoreu et L. Philip, *Les grandes décisions du Conseil constitutionnel*, Dalloz, 1975, Préface de Mancel Waline.

[2] CE, ass., 8 déc. 1978, Groupe information et soutien travailleurs immigrés [GISTI] et a., Rec. 493; Décision 93-325 DC du 13 août 1993, Maîtrise de l'immigration, Rec. 224, cons. 69 et 70.

[3] V. Mazeaud, 《La constitutionnalisation du droit au respect de la vie privée》, *Nouveaux Cahiers du Conseil Consitutionnel*, n° 48, p. 7-20.

[4] G. Vedel, Propos d'ouverture, *La Constitutionnalisation des branches du droit*, AFDC-Economica, s. d. B. Mathieu et M. Verpeaux, 1998, p. 15.

为，宪法委员会对某些原则和规则的整合将立即排斥普通法院的管辖范围："必须看到，一旦纳入，这些构造和技术就会成为宪法层面的问题，而且将由宪法法官管辖，不再是行政法官或司法法官。"[1]因此，部门法宪法化的上移式流动主要体现为以下3个特点：对现有法律原则的确认、不同部门法接受程度存在差异以及法官之间的互动与对话。

(一)对现有法律原则的确认

宪法学借鉴了各法律部门制定的原则，承认宪法本身的规范性源于部门法，对现有法律秩序进行巩固和加强呈现一种融贯性的努力。换言之，法律部门的宪法化也可以被视为一种"巩固现有法律"的形式，其中，可能有两种细分情形：其一，宪法委员会可以巩固现有原则，明确赋予它们宪法价值，如在刑事责任问题上，宪法委员会从最高司法法院的判决中获得启发，"除了他或她自己的行为，任何人都不会受到惩罚"，[2]从而与1789年《人权宣言》第8条、第9条进行关联并对该原则进行宪法价值的确认。[3] 其二，部门法的宪法基础不等于部门法的宪法化。[4] 宪法只是凝聚了一个国家最广泛的共识和价值，不能等同任何既包含伟大信仰又包含日常生活细节的神圣文本。学者或许只是试图确定部门法——如行政法的特殊性，并在宪法文本中发现了论证依据。[5] 正如乔治·韦德尔明确指出，宪法和法律的各个分支之间没有逻辑上的必然联系："宪法是建立在部门法之上的，而不是部门法建立在宪法之上。"[6]法律可能先于宪法产生，宪法的基本概念都来

[1] L. Favoreu,《Le droit constitutionnel, droit constitutionnel et constitution du droit》, *RFDC*, n° 1, 1990, p. 81.

[2] Cour. cass 3 mars 1959, bull. n°69.

[3] Décision 99-411 DC du 16 juin 1999, Délit de grand excès de vitesse, Rec. 75, cons. 7.

[4] P. Delvolve,《L'actualité de la théorie des bases constitutionnelles du droit administratif》, *RFDA*, 2014, p. 1211.

[5] Ibid.

[6] G. Vedel, Propos d'ouverture, *La Constitutionnalisation des branches du droit*, AFDC-Economica, s. d. B. Mathieu et M. Verpeaux, 1998, p. 1.

自部门法的存在,如公共服务概念来自行政法。也正是在这一意义上,乔治·韦德尔提请宪法学者注意"宪法帝国主义"的危险性,不能将法秩序正当化之"密钥"掌握在宪法及宪法法院(委员会)法官的手中,也不能将宪法文本神圣化,走向"宪法万能论"。

(二)不同部门法接受程度存在差异

自20世纪80年代至今,有关公法或私法宪法化的代表性研究,包括宪法与行政法的关系、[1]宪法与私法的关系,[2]以及整个宪法化动态过程的研究。最初,不同法律部门的问题影响宪法委员会的决定,但这并不证明宪法委员会对整个法律产生了影响。仅仅从宪法委员会的决定中得出将法律宪法化的结论,就等于混淆了起源的出现点和结束点。尤其值得注意的是,不同部门法对宪法化的接受程度不同,某些法律部门似乎特别容易接受,特别是与基本权利限制关系紧密的刑法和刑事诉讼法。

首先,受基本权利辐射效力的影响,宪法与刑法的循环解释非常密切。在1971年之前,宪法条文若要获得规范上的有效性,必须借助法律系统之核心——司法的运作。若是缺乏相应的配套机制,则无法真正成为法律系统之内的要素。宪法规范的否定性后果需要借助刑法强大的制裁性体系,即让宪法长出"牙齿"。

其次,法国宪法最初没有处理与行政法的关系,但伴随学说和判例法的发展,行政法与宪法的关系得到了一定意义上的体系化。法国法上宪法与行政法的关系可以从两个层面进行论述:一是宪法和行政法规范的双向充实和互动补强。部分宪法规范成为对行政行为合法性审查的直接依据,以

---

〔1〕 O. Bouboutt, *L'apport du Conseil constitutionnel au droit administratif*, Economica-PUAM, coll. Droit public positif, Paris-Aix-en-Provence, 1987, p. 3.

〔2〕 M. Frangi, *Constitution et droit privé*, *Les droits individuels et les droits économiques*, Economica-PUAM, 1992; N. Molfessis., *Le Conseil constitutionnel et le droit privé*, LGDJ, Paris, 1997.

及部分行政法规范进入合宪性审查参照规范组。二是行政权作为公权力运行过程中的宪法化，行政权在行政组织体系化与行政权职权范围扩大中得以强化，行政法院的独立和行政诉讼的发展促成行政权在合法性审查中逐步注入合宪标准。

最后，宪法和民法的关系可能是最微妙的关系。正如有学者指出，宪法与民法关系的最大问题在于"宪法优位"与"私法自治"之间的冲突。[1] 民法长期被认为是法国"真正的宪法"，如何处理两者之间的关系颇为棘手。从民法角度观察，宪法对其的作用依然很微弱，民法保持了完整且封闭的私法规范体系，在一个特定的法律分支中，以法律一般原则（les principes généraux du droit pénal）的形式提供基本规范。[2] 例如，在2003年宪法委员会的判决中，国内安全（sércurité intérieur）原则或公共秩序规则（règles d'ordre public）均源自民法原则。此外，在法国批准同性恋婚姻合法化之前，通过民事团结协议（pacte civile de solidarité）来替代婚姻制度以保障同性恋群体的平等权也是常见做法，但其中，可能涉及一些公序良俗的问题，最终还是要由宪法委员会从民法中提取原则并加以宪法化。[3] 例如，2006年宪法委员会在判例中定义"父母失职"（carence parentale）时援引了法国《民法典》第371－1条。[4] 与此同时，民法学者让·加蓬尼埃对宪法化现象表示了一定程度的担忧，认为宪法的渗透可能和民法规范产生合作关系，但也要

〔1〕 参见王锴：《宪法与民法的关系论纲》，载《中国法律评论》2019年第1期。

〔2〕 Décision 2003－467 DC du 13 mars 2003，Sécurité intérieure Rec. 276，cons. 73.

〔3〕 因此，宪法委员会提到，例如，"关于人的法律的公共秩序规则，特别是包括禁止乱伦（prohibition）"（Décision 99－419 DC du 9 novembre 1999，Pacte civil de solidarité，Rec. 116，cons. 74）。

〔4〕 宪法委员会决定第34段指出，在学校缺勤、学校运作受到干扰或与缺乏家长权力有关的任何其他困难的情况下，总理事会主席与未成年人的父母之间应签订家长责任合同，该法允许总理事会主席在其注意到未成年人的父母或法定代表人的义务没有得到遵守，或者在没有合法理由的情况下无法签署合同时，决定暂停与儿童有关的家庭福利；第37段指出，考虑到，首先，可能成为暂停某些家庭福利的理由的事实，在父母所承担的义务方面有足够清晰和准确的定义；父母失职的概念是指《民法典》第371－1条所规定的内容。V. Décision 2006－535 DC du 30 mars 2006，considérant 34 et 37.

警惕二者之间的竞争和冲突。[1] 合宪性审查机制不能取代立法者的权力，后者是宪制权的重要组成部分，源于主权的授予。[2]

当然，从宪法委员会判例的角度来看，在对民法充分尊重的基础上，也在逐步实现宪法至上。尤其在“解法典化”现象开始出现之后，民事单行法的出台关涉诸多微自治系统，在民事法律体系较分散的情况下，宪法又成为一种整合法秩序的重要价值体。这意味着必须从宪法角度阅读和理解整个法律秩序，以便使其所载价值成为现实。总体来说，法律的宪法化，即宪法置于法律制度的中心，是一个较新的进程。在当下，宪法以前所未有的规范性力量蓬勃发展，进入了国家的法律领域和法律工作者的话语体系。

（三）法官之间的互动与对话

当然，作为一个司法机构早于宪法委员会诞生和运行的国家，法国宪法化在司法层面也遭遇了强烈质疑，部门法宪法化的进程涉嫌侵犯最高行政法院和最高司法法院的独立审判权。[3] 2010 年法国事后合宪性审查机制启动以来，这一现象变得更加明显，因为引入了合宪性优先问题从而加强了普通法院判例法的宪法化。最高司法法院对此有所警惕，并一度表示反对将宪法判例渗透到私法中，如在“Melki 案”中便有所显现。[4] 换言之，最高司法法院希望保留其对部门法个案适用的最终解释权。

事实上，宪法化在规范上移的面向中也是法院之间对法律解释的互动过程，尤其是意大利宪法解释技术“活法理论”（droit vivant）在法国的成功移植，也部分驳斥了宪法化是宪法帝国主义的观点。此过程体现了一种部

[1] J. Carbonnier, *Droit et passion du droit sous la Vème République*, Flammarion, coll. Champs Essais, 1996, p.47 – 48.

[2] CC, 74 – 54 DC du 15 janvier 1975.

[3] G. Drago, B. François et N. Molfessis (org.), *La légitimité de la jurisprudence du Conseil Constitutionnel*, Economica-PUAM, 1999, p.409.

[4] CJUE, 22 juin 2010, aff. C – 188/10 et C – 189/10, Melki etAbdeli.

门法宪法化过程中的司法商谈正义。根据活法理论，“法律适用的司法意义是宪法法院有义务考虑的事实，作为其必须解决的合宪性问题的依据”。[1] 例如，最典型的例子是宪法委员会 1993 年 8 月 13 日第 93 - 325DC 号决定，[2] 其中，宪法委员会加入了最高司法法院在“Bogdan 案”和“Vuckovic 案”判决中的立场。然而，这与其说是考虑法律的具体应用以解释其规定和评估其合宪性的问题，不如说是考虑司法判例法以划定宪法原则之范围的问题。换言之，宪法原则的适用在此是由下至上获得界定的。值得注意的是，2008 年法国宪法修改之后，合宪性优先问题的引入加速了法院之间的这种对话，进一步凸显了宪法原则的有限性。正如一些学者指出，宪法委员会实际上更多或更明确地借鉴了普通法院的立场。[3] 此外，在普通司法诉讼中，普通法官长久以来可以援引宪法法官对宪法的解释，也可以独立适用宪法。[4] 正如有学者所强调的，宪法化与法国司法体系的组织之间也存在深层次矛盾，并且有人呼吁进行深刻改革。[5] 然而，2008 年以后，事后合宪性审查逐渐发展，普通法官任意裁量是否援引宪法或宪法委员会解释的现象发生了改变。宪法规范现在在法律渊源系统中占据首要地位。宪法委员会旨在捍卫法国法律秩序的统一，私法规范也必须遵守宪法中确认的罢工权、个人自由、言论自由的原则，维护人的尊严、辩护权等宪法权利。正如奥利维耶·德索内（Olivier Desaulnay）提出的，上述宪法规范“都可以对私法和私法关系产生影响，因为其制约着整个法律秩序的有效性”。[6] 宪法不仅调

---

〔1〕 G. Zagrebelsky, 《La doctrine du droit vivant》, *AIJC*, Ⅱ, 1986, p. 55.

〔2〕 CC. Maîtrise de l'immigration, Rec. 224, cons. 16.

〔3〕 B. de Lamy, 《Les incidences, possibles et souhaitables, de l'avènement de la question préjudicielle de constitutionnalité》, *Revue de science criminelle*, 2009, p. 154.

〔4〕 O. Desaulnay saulnay, *L'application de la Constitution par la Cour de cassation*, Dalloz, coll. Nouvelle bibliothèque de Thèses, 2009, p. 25 et s.

〔5〕 N. Molfessis, 《L'irrigation du droit par les décisions du Conseil constitutionnel》, *Pouvoirs*, n° 105, 2003, p. 89 - 90.

〔6〕 O. Desaulnay, *L'application de la Constitution par la Cour de cassation*, Dalloz, coll. Nouvelle bibliothèque de Thèses, 2009, p. 34.

整公权力机构之间的关系,也开始进入个人生活,宪法意识的增强成为法律论证的自然反射。

三、宪法化的悖论与界限

宪法化过程的优点显然是通过多方面呈现的,尤其是加强宪法规范的可信度和由此产生的对基本权利保障的确定性。[1] 此外,宪法化有利于消除法国法律中公法和私法之间的结构性区别,[2]围绕主要的、共同的和统一的原则进行架构,实现部门法秩序的连贯与和谐。[3]然而,宪法化的悖论也集中于以下三个层面:宪法的法律性遮蔽政治性、公法与私法关系的艰难平衡以及宪法委员会自我矛盾的定位。

(一)宪法的法律性遮蔽政治性

长久以来,宪法的规范性较弱、政治性较强。有学者认为,部门法的宪法化将标志宪法的"复仇",使其在法律知识领域被重新定位。作为所有其他法律的共同法律,宪法将成为能够建立各种部门法的法律,从而成为真正意义上的"母法"。[4]部门法的宪法化似乎没有遇到任何限制,部门法的宪法化是以宪法规范的积累和传播为基础的。[5]然而,正如有学者所批评的,让宪法成为宪法规范,存在使宪法沦为一种单纯逻辑的风险,甚至更糟的是,沦为一种单纯的法律技术。[6]换言之,宪法化会武断地将宪法的意义简

---

〔1〕 A. Sauviat,《Émergence et mérites de la constitutionnalisation du droit privé》, *LPA*, 214, 26 oct. 2000, p.9.

〔2〕 L. Favoreu,《La constitutionnalisation du droit》, in Mélanges R. Drago, *L'unité du droit*, Economica, Paris, 1996, p. 27.

〔3〕 Voir L. Favoreu, T. Renoux,《Rapport général introductif》, in La Cour de cassation et la Constitution de la République, *colloque des 9 – 10 décembre 1994*, PUAM, La documentation française, 1995, p. 15.

〔4〕 V. D. Rousseau,《Les transformations du droit constitutionnel sous la Ve République》, *Revue du droit public*, n°5 – 6, 1998, p. 1787 – 1788.

〔5〕 V. L. Favoreu,《La constitutionnalisation du droit》, op. cit. , p. 28.

〔6〕 V. O. Beaud,《Constitution et droit constitutionnel》, in *Dictionnaire de culturejuridique*, s. d. D. Alland, S. Rials, PUF, 2003.

化为其规范性概念，而损害其突出的政治层面效应，导致宪法学体系的贫乏。此外，在方法论层面，宪法化多通过宪法判例法进行研究。[1] 这种方法破坏了制宪权概念——宪法不再是制宪行为的结果，而似乎成为宪法解释的结果。[2] 但显然，宪法解释并不是万能的，宪法化并不必然意味着法治进步，权利或自由的保护也并非一定能得以强化。宪法与普通法律一样，也可能犯错。我们将 21 世纪出现的宪法中心主义取代 19 世纪的立法中心主义，只是理念的进步，并不能解决所有的法律适用的困难。因此，不能将宪法实施或者宪法化的现象予以神化，在宪法实施领域，就像在其他领域一样，过度或过于激进的想法会导致僵局，而这些僵局与宪法曾被束之高阁一样有害。宪法对于政治来说只是"框架秩序"，一方面为政治设定边界，另一方面为政治保留必要的功能空间。宪法要为作为"政治机关"的立法机关保留自我评估、作出自我决定的空间。[3]

例如，对《民法典》进行合宪性审查时，必须与政治背景、社会发展相一致，考虑到《民法典》具有很强的流动性，不能过度受到宪法的限制。2013 年 5 月 17 日法国通过同性恋婚姻法，如果在此之前，宪法委员会将"一男一女才能结为夫妇"的民法条款宪法化，那么该法将被判决违宪而不能通过。[4] 然而，该法最终得到了宪法委员会的支持，法国成为全球第 14 个同性婚姻合法的国家。宪法委员会在其中进行了政治考虑，否定了宪法化的必要性。宪法委员会认为，1946 年之前颁布的有关婚姻的共和国立法一直规定，婚姻是一男一女的结合，但这不意味着就应当将其宪法化，婚姻的形式可以多元化。这一案例意味着宪法化存在界限，宪法委员会需要保持法秩序的稳定，也需要让法秩序回应政治与社会的诉求。

---

[1] O. Cayla,《Le Conseil constitutionnel et la constitution de la science du droit》, *Le Conseil constitutionnel a 40 ans*, s. d. J. Robert, LGDJ, 1999, p. 126 et s.

[2] Ibid., p. 130 et s.

[3] 参见张翔：《宪法与部门法的三重关系》，载《中国法律评论》2019 年第 1 期。

[4] JO du 18 mai 2013, p. 8253.

(二)公法与私法关系的艰难平衡

由于部门法的宪法化,宪法成为一套能够建立法律秩序的规则,宪法规范形成了一个共同的主干,私法和公法的各个部门都与之相连。[1]宪法成为最高法,也成为其他法的来源、基础、次级基础和依据。宪法的地位也从被轻视的边缘进入公法主要学科的中心。[2] 宪法化存在"宪法优位"实现的三阶段路径。首先,通过对部门法的"浸润"实现宪法第一重影响;其次,部门法在起草或适用过程中可能存在违宪之虞,经由合宪性审查完成第二重宪法化影响;最后,部门法原则获得了在宪法层面的确认。在这一意义上,宪法摆脱了公法和私法之间的区别,全面影响了所有部门法。尤其是以民法为代表的私法可能以另一种形式复活了20世纪中期备受谴责的私法"公法化"现象,加强了规范主义对私法自治的一种强加。[3] 通过将规范的概念作为合法性的核心标准,规范主义攻击了私法自治的空间。尽管部门法的宪法化是同时针对公法和私法进行的,但实际上暗含了私法边缘化的可能性。这种对宪法的重新定位开始导致"超宪法主义""泛宪法主义",甚至是"宪法万能论"。[4] 与此同时,私法学者仍然主张法律的生产可以独立于国家立法,并尊重由个人的意愿产生(私法自治)。[5] 目前,针对这一困难,也有学者提出,明确区分公法规范和具有公共性的私法规范——部门法是宪法具体化的可以成立;对于不具有公共性的私法规范,则不存在宪法具体化

〔1〕 L. Favoreu,《Le droit constitutionnel, droit constitutionnel et constitution du droit》, op. cit. , p. 87.

〔2〕 O. Cayla, op. cit. , p. 114.

〔3〕 V. R. Savatier, *Du droit civil au droit public*, LGDJ, 1945, 2e éd. , 1950; H. Mazeaud, *Défense du droit privé*, Rec. Dalloz, 1946, chr. , p. 17 – 18; R. Savatier, *Droit privé et droit public*, Rec. Dalloz, 1946, p. 25 – 28; J. Rivero, *Droit public et droit privé*, Rec. Dalloz, 1947, p. 69 – 72.

〔4〕 L. Favoreu et alii, *Droit constitutionnel*, Dalloz, 11e éd. , 2008, p. 363.

〔5〕 O. Cayla,《Le Conseil constitutionnel et la constitution de la science du droit》, in *Le Conseil constitutionnel a 40 ans*, s. d. J. Robert, LGDJ, 1999, p. 116 et s.

的问题。[1]

（三）宪法委员会自我矛盾的定位

宪法化也引起了宪法法官和普通法官的身份认同问题。部门法宪法化的过程强化了普通法官适用宪法的行为，反而削弱了宪法委员会作为第一解释者的分量。同时，这也加剧了不同司法体系中法官之间的竞争——宪法委员会发挥的作用反而在宪法化过程中被淡化。[2] 换言之，宪法化产生了另外一项悖论：宪法委员会作为宪法化的主要推动者，促进更多主体参与宪法的适用，然而其自身似乎却因此走向边缘。正如前述，法国宪法化论的核心是，所有的规范性机构，或者至少是所有的法官都应根据宪法委员会的案例法来调整其判决。

然而，在实践层面，尤其在事后合宪性审查的过程中，宪法委员会只能对部门法的宪法化施加微弱影响，普通法院比宪法委员会扮演的角色更重要。宪法判例法对立法机构在事前审查中产生了间接影响。普通法院是法律部门宪法化的重要载体，尽管普通法院在直接适用宪法原则层面不再犹豫，但仍然不愿意参考和援引宪法委员会的决定。对宪法委员会发布的解释保留意见，也表示不信任。[3] 普通法院在很大程度上拒绝评估法律的合宪性，减缓了各个法律部门的宪法化进程，偏向适用欧盟或国际法标准，而不适用宪法标准。面对此类情况，宪法委员会也不得不让步，允许在法律适用中由主管的行政和司法机构根据宪法委员会提出的保留意见来适用法律。[4] 因此，法律部门的宪法化失去了连贯性，只能根据提交给宪法委员

---

〔1〕 参见李海平：《部门法宪法具体化的正当性及类型——与陈景辉教授商榷》，载《中国法律评论》2021 年第 4 期。

〔2〕 O. Jouanjan, 《Modèles et représentations de la justice constitutionnelle en France: un bilan critique》, *Jus Politicum*, *Revue internationale de droit politique*, n°2, 2009, p. 6.

〔3〕 B. de Lamy, 《Le cadre constitutionnel de la responsabilité pénale》, in Constitution et responsabilités, *des responsabilités aux bases constitutionnelles des droits de la responsabilité*, Montchrestien, 2009, p. 171.

〔4〕 Décision 2001 -455 DC du 12 janvier 2002, Loi de modernisation sociale, Rec. 49, cons. 9.

会的法律的多样性来构建。[1] 宪法委员会不能主动构建整个法律部门的指导原则。此外,其所适用的调和技术将不允许制订明确和具有可操作性的指导原则。[2] 这样的保留解释技术因其数量膨胀、宪法判断的立场回避而受到了强烈谴责。[3] 这正好说明,宪法委员会的说理能力较弱,也自认其无法自行对立法合宪性问题进行认定,进而不得不留出庞大的自由裁量空间给立法和司法机构。此外,法国不存在类似德国宪法诉愿(Verfassungsbeschwerde)的制度,允许任何个人向宪法法院提出其认为侵犯其基本权利的司法判决。通过这种方式,宪法法院能够废除违反其判例法的判决。因为欠缺这一制度,法国委员会作为最初宪法化推动的"引擎"也似乎丧失了最后制衡普通法官的手段,对司法判决的违宪之虞丧失了宪法化的补救措施。

四、结语:"适度留白"抑或是"宪法反射"

由上可知,宪法化的过程促使宪法规范进入部门法,在某种程度上造成了宪法的位移。法律的宪法化现象促进宪法与下位法律规范相关联。宪法化的理论与实践也由此产生了一定的悖论。在理论上,当一个学科的特定原则和规则进入宪法时,宪法与这个子系统的规范的相互作用就会使部门法的规范具有位阶优越性,并将这一领域的法律渊源宪法化。然而,在实践中,往往出现相反的宪法位移现象,宪法原则和规则走向低位阶的部门法适用中,从而影响了宪法原则的含义和范围。

宪法化现象越来越显著,学界的"冷思考"也相继而来,在法国学者看

---

〔1〕 B. de Lamy, 《Les incidences, possibles et souhaitables, de l'avènement de la question préjudicielle de constitutionnalité》, *Revue de science criminelle*, 2009, p. 154.

〔2〕 J. Robert, 《Force ou faiblesse de la constitutionnalisation du droit pénal》, in *La procédure pénale en quête de cohérence*, Dalloz, Thèmes et commentaires, 2007, p. 93 et s.

〔3〕 G. Royer, 《La réserve d'interprétation constitutionnelle en droit criminel》, *Revue de Science criminelle*, 2008, p. 825 et s.

来，法律部门的宪法化影响似乎一开始就被高估了。在这一宪法化进程的影响下，法秩序开始被贴上各种标签——统一、同质化、协调、接近，甚至是不同法律分支之间的简单共存。实际上，共识性宪法原则之确立并不意味公法和私法之间区别的消失。[1]此外，以乔治·韦德尔为代表的学者开始从热闹的研究中转向反思宪法化需要哪些条件，可能受到哪些限制。当然，不可否认的是，在宪法渗透到部门法的过程中，宪法的辐射效果不尽相同。以公法为基础的学科几乎都有明显的宪法基础，宪法化的趋势更明显，而私法学科与宪法的关系则不那么直接了。甚至有学者认为，宪法化逻辑推演到极致，将导致法律人误认为宪法对一切都有答案，而事实显然并非如此。当宪法条文不能明确回答部门法问题时，过度解释宪法条文试图予以回应，将导致宪法的无序扩张。宪法实施过程中要承认宪法的空白。

在部门法与宪法的双向流动过程中，宪法化现象作为宪法实施的重要表征，对法秩序的现代化有多重意义：对于当事人来说，强化了对法的安全性和立法价值的信仰；促进部门法之间达成重要原则的共识，宪法作为上位法与下位法一同使整个法秩序更加融贯；公法、私法之间的固有差异逐渐消融，形成了以宪法为核心的统一的法秩序；对宪法作为母法的地位进行了真正的重塑和落实。正如法沃赫曾提出，宪法化的唯一障碍可能是法院遵循宪法委员会判例法的因素，这与法律共同体的心态和一国法律文化有关。真正的障碍或许是法律从业者对可供援引和适用合宪性审查参照规范组的冷漠与无知。宪法规范在整个法律体系中传播缓慢，并不是因为缺乏这种传播或渗透的必要技术，而只是因为法官和律师还没有"宪法反射"，即在任何司法诉讼中都会自问，是否应该提及宪法方面的问题。诚然，宪法化是一个渐进过程，依宪治国需要用宪法规范作为法律人思考的原点，期待逐渐形成思维的"宪法反射"。

---

[1] J. Caillosse,《Droit public-droit privé: sens et portée d'un partage académique》, *AJDA*, 1996, p. 955 et s.

第十二章
信息时代与宪法实施*

一、信息时代下宪法基本范畴的变迁

互联网及社交网络的诞生革新了个体间信息交换的场所。在集体、工作、家庭的纵向关系中，这种数字化的、虚拟的空间代替了以往的沟通方式，梳理了个体间的关系并建立起一种以横向关系为导向的沟通及信息交换模式。这种现象也表现在法律模式及中间人的形式上。“宪法与互联网的关系”这一议题出现在人们的视野中是较晚近的现象。人们开始怀疑“一种规范和一种工具之间有什么样的相互影响”是个伪命题，或者是一个很难界定的问题。但不可否认，网络的发展对宪法学科的基础存在重大冲击，国家主权、公权力的规范来源、规范位阶、代表制、政治民主决策过程、政权组织任命形式等传统概念的解构与重塑等亟待廓清。宪法学研究，一方面需要积极确认网络发展带来的新型权利，另一方面也不能被动或消极接纳所有数字革

---

* 本章原载《华东政法大学学报》2022 年第 4 期，原标题为《数字规则体系中宪法的“规范性”》，在成书过程中有所删改。

命的影响。网络社会治理的发展，一方面，冲击了国家权力内部的关系，影响了纵向和横向配置模式，主权对内与对外的范畴也开始泛化；另一方面，公民与公权力的关系也发生了变迁：在两者传统的纵向关系中加入了横向关系，极大地影响了国家、社会、个人之间的关系。诚然，传统宪法学不适应技术的情况逐渐暴露，“国家—法治—强制”的社会调整模式逐步转变为以社会自律为特征的调整模式。

第一个层面需要探讨信息时代的数字革命对国家主权权威、统治模式（les modes de gouvernement）和民主进程的影响。数字技术的发展，尤其是网络发展，促进了网络媒体中的自由对话、跨国界交流，传统权力的层级性、单边性、地域性（在国家范围内）受到挑战和冲击，国家机构的职权范围受到网络规制中的软法挑战，社会规范的来源和形式呈现多元化。同时，网络治理中出现的一些问题又需要通过宪法原则的注入予以规制，需要正当性、代表、责任、透明等宪法概念进入数字交往领域主体的权利和义务范畴中。换言之，网络领域的用户接受的规范也需要一次“宪法化”（constitutionnalisation）过程。

第二个层面在于宪法如何与数字时代下公民的权利和自由进行互动。大数据的商业开发、网络新型监督嵌入技术、个人信息和健康信息的失控、社会网络或者网络犯罪的兴起，都对公民传统的基本权利和自由造成了影响。网络既要承担保障公共秩序的功能，又因为技术的发展对公民的隐私和迁徙自由造成了侵害，如在情报收集的相关立法中产生的争论，数字技术既是必需品又是危险物。同时，有关数字技术问题的诉讼对法官的专业性也是一大挑战。数字领域成为公民私生活和公共生活的模糊交界，时常混淆，因此，也就需要重新定义网络时代公民基本权利的内涵和外延以确定具体的保障方式。集会自由、言论与通信自由的外延需要重新定义，此时，对于个人信息如何保护？国家与公民的关系从对抗性关系发展为相互协调的关系，国家权力与公民权利在协调与平衡中寻求更广泛的活动领域。[1]

二、网络空间主权与宪法传统主权

"网络空间主权"由美国网络法学者吴修铭(Timothy S. Wu)在1997年的《网络空间主权？——互联网与国际体系》一文中率先使用，[2]之后的20余年，西方理论界经历了对其从抗拒到有条件接受的转变过程。数字革命改变了国家对其领土行使主权的条件。它还改变了国家保护公民安全、保障宪法保护的权利和自由的方式。

(一)宪法传统主权受到冲击

宪法中传统的主权概念受到质疑，导致一些国家要求数字主权。这被认为是捍卫其基本利益所必需的。数字主权，似乎是指国家在数字空间中指挥和行政的权力，特别是在面对大型互联网公司(特别是谷歌、亚马逊、脸书和苹果)时。从法律角度看，数字主权可以表现为控制和规范数字的原始能力。这意味着要么通过引入国家加密协议来关闭数字边界，要么在通用级别上控制公共数字。但数字主权的概念也可以有不同含义，对它的理解可能因受众或国家的不同而不同，因此很难提出一个能够达成共识的定义。数字主权现在是国家主权的一个重要组成部分，但问题是，各国是否真的有能力确保这种数字主权。新的互联网巨头不会取代政府吗？谷歌公司前老板埃里克·施密特(Eric Schmidt)表示："政府效率低下，我们效率高，我们注定要取代它们。"诚然，连接数千个网络的互联网从一开始就被认为是虚拟空间内全球性的产物，而不是地理上存在具体边界的产物。由于互联网的原始性质，将不可避免地与国家主权和法律规则发生冲突。似乎尤其难以建立一个国家管理这样一个基础设施，技术上是无国界的，其通过互联网

---

[1] 参见韩大元：《因特网时代的宪法学研究新课题》，载《环球法律评论》2001年第1期。

[2] Timothy S. Wu,《Cyberspace Sovereignty? -The Internet and the International System》, *Harvard Journal of Law & Technology*, Vol. 10, n°3, 1997, p. 647 - 666.

社会治理结构本身的独立性和彼此互补发展了自己的标准。管理技术对互联网本身来说属于多用途实体:国际互联网工程任务组(The Internet Engineering Task Force,IETF)工作的通信协议、万维网联盟(World Wide Web Consortium,W3C)负责的Web标准工作以及互联网名称与数字地址分配机构(The Internet Corporation for Assigned Names and Numbers,ICANN)负责协调管理的域名。所有这些组织都参与了"互联网治理"。这种治理以一种所谓的"多角色"模式将国家、企业和个人聚集在一起,以保持单一、开放和分散的网络。许多社交网络或互联网平台在使用条件中明确了纠纷管辖地,而且一般会有公司成立地。因此,在欧洲各国中亿万名脸书用户都是受美国管辖的。他们亦须遵守使用这项网上服务的所有条款,如保障个人资料的条款,因此这些条款最终成为平台所代表的数码领域的"法律"。值得注意的是,对于网络空间中的国家主权概念是否衰落也有不同的声音。有学者认为,传统主权仅仅是绝对性受到影响,国家改变了对主权的不同向度的认识并进行了利益衡量。[1]

(二)网络空间主权对国家主权的现代化

传统主权吸纳网络空间主权,对法国国家治理能力进行了进一步的提升。宪法委员会确认国家的立法、行政和司法机构是网络治理的国家权力主体,既在现实生活中行使主权权能,也在虚拟网络世界中以公开透明的立法、行政和司法程序进一步获得了主权的正当性。网络空间主权将主权概念在时代变迁的影响下进行了新一轮的宪法化。换言之,借助宪法审查的技术,将政治问题法律化,保持网络技术中立性,摆脱政治性主权的宏大叙事,聚焦在规范性和灵活性兼备的主权性权力之上。网络空间中的主权性权利固然包括传统上基于领土的"绝对性权利",但其地域性很快就被突破了,"数字共和国"得以成立。"数字共和国"旨在确保数字主权的内部面向

---

〔1〕 Christopher Rudolph,《Sovereignty and Territorial Borders in a Global Age》, *International Studies Review*, Vol. 7, No. 1, 2005, p. 1 - 20.

和外部面向，在内部主权层面，法国制定数字共和国法以管辖网络纠纷；在外部主权面向上，法国致力发展网络主体和网络信息的安全，并在欧盟层面上进行平等参与、共同利用和有效合作。

三、互联网：促进宪法基本权利之实现

2011 年，法国国民议会通过了《互联网知识产权保护法》。2011 年 6 月，国民议会完成了如何面对数字革命而保障个人权利的报告。作为为保护个人信息而进行监管和调整的权威机构，法国国家信息与自由委员会（Commission Nationale de l'information et des libertés，CNIL）处于这一领域社会发展及数字领域立规的核心位置。其与议会及宪法委员会等机构协商，试图将互联网变成"自由"之场所，但并不是不受法律约束的"法外之地"。在遵守宪法规定的前提下，互联网应该是可以自由表达、实现基本自由的场所。虽然几个机构在工作方式上存在差异，但分享同样的价值理念，即在网络世界中也应捍卫人道主义。在此背景下，互联网与宪法的关系逐渐紧密，主要体现在两方面：一方面，网络自生秩序对宪法保障之自由进行确认；另一方面，法国宪法委员会在面对互联网带来的风险时，对可能产生冲突的宪法权利进行了调和与平衡。与此同时，宪法及宪法判例也积极面对 21 世纪数字领域的挑战，确认了数字时代的某些新型权利。

2011 年，国民议会就其在数字革命中保护个人权利肩负的使命进行了思考，见证了国民代表对这一领域必要的认识。有议员主张，互联网不再是"传统的"通信系统。互联网并不是指价值中立的技术，它早已与其技术结构相分离，并成为一种社会场所，其中，不乏公民个人、企业和国家机构的身影。这一场所涉及 4000 多万名法国人，深刻地改变着他们的生活方式、经济模式、人际关系及国家机构间的关系。在互联网获得巨大成功、普及范围与日俱增的背后，也存在如何处理工具与法律秩序中最高规范之间关系的问题，因为这种工具不久后将成为社会、政治、经济或商业等的组成部分。在这个与数字技术息息相关的世界里,互联网不能简单地被当作一种“媒介”。值得注意的是,有人认为,几乎自互联网诞生起,其创始人便将其打造为一种社会空间,一种自称独立于政府的新世界或“乌托邦”,[1]对国家的制度进行了猛烈冲击,甚至可能解构国家。国家所扮演角色的异同主要取决于其国家自主性的程度。法国一直以“强国家”的面目示人,代表了“以自我复制和雇用大量精英的官僚制”为基础的强国家类型。但事实上,法国并非一直强大,其经历过从自主性到内在凝聚,再到自主性的过渡时期,可能在此过程中,因遭遇“强社会”的冲击而发生了改变。因此,互联网确实需要确认宪法权利,以完成某种意义上的宪法化。

(一)言论自由的新场所

2009 年 6 月 10 日,宪法委员会就这一问题作出基本的、具有象征意义的判决。通过审查《网络著作传播与权利保护法》(HADOPI - 1 法案)中的主要条款,宪法委员会发出了强有力且明确的信号:保护网络言论自由。其在判决中指出,在通信手段的现实情况下,考虑在线公共通信服务的广泛发展及参与民主生活与言论自由之服务的重要性,思想和言论自由以及通信自由意味着获得网络服务的正当性。[2] 宪法委员会提出两个观点。一方面,应当在网络中承认通信自由实现的必要性。另一方面,其认为通信自由包括两个层面的内容:其一,以“积极的”方式表达想法的自由;其二,在“消极”情况下,即使不愿意表达,也有获取信息的自由。[3] 宪法委员会所遵循的论据源自具体评判模式下(in concreto)的分析,从而以所有权保护为名判断现有侵害是否符合比例原则。在日常生活中,对于法国民众来说,互联网不仅是一种电子邮递服务,如收发邮件,同时也是一种表达个人想法的媒

[1] Electronic Frontier Foundation,《A Declaration of the Independence of Cyberspace》, John Perry Barlow (1996), [https://projects. eff. org/ ~ barlow/Declaration-Final. html]. Consulté le 17 août 2021.

[2] Décision 2009 - 580 DC.

[3] Décision n° 2009 - 577 DC du 3 mars 2009; Loi n° 2009 - 258 du 5 mars 2009.

介,如博客、论坛等。互联网是一种不可忽视的信息源,国民议会及参议院官网上刊登的议会讨论内容即为一大证明。此外,就某种意义上而言,宪法委员会的判决也表现了判例在面对技术飞速发展时所展现出的一种对“未来的适应性”(l’adaptabilité prospective),并在宪法层面进行价值协调。因此,宪法委员会2009年6月10日判决[1]的主要新颖之处在于,宪法在数字领域的“根基”,即对公民使用互联网的权利进行宪法效力确认,并搭建了其与践行1789年《人权宣言》第11条之关联。换言之,这不仅是一种具有宪法价值的权利,也是人类最宝贵的权利之一:每位公民都有言论、著作与出版的自由,但应在法律规定的情况下对此项自由的滥用承担责任。自此,宪法与互联网的关系获得了第一重正当化论证。具体而言,宪法委员会确认“互联网接入权”具备宪法价值,随之产生对这种接入网络权之“普遍性和绝对性”的保障。

(二)网络中的隐私权,对保护个人信息权的认可

法国宪法中隐私权之确认源自1789年《人权宣言》第2条,即一切政治组织均旨在维护人类自然的和不受时效约束的权利。这些权利有自由、财产、安全与反压迫。宪法委员会以此作为隐私权审查基准。[2]

CNIL前任主席亚历克斯·图尔克(Ales Türk)在其任期的最后几年内,积极为在宪法序言中将保护个人信息列入基本权利及自由中而努力。事实上,CNIL的肯定凸显出个人信息在私人生活中的地位,互联网及其服务的出现也对私人生活产生了巨大影响。每个人都处于空间和时间的双重轨迹中。在空间维度,视频保护及监管、生物识别或地理定位部署等制度工作不断开展,影响了民众自由行为的权利。但同时,在时间维度,社交网络引发了对个人言论及行为绝对、全面的记忆。对个人信息的保护源于对隐私的保护是受到宪法条款保障的,个人信息保护似乎不能完全放置于全部问题

〔1〕 Décision n° 2009 - 580 DC.
〔2〕 Décision n° 2009 - 580 DC.

之中。后者事实上是一种全方位的基本权利，与财产权有交叉之处，从而产生“公民发布在社交网络上的信息仍属于他们吗”这样的问题。在宪法领域，宪法委员会对尊重隐私权的认可主要侧重其“防御性”，即防御公权力过度侵害；当基于公共秩序、安全、财产保护的考量而不得不限制隐私权时，宪法委员会重点审查限制隐私措施的合比例性。[1]

同样，个人信息权的确认与言论自由的行使也有关联，尤其是个人通过博客发布的言论。更广泛地讲，在互联网上提出有关私人生活的问题，意味着询问某人的个人信息，这些信息可以或可能在有意或无意的情况下被他人随意使用，或成为有潜在损失的重复利用、使用或存储信息的对象。在这种情况下，有必要让个人有机会重拾对分散数据的掌控，并巩固个人与其信息之间的联系。对此，保护个人信息的单一的防御性观点已不足以达成这样的目标，国家需要建立制度以积极保护个人对信息的完整控制。从总体来看，与互联网相关的宪法判例是具有建设性、发展性意义的，考虑到互联网兴起后在基本权利及自由领域所产生的结果，宪法权利获得了全新的实施领域。

（三）宪法判例平衡基本权利的冲突

议会立法中存在如何衡量互联网行业内容监管尺度、如何将公共秩序及对私人财产的保障与言论自由、互联网基本自由等权利进行调和的问题，宪法委员会试图通过立法审查予以平衡。

1. 对网络公共秩序的遵守

针对互联网行业最具争议的、自由方面最具结构性的议题之一，宪法法官在不同的宪法权利之间进行了传统式的调解。

在受理《国内安全法案》（LOPPSI Ⅱ）时，宪法法官通过了阻止跳出色情

[1] Décision n° 2009 – 580 DC.

照片网址的相关条款。[1] 此前,过滤条款在抵制伪造品方面受到热议,但很少涉及互联网行业。采取行动的必要性是受到一致认可的,但是在实现方式、原则、限制性规定等方面却争执不断。因此,议会和宪法法院承担起解决这一问题的重任。

在接受特定形式过滤的情况下,平衡状态已不可改变。法律提出的规定在于,允许行政机关直接告知互联网供应商其网站跳转出色情内容。供应商应当阻止其用户连接这些色情网页。但是,任何当事人可随时向行政法院就行政机关的决定提出异议,必要时,甚至可以要求启动"自由紧急审"程序。宪法委员会承认这种机制的合宪性并指出,"这些条款调和了维护公共秩序的宪法价值与1789年《人权宣言》第11条保护交流自由之间的不一致"。[2]

当互联网成为一种社会场所、新型数字广场,或是表达与传递信息的空间时,宪法判例的功能占据重要地位,并确保了其安定、调解的作用。议会和宪法法官并没有试图彻底平息对网页过滤及审查的争吵,而是全力缓和保护自由平衡的争议。作为调节机构,CNIL赞同宪法委员会所遵循的理论,尤其是比例原则,它证明了对互联网实施的事前、事后监管机制间严密的一致性。所有的数据处理方式都应当符合其追求的"合法"目的(1978年1月6日法律第6条):信息应当是"合适的、恰当的且常规的"。在每个案件中,CNIL都像互联网的参与者一样,审查搜集到的数据,然后出台保护公民的相关措施。

2. 言论自由与知识产权的平衡

免费分享还是付费获取?这一对矛盾在互联网时代较突出。放置于基

[1] Traduction de l'acronyme URL ,《Uniform Resource Locator》, *Journal Officiel de la République Française* du 16 mars 1999.

[2] Décision 2011 - 625 DC du 10 mars 2011, JORF du 15 mars 2011, p. 4630, texte n° 3, considérant n° 8.

本权利面向下，免费分享文化的支持者认为，这是言论自由的一种表现，而禁止盗版行为的倡导者则认为，免费分享是对财产的侵害。

丹尼斯·奥利文斯（Denis Olivennes）曾力主网络服务必须保护知识产权，“免费无异于盗窃”。他在《国内安全法案》进行议会讨论时表达了这样的反对意见，显现出免费服务支持者与知识产权维护者之间的鸿沟。两个根本对立的观念在基本权利的旗帜之下互相反对。在2009年6月10日的判决[1]中，宪法委员会对《网络著作传播与权利保护法》进行审查，保留了其平衡主义的观点，在认可网络言论自由的同时，也满足了知识产权维护者的期待。宪法委员会首先肯定了财产权保护在宪法中的重要性，并通过解释将其使用范围扩大至数字领域。其在第13段判决理由中指出，“1789年《人权宣言》第2条、第17条均为财产权依据。自1789年起，行使财产权的目的及条件经历了重大的发展，其适用范围已扩大至很多新的领域。在这些领域中，著作权及邻接权（droits voisins）的所有者有权享有其知识产权，并在法国法律或国际约定规定的框架内保护自己的权利。对于网络盗版等行为的打击，与维护知识产权的目标相一致”。宪法委员会暂时在自由的拥护者与盗版的反对者之间建立起了一种平衡关系。从更根本的角度讲，这一判决确认了私有财产的地位，其中包括网络中的财产权。互联网有去地域化、用于交换的特点，但它并不是法律制度中的“黑箱”，既不是因为它的特殊性，也不是因为它提供了一个非凡的自由场所，从而使其免于被合理规范或适用法律秩序之基本原则。

四、宪法规制互联网

宪法在数字时代扮演极其重要的角色，与之相关的问题层出不穷。互联网本身不只是一种技术创新，而且是一场重大的社会模式变革，我们的生

---

〔1〕 Décision n° 2009 – 580 DC.

活方式、交换、交流及消费因此发生了重要变迁。对宪法实施的挑战也具有多重面向：首先，宪法旨在保障个人基本权利及公共自由，而互联网是现代社会进行人际交流与信息沟通的场域，其既促进了基本权利（如言论自由、知情权）的实现，也带来隐私权及个人信息保护中新的风险。在经济领域，互联网加速电子商贸的发展、深入改变了国家经济模式，以新式术语革新了在迁徙自由、居住自由、就业权等方面的既有争论。因此，网络与宪法之间的博弈是不可避免的，需要通过捍卫宪法并针对互联网出台必要的监管规定这一途径来实现。议会及宪法委员会已提出这种方法，双方需在其各自领域内明确互联网适用的范围。宪法委员会早在1996年便提及互联网这一新鲜事物，当时其仍以视听通信（communication audiovisuelle）的形式处于宪法委员会的监管之下，直到2000年才成为新的规制客体。随后，宪法委员会在其2009年6月10日的判决中，[1]为了维护网络用户的利益而传达出其对新时代挑战的理解。

（一）违宪判决与法律安定性考量

2010～2011年时，宪法委员会作出一些与互联网相关的判决，并回答了关于合宪性优先审查的问题，如互联网是否为宪法审查客体？判决的新颖之处在于对“延缓性”违宪（une inconstitutionnalité à retardement），即那些已经基于违宪法律所作出的判决的认可，以避免对法的安全性造成伤害。“域名”，是指互联网寻址系统，能够将某个机器的技术地址与一个更清楚、更具传播性的地址联系起来。有学者认为，鉴于众多域名适用《邮政与电子通讯法典》第45条的规定，若将其废除，将对法律安全造成非常严重的后果。因此，该条款的废除时间推迟至2011年7月1日，以便议会纠正缺乏权能的问题，基于该条款的行政行为只从这一日期开始便无效。[2] 宪法法官就此定

〔1〕 Décision n° 2009 – 580 DC du 10 juin 2009.

〔2〕 2010 – 45 QPC du 6 octobre 2010, JO du 7 Octobre 2010.

义了这一概念，即最高行政法院对行政行为进行的审查。[1] 为了保证法律安全，防止产生难以修复的后果，宪法委员会同意逐渐调整其宣告某项法律违宪的效力。

（二）宪法审查中对“网络”概念的调适

2009年，基于对互联网法的观察，由CNIL资助的公法研究工作[2]取得了成效，确认了宪法秩序、欧盟法规范、国际规范等级。法国1958年宪法界定了三大国家权力：行政、立法、司法。除这种分立外，权力的有效运作实际是网络化的：行政网络包括欧洲理事会、欧盟委员会、法国总统、政府、国际保护协会、公益监管机构；立法网络包括欧盟议会、法国议会；司法网络包括普通法法官、宪法委员会、欧盟法院和欧洲人权法院。[3] 法国朝向消除隔膜、相互影响的法律世界开放，其中也需要权力组织间的合作。[4] 因此，网络的架构导致一种新型规范性结构的产生，其为金字塔不同层级规范之间增加了一种规范的交互性。[5] 回到2004年6月25日针对数字领域的判决，[6]根据交互规范的影响，“宪法规范与欧盟、国际规范实现了从竞争到互补的过渡”。[7] 宪法委员会对与数字经济相关的法律实施的审查可以理解为一种宪法审查的部分性转变，因为在一些特定情况下，可以在“对转化欧盟法的立法进行审查与法国国内立法的宪法审查这二者之间进行选择”。[8] 这一判决意味着，互联网相关法引起对欧盟指令的转化，是“欧盟法”审查的

[1] CE, 11 juill. 2008, n° 298779, Syndicat de l'industrie de matériels audiovisuels électroniques c/ Société Sorecop c/ Société Copie France, au Lebon; AJDA, 2008, p. 1414.

[2] M.-C. Roques-Bonnet, La Constitution et l'Internet, *thèse de droit public*, Université Toulouse 1 – Capitole, 2008, p. 3 et s.

[3] Ibid., p. 659, 670, 624 – 625.

[4] Ibid., p. 640.

[5] V. not. la récente décision 2012 – 652 DC du 22 mars 201, Loi n° 2012 – 410 du 27 mars 2012 relative à la protection de l'identité: JORF n° 0075 du 28 mars 2012, p. 5604, AJDA 2012, 623.

[6] Décision n° 2004 – 496 DC du 10 juin 2004: Loi pour la confiance dans l'économie numérique: JORF du 22 juin 2004, p. 11182, AJDA 2004.

[7] M.-C. Roques-Bonnet, loc. cit., p. 495.

[8] Ibid., p. 590.

对象,而不是传统意义上宪法审查的客体。由此观测,为了权利保护的有效性及易读性,不同法律文本之间应相互协调。法国宪法法官对这些原则的全部宪法价值的认可源自对隐私权、言论自由及财产权的尊重。

综上,宪法和互联网是一个庞大议题,目前暂时无法提出更大的问题。互联网将人们的关注点和争论集中起来,这背后是比传输控制协议/国际协议(Transmission Control Protocol/Internet Protocol)更大的变化。在现实中,我们迈入了21世纪,这是全球联网的时代,可通过所有可用的新工具(智能手机、地理定位、生物识别等)形成新的个人、社会和国家。从个体到对象,工作与个人生活混合在一起,而数据是这些因素的基础。

主要参考文献

一、著作类

（一）法文专著

1. A. Esmein, *Éléments de droit constitutionnel français et comparé*, Sirey, 4e éd., Paris, 1906.

2. R. Carré de Malberg, *La loi, expression de la volonté générale*, Sirey, 1931, réimpression Economica, Paris, 1984.

3. J. Chevallier, *L'État de droit*, Montchrestien, Paris, 1992.

4. M. Troper, *Pour une théorie juridique de l'Etat*, PUF, Paris, 1994.

5. E. Maulin, *La théorie de l'Etat de Carré de Malberg*, PUF, 2003.

6. B. Mathieu, J.-P. Machelon, F. Mélin-Soucramanien, D. Rousseau, X. Philippe, *Les grandes délibérations du Conseil constitutionnel*, 1958 – 1986, Dalloz, 2e éd., 2014.

7. M. Lascombe, G. Toulemonde, *Le droit constitutionnel de la Ve République*, 13e éd., L'Harmattan, coll. Logiques Juridiques, déc. 2015.

8. B. Pauvert, *Droit constitutionnel: théorie générale*, *Ve République*, 6e éd. , éd. Studyrama, coll. Panorama du droit, Nov. 2015.

9. G. Guglielmi, J. Martin, *Le droit constitutionnel des collectivités territoriales. Aspects de droit public comparé*, éd. Berger-Levrault, coll. Au fil du débat, Nov. 2015.

10. A. Roux, *La Décentralisation*, *Droit des collectivités territoriales*, LGDJ, 2016.

11. P. Pactet, F. Mélin-Soucramanien, *Droit constitutionnel*, Sirey, 32e éd. ,2013.

12. L. Favoreu et alii, *Droit des libertés fondamentales*, Dalloz, 4e éd.

13. G. Peces-Barba Martinez, *Théorie générale des droits fondamentaux*, Paris, LGDJ, Coll. Droit et société, 2004.

14. J. Carbonnier, *Droit et passion du droit sous la Vème République*, Flammarion, coll. Champs Essais, 1996.

15. G. Drago, B. François et N. Molfessis, *La légitimité de la jurisprudence du Conseil Constitutionnel*, Economica, 1999.

16. L. Hamon, *Contrôle de constitutionnalité et protection des droits individuels*, Dalloz, 1974.

17. O. Desaulnay, *L'application de la Constitution par la Cour de cassation*, Dalloz, coll. Nouvelle bibliothèque de Thèses, 2009.

18. G. Drago, *contentieux constitutionnel français*, PUF, 1998.

19. L. Favoreu, L. Philipe. , *Les grandes décisions du Conseil constitutionnel*, Dalloz, 16e éd. , Paris, 2011.

20. M. -C. Roques-Bonnet, *La Constitution et l'Internet*, *thèse de droit public*, Université Toulouse 1 – Capitole, 2008.

(二)中文专著

1. 何勤华主编:《法国法律发达史》,法律出版社 2001 年版。

2. 许振洲编著:《法国议会》,华夏出版社 2002 年版。

3. 金邦贵主编:《法国司法制度》,法律出版社 2008 年版。

4. 方建中:《超越主权理论的宪法审查:以法国为中心的考察》,法律出版社 2010 年版。

5. [法]乔治·杜比主编:《法国史》,吕一民等译,商务印书馆 2010 年版。

6. 吴天昊:《法国违宪审查制度》,中国政法大学出版社 2011 年版。

7. [法]狄骥:《公法的变迁》,郑戈译,商务印书馆 2013 年版。

8. 张莉:《当代法国公法:制度、学说与判例》,中国政法大学出版社 2013 年版。

9. 顾銮斋主编:《西方宪政史》,人民出版社 2013 年版。

10.《法兰西宪法典全译》,周威译,法律出版社 2016 年版。

11. 王名扬:《王名扬全集 2:法国行政法》,北京大学出版社 2016 年版。

12. 王建学:《法国式合宪性审查的历史变迁》,法律出版社 2018 年版。

13. 李晓兵:《法国宪法:历史、原理与实践(Ⅰ)》,法律出版社 2019 年版。

14. 胡锦光:《合宪性审查》,江苏人民出版社 2018 年版。

15. 胡锦光主编:《违宪审查比较研究》,中国人民大学出版社 2006 年版。

16. 林来梵主编:《宪法审查的原理与技术》,法律出版社 2009 年版。

二、期刊类

(一)法文文章

1. J. -L. Debré,《Les idées constitutionnelles du général de Gaulle》,

LGDJ, 1974.

2. J. Boudon, 《Brèves réflexions sur la dyarchie de l'exécutif en France》, *Droits* 2016/1, n° 63.

3. J.-M. Denquin, 《Georges Burdeau et le pouvoir d'Etat dans la Constitution de 1958》, *Droits*, n° 14, 1991.

4. G. Burdeau, 《La conception du pouvoir dans la Constitution française du 4 octobre 1958》, *RFSP*, 1959.

5. M. Verpeaux, 《Moderniser et équilibrer les institutions de la Ve République, Premières réflexions sur 77 propositions》, *La Semaine Juridique*, éd. Générale, 2007, doctrine.

6. A. Levade, 《Les nouveaux équilibres de la Ve République》, *RFDC*, n° 82, 2010.

7. J. Benetti, 《Le mythe de la Sixième République》, *Pouvoirs*, n° 3, 2018.

8. P. Delvolvé, 《Mariage: un homme, une femme》, *Le Figaro*, 8 novembre 2012.

9. G. Drago, 《Les différents types de contentieux ou 5 000 décisions en 60 ans》, Les Nouveaux Cahiers du Conseil constitutionnel, n° 1, 2018.

10. P. Delvolvé, 《L'actualité de la théorie des bases constitutionnelles du droit administratif》, *RFDA*, 2014.

11. N. Molfessis, 《L'irrigation du droit par les décisions du Conseil constitutionnel》, *Pouvoirs*, n° 105, 2003.

12. M. Fromont, 《les droits fondamentaux dans l'ordre jurdidique de la République fédérale d'Allemagne》, in *Recueil d'études en hommage à Ch. Eisenmann*, Cujas, Paris, 1975.

13. P. Muzny, 《Essai critique sur la notion de noyau intangible d'un

droit. La jurisprudence du Tribunal fédéral suisse et de la CEDH》, *RDP*, 2006.

14. M. Guillaume, 《L'autorité des décisions du Conseil constitutionnel: vers de nouveaux équilibres?》, *Nouveaux Cah. Cons. const.* ,2011.

15. L. Favoreu, 《La notion de liberté fondamentale devant le juge administratif des référés》, *D.* 2001.

16. Jean-Baptiste Perrier, 《Liberté d'expression et prescription de l'exception de vérité》, *Actualité Juridique-Pénal*, n° 9, septembre 2011.

17. L. Favoreu, 《L'influence de la jurisprudence du Conseil constitutionnel sur les diverses branches du droit》, in Mélanges Léo Hamon, Economica, Paris, 1982.

18. L. Favoreu, 《L'applicabilité directe et l'effet direct des normes constitutionnelles》, *RFDA*, 1984.

19. B. Mathieu, 《Les avatars du droit à la santé》, in A. Aouij-Mrad, M.-H. Douchez, B. Feuillet, *Santé*, *argent*, *éthique*, L'Harmattan, 2005.

20. A. Jeammaud, 《Le droit constitutionnel dans les relations du travail?》, *AJDA*, 1991.

21. J.-E. Schoettl, 《Le Conseil constitutionnel peut-il contrôler les lois constitutionnelles?》, *Les Petites Affiches*, 8 avril 2003.

22. G. Vedel, 《Souveraineté et supraconstitutionnalité》, *Pouvoirs*, n° 67, 1993.

23. B. Genevois, 《Les limites d'ordre juridique à l'intervention du pouvoir constituant》, *RFDA*, n° 5, 1998.

24. J.-F. Brisson, 《Les nouvelles clefs constitutionnelles de répartition matérielle des compétences entre l'État et les collectivités locales》, *AJDA*, 24 mars 2003.

(二)中文期刊

1. 李琴:《论法国宪法委员会对〈环境宪章〉的进阶应用——兼论宪法环境权的可诉性》,载《交大法学》2020 年第 1 期。

2. 于京东:《空间的旧制度与区划的大革命——近代法国领土治理中的央地关系与结构转型》,载《江苏社会科学》2020 年第 2 期。

3. 王建学:《人权和公民权二分法的思想源流与规范演变》,载《环球法律评论》2019 年第 5 期。

4. 王建学:《法国事后宪法审查机制的十年:总结与启示》,载《财经法学》2019 年第 6 期。

5. 林淡秋:《守护宪法的新模式:法国的合宪性先决机制》,载《华东政法大学学报》2018 年第 6 期。

6. 王芳蕾:《论法国的违宪审查程序》,载《财经法学》2017 年第 4 期。

7. 杨帆:《违宪审查的法国道路——一个政治宪法学的考察》,载《交大法学》2017 年第 1 期。

8. 上官莉娜:《法国地方自治的宪政原则》,载《武汉大学学报(哲学社会科学版)》2012 年第 5 期。

9. 王建学:《法国宪法基本权利的概念与借鉴》,载《北方法学》2010 年第 5 期。

10. 李晓兵:《法国宪法委员会 1971 年"结社自由案"评析——法国的"马伯里诉麦迪逊案"乎?》,载李琦主编:《厦门大学法律评论》2010 年卷(总第 18 辑),厦门大学出版社 2010 年版。

11. 王建学:《从"宪法委员会"到"宪法法院"——法国合宪性先决程序改革述评》,载《浙江社会科学》2010 年第 8 期。

12. 吴天昊:《民主过程的司法审查:法国议会选举诉讼制度评析》,载《政治与法律》2008 年第 12 期。

13. 李滨:《法国违宪审查制度探析》,载《北方法学》2008 年第 3 期。

14. 韩大元：《从法律委员会到宪法和法律委员会：体制与功能的转型》，载《华东政法大学学报》2018 年第 4 期。

15. 韩大元：《关于推进合宪性审查工作的几点思考》，载《法律科学（西北政法大学学报）》2018 年第 2 期。

16. 苗连营：《合宪性审查的制度雏形及其展开》，载《法学评论》2018 年第 6 期。

17. 郑贤君：《宪法实施：解释的事业——政治理论的宪法解释图式》，载《法学杂志》2013 年第 12 期。

18. 张翔：《两种宪法案件：从合宪性解释看宪法对司法的可能影响》，载《中国法学》2008 年第 3 期。

19. 秦前红：《合宪性审查的意义、原则及推进》，载《比较法研究》2018 年第 2 期。

20. 范进学：《宪法实施：到底实施什么？》，载《学习与探索》2013 年第 1 期。

21. 杜强强：《合宪性解释在我国法院的实践》，载《法学研究》2016 年第 6 期。

22. 上官丕亮：《法律适用中的宪法实施：方式、特点及意义》，载《法学评论》2016 年第 1 期。

23. 王锴：《合宪性、合法性、适当性审查的区别与联系》，载《中国法学》2019 年第 1 期。

24. 莫纪宏：《论加强合宪性审查工作的机制制度建设》，载《广东社会科学》2018 年第 2 期。

后　记

我本科就读于西南政法大学，当时我们还在沙坪坝老校区，由于天然的地缘亲近，西南政法大学与四川外国语大学有合作的双学位项目，大二开始我与一些同学便前去辅修英语文学。也因为这样的天然亲近，毕业于四川外国语大学法语系的李立宏老师来西南政法大学担任国际交流处处长，与远在法国的金邦贵教授搭建了马赛第三大学与西南政法大学的交流协议。于是，一批批有西南学缘的学子有了远赴另一个国度南方的机会，我也有幸成为其中一员。懵懵懂懂在四川外国语大学集训了几个月法语就到了美丽的南法小镇艾克斯（Aix-en-provence）。没想到这么一来就硬熬过了一个“抗战”的时光。攻读硕士学位期间感受到了上课听不懂、笔记看不下来的艰难，写作博士论文阶段体会到了真正而彻底的孤独与绝望。那句很俗的话“没在深夜痛哭过的人不足以谈人生”，我当时觉得并不矫揉造作，而是诸多在外攻读博士学位留学生的真实写照。但也可能是在这样的锤打中，我们中大多数人日渐收获了一颗“勇敢的心”。最后离开时，好友说，你生命中一个美丽的片段（Une belle tranche de la vie）就这么过去了。

回国初期精疲力竭，回到家乡置业装修、准备安逸生活。擅长烹饪的父亲说我吃饭过快，应该是多年一人食闹下来的毛病，需要他老人家经常做各式菜肴给我吃，让我“慢”下来品尝滋味。哪知世事弄人，我有幸获得了到中国政法大学任教的机会。从此背上行囊从南闯到了“北”。前辈老师嘱咐我第一步要先站稳讲台，经受住中国政法大学学生“残酷”的选课考验。我学着开始将以前所学宪法学知识体系化，也开始学点各类“段子”，走走课堂“谐星”路线，也算迅速得到了学生的认可，自己也有了最初的职业荣誉感。在没有课的时间里，我在北京同一众年龄相仿的宪法学友开始形成“无形的学院”，经常一起开开读书沙龙会，再找个烧烤店谈天说地、把酒言欢。现在回想，那会儿相对轻松快乐的生活如此美好。但很快，职业压力就开始凸显，虽然我在职业初期有幸获得了国家社科基金青年项目立项，但可惜一直没拿定主意如何具体开展项目研究。尤其在构思本书的基础问题上犹豫和踌躇：到底是写一部“教材”，由点到面把法国宪法学体系都梳理一次，还是找到一个内在的变迁线，把自己感兴趣的问题写清楚；既能对国别法研究有所助益，也能为我国法学研究的重要基础理论研究提供一种可能的参考系？

伴随时间流逝，我开始进入职业生涯中的彷徨期，自己在科研层面的惆怅和局促也在教学上反映了出来。作为一名普通教学科研岗教师，除讲授宪法大课（专业必修）外，我还开设了宪法学研讨课，上过 1 ~ 2 次课后，深感仅是追随社会热点、引导学生阅读和讨论是远远不够的，很容易流于事件表面的法律关系，并不能塑造体系化的学术思维。作为授课老师，自己也开始讲授得索然无味。于是第 3 次上研讨课时，我干脆利用暑假重新编纂了课程大纲，把宪法学方法论（宪法学研究的几种面向）、现代宪法的基本范畴和现代宪法的局限作为三大板块，做成了 8 次课的版本。每次课都有针对性地设定问题，鼓励学生也鼓励我自己将碎片化的知识聚拢。不知不觉在上课过程中教学与科研形成了互动，虽然课程大纲不限于法国国别法，但我默默地将法国法研究融入其中。如此一来，逐渐在我心里有了本书的纲要雏形。

但实在汗颜,从雏形到完成本书一不小心又过了一个“抗战”,现在才敢抖抖索索地拿出来供方家批评。回想起来,本书写作过程中,我作为一名所谓的“海龟”“青椒”,曾遭遇并克服了3个较大的障碍。

首当其冲就是如何厘定研究的问题意识。回国后,我很长一段时间找不到写作论文的问题意识,所幸,国内宪法学有一个异常团结的群体,大家经常在各种讲座相聚,问题意识就在讨论中一个个精确化了。你说说,我说说,他说说,有文献综述,有系争问题,也有实践诉求。虽然尚不足以给自己创造有意思的选题,那就先“逐热”吧,把讨论的热点问题与国别法切入旨趣结合起来;虽然偶尔也会“为赋新词强作愁”,但在初级阶段,跟着大部队走或许是个最“讨巧”的办法,如本书中有关“宪法学研究方法的嬗变”(2013年“中国与法国的合宪性审查”国际学术研讨会)、“法律限制国家如何可能”(2016年第十二届“中国宪法学基本范畴与方法”学术研讨会)、“立法权的内部配置”(2019年“法治体系中的立法权配置”学术研讨会)、“央地关系的法治化”(2014年第一届“中法宪法论坛”)、“部门法的宪法化”(2018年第二届“中国宪法学青年论坛”)等问题的梳理、修改成文均是在这个不断“凑热闹”的过程中完成的。在求助于学术共同体的同时,逐渐对自己研究的问题在整个学界“坐标”中的位置有了清晰认识,也有助于下一个问题点的发现与挖掘,所谓的学术敏感度得以提升。

第二个体会在于如何把握科学的写作与发表节奏。2018年我在学校承担了部分行政管理工作,有幸接触到中国政法大学各学科的老师,尤其是可以近距离观察新入职的教师。每当学校职能部门领导来讲述学校各项制度和政策时,大部分国内学缘的老师都集中精力聆听、提问,对与自己利益相关的考核、晋升、人才项目等非常清楚。而一些海外回来的老师,大多相对比较平静,甚至保持一定的疏离感。我回忆自己早些年也是如此,对考核评价的指挥棒没那么关注。入职后,我作为“青椒”老师课程量较大,此外还要承担一些与教学科研相关的国际交流等事务性工作。虽然有时也急匆匆篡稿参加各类研讨会，有时甚至有机会作主题发言，但总感觉不“入道”，难以真正成文（如2016年我在“中德宪法论坛”上对“宪法视野下的被遗忘权”进行了主题发言，初稿纂写迄今6年未能投稿），更难以寻觅在国内法学期刊发表的契机。究其原因，可能有万千。2018年我终于在《法学评论》发表了有关马尔贝格国家法学思想的论文，这对我来说有“破冰”之功效。我发现了自己对法学视野下“国家”理论的浓厚兴趣，尤其关注法律与国家的关系是一元还是二元。这一关注不知不觉延续了下来，例如，本书讨论了狄骥思想中法律如何限制国家的可能性，讨论了国家治理中政治事实的变动如何影响法律规范，也开始关注数字国家中法律秩序要不要面临“金字塔”倾覆等问题。未来几年，我也会一直将此作为一条内在的学术线索持续地内驱、积累、写作。回想起来，“海归”的转型，特别是我这种资质平庸又时常畏难的类型，一定要在初级阶段坚持落笔写、写成文、大胆投稿，无论是被退、被拒或获得修改机会，直至最后发表，这本身构成了不断与学术共同体对话且逐渐融入其中的过程。

最后一个较大体会是如何在个人生活中面对职业规划的失焦与聚焦。2016年开始，我逐步感受到职业危机和同行压力，在各类考核评价和项目申请中从“不战不败”到“屡战屡败”，也开始从一定程度的焦虑转变为对自己的极度不满，甚至还想过要不要干点儿其他什么事转移对自己的否定性评价。2018年成为高龄孕妇，正是在成为母亲的预备过程中，剥离了外界多重压力源，回归了自我，逐步走出了狭窄的自我评价体系。孕期需要查验自己每一天的血糖、血压，又因为有疑似子痫前期，多次住院治疗，被迫开始聚焦自身的每一项指标和每一餐的一菜一饭。可能也正是如此，意外获得了回国后再也没有拥有过的宁静内心。似乎回到了在南法写作博士学位论文的时光，每天从20平方米的小屋走出来，步行到梧桐树掩隐的米哈波大道（Cours Mirabeau），一转弯进入“英国书店”（Librairie anglaise），开始一天的写作。那时没有网络也没有智能手机，人际关系稀薄，一坐就是一天。黄昏闭店后去街对面“不二价”(Monoprix)超市买个菜,晚饭后进入学校数据库查点白天想查的资料,然后果断转入休闲娱乐模式。饱受失眠困扰后,学会每天睡前打开同一部电影,依稀记得《午夜巴黎》前奏轻音乐还没播放结束就能甜蜜入睡。如此循环,在单调重复的生活中获得向内生长的力量。2019年秋,孩子刚满月,我就赶紧重回电脑前,但已经改头换面,拥有了内心无穷的召唤、安宁与宽慰,沿着以前的问题思路和写作计划默默开启了新一轮小碎步前行。

尤其值得一提的是,2021年春开始,我无意发现了家附近公园里的一处咖啡屋,户外蓝色绣球花长年绽放(当然店主也随季节变化在花开败后勤快地换着),室内也有各式鲜花随意散在四处。我仿佛在偌大的北京城内拥有了一座秘密花园。每个周末、假期都恨不得待在这里,暂时“逃离”家里三代人一起生活的喧闹。上午一杯热拿铁、下午一杯气泡冰美式,在与自己的对话中逐步完成了本书的修改。

最后,也是最重要的一点,那就是感恩与致谢。我一直在回想,我的每一次困境纾解都有那么几位朋友在旁边力挺,锦上添花固然好,雪中送炭的他们更是难能可贵。本想列一个长长的致谢名单,把这些年来帮助我的老师和朋友一一展现,又实在害怕遗漏了其中任何一位或是在排序上有任何的错乱而抱憾。想了很久,那就干脆把各位师长、学友、亲朋均“隐身”以藏匿内心:感谢宪法学前辈的引领,同辈研究者的鼓励,感谢几位在京大学同学的真诚友爱,感谢指导的几届硕士研究生的信任,感谢法律出版社的资助和编辑老师的多次审校,尤其感谢家人多年来无条件的理解和宽容。落子无悔,我想我也会继续在自己的研究领域中一步一步地走下去。